Melanie Pichler
Umkämpfte Natur

Melanie Pichler arbeitet am Institut für Politikwissenschaft der Universität Wien zu den Schwerpunkten Politische Ökologie und gesellschaftliche Naturverhältnisse, Staats- und Hegemonietheorien sowie internationale Umwelt- und Ressourcenpolitik mit einem regionalen Schwerpunkt auf Südostasien.

Melanie Pichler

Umkämpfte Natur

Politische Ökologie der Palmöl- und
Agrartreibstoffproduktion in Südostasien

WESTFÄLISCHES DAMPFBOOT

Gefördert durch die

Bibliografische Information der Deutschen Nationalbibliothek
Die Deutsche Nationalbibliothek verzeichnet diese Publikation in der Deutschen Nationalbibliografie; detaillierte bibliografische Daten sind im Internet über http://dnb.d-nb.de abrufbar.

1. Auflage Münster 2014
© 2014 Verlag Westfälisches Dampfboot
Alle Rechte vorbehalten
Umschlag: Lütke Fahle Seifert AGD, Münster
Druck: Rosch-Buch Druckerei GmbH, Scheßlitz
Gedruckt auf säurefreiem, alterungsbeständigem Papier
ISBN 978-3-89691-978-6

Inhalt

Danksagung   9

1. Einleitung   10
   1.1. Stand der Forschung   12
   1.2. Fragestellung(en) und Zugang   15
   1.3. Aufbau des Buches   16

2. Zur Rolle des Staates in der Aneignung von Natur   19
   2.1. Politische Ökologie und gesellschaftliche Naturverhältnisse   19
      2.1.1. Abgrenzungen und Entgegnungen   20
      2.1.2. Die materiell-stoffliche Produktion von Natur   24
      2.1.3. Die symbolisch-diskursive Produktion von Natur   29
      2.1.4. Zur konflikthaften Form gesellschaftlicher Naturverhältnisse   32
      2.1.5. Zur zeitlichen Dimension der Aneignung von Natur   34
      2.1.6. Zur räumlichen Dimension der Aneignung von Natur   36
      2.1.7. Politische Ökologie der Palmöl- und Agrartreibstoffproduktion   38
   2.2. Staatlichkeit und gesellschaftliche Naturverhältnisse   41
      2.2.1. Die Rolle des Staates in der Politischen Ökologie   42
      2.2.2. Abgrenzungen und Entgegnungen   43
      2.2.3. Hegemonie und integraler Staat   48
      2.2.4. Der Staat als soziales Verhältnis   51
      2.2.5. Transformation, Internationalisierung und Multiskalarität   60
      2.2.6. Staatlichkeit im globalen Süden   63
      2.2.7. Die Rolle des Staates in der Palmöl- und Agrartreibstoffproduktion   69

3. **Methodologie und methodische Vorgehensweise**   72
    3.1. Retroduktion und kritischer Realismus   72
    3.2. Methodische Vorgehensweise und Datenerhebung   74
    3.3. Konflikte als Strukturierungskategorie   75

4. **Das Palmölprojekt als regionales Akkumulationsregime in Südostasien**   80
    4.1. Zur globalen Bedeutung von Palmöl   81
    4.2. Palmölproduktion in Indonesien   83
        4.2.1. Historische Entwicklung   84
        4.2.2. AkteurInnen, Strukturen und Kräfteverhältnisse   86
        4.2.3. Zur Bedeutung des Palmölsektors   90
    4.3. Palmölproduktion in Malaysia   92
        4.3.1. Historische Entwicklung   92
        4.3.2. AkteurInnen, Strukturen und Kräfteverhältnisse   93
        4.3.3. Zur Bedeutung des Palmölsektors   96
    4.4. Das Palmölprojekt im Rahmen eines regionalen Akkumulationsregimes   97

5. **Die Förderung von Agrartreibstoffen im Rahmen des Palmölprojekts**   100
    5.1. Zur Entwicklung des Agrartreibstoffsektors in Indonesien   101
        5.1.1. Die Anfänge der indonesischen Agrartreibstoffindustrie   101
        5.1.2. Dominante AkteurInnen und die Absicherung der Agrartreibstoffindustrie   102
        5.1.3. Von Diversifizierungsambitionen zur Förderung der Palmölindustrie   107
    5.2. Zur Entwicklung des Agrartreibstoffsektors in Malaysia   108
        5.2.1. Die Anfänge der malaysischen Agrartreibstoffindustrie   108
        5.2.2. Dominante AkteurInnen und die Absicherung der Agrartreibstoffindustrie   109

5.2.3. Die Förderung der Palmölindustrie als Hauptmotiv   113
5.3. Singapur in der Agrartreibstoffproduktion   114
    5.3.1. Die Rolle Singapurs in der südostasiatischen
           Agrartreibstoffindustrie   114
    5.3.2. Dominante AkteurInnen und politische Regulierung   115
    5.3.3. Technologie- und Handelszentrum für das regionale
           Akkumulationsregime   117
5.4. Vertiefung des Palmölprojekts durch die
     Agrartreibstoffproduktion   118

6. Konflikte um die Kontrolle und Aneignung von Land   121

    6.1. Konflikte um Eigentumsverhältnisse an Land   123
        6.1.1. Indigene Gemeinschaften und adat   123
        6.1.2. Historische Genese des Konflikts um
               Eigentumsverhältnisse   125
        6.1.3. Privilegierung von kodifizierten Eigentumsrechten   129
        6.1.4. Zwischenfazit   136
    6.2. Konflikte um die Konzentration und Umverteilung von Land 137
        6.2.1. Historische Genese der Landfrage   138
        6.2.2. Konzentration von Landbesitz   142
        6.2.3. Zwischenfazit   151
    6.3. Konflikte um Inwertsetzungskapazitäten auf
        unterschiedlichen Scales   152
        6.3.1. Historische Genese der Reskalierung von
               Inwertsetzungskapazitäten   153
        6.3.2. Aneignung von Inwertsetzungskapazitäten im Zuge
               der Dezentralisierung   157
        6.3.3. Zwischenfazit   163
        6.3.4. Exkurs: Der Konflikt um Plantagenarbeit als
               latenter Konflikt   164
    6.4. Aneignung von Land unter neuen Vorzeichen   167

7. **Konflikte um die verpflichtende Beimischung und Zertifizierung von Agrartreibstoffen** — 171

   7.1. Konflikte um die Beimischungspflicht in der EU — 172

      7.1.1. Historische Genese der Beimischung von Agrartreibstoffen — 173

      7.1.2. Die Förderung der Biodieselindustrie im Kontext einer liberalisierten Landwirtschaftspolitik — 176

      7.1.3. Zwischenfazit — 183

   7.2. Konflikte um Zertifizierung im Rahmen des RSPO — 184

      7.2.1. Historische Genese und Struktur des RSPO — 186

      7.2.2. Privilegierung und Marginalisierung im RSPO — 188

      7.2.3. Downscaling RSPO – Interiorisierung der Zertifizierungslogik durch ISPO — 199

      7.2.4. Zwischenfazit — 203

   7.3. Postfordistische Naturverhältnisse im transnationalen Netzwerkstaat — 204

8. **Die Rolle des Staates in der Förderung des Palmölprojekts** — 207

   8.1. Zusammenfassung der Ergebnisse — 207

   8.2. Einschränkungen und Ausblick — 214

Abkürzungsverzeichnis — 217
Abbildungsverzeichnis — 219
Tabellenverzeichnis — 219
Übersicht über die Interviews — 220
Gesetze und andere rechtliche Rahmenbedingungen — 223
Literatur — 228

Danksagung

Die Arbeit an einer Dissertation ist ein wichtiger Teil der wissenschaftlichen Sozialisation, das Ergebnis kann den Lernprozess in einer solchen Phase immer nur verkürzt ausdrücken. Mit inhaltlichen und theoretischen Hinweisen in unzähligen Diskussionen, Kolloquien und Konferenzen haben viele Menschen – oft auch unbewusst – geholfen, meine Gedanken zu ordnen und meine Argumente zu präzisieren. Neben dem fachlichen Austausch sind es aber vielfach die persönlichen Beziehungen, die zum Durchhalten und Abschließen einer solchen Arbeit motivieren.

Ich kann mich diesbezüglich glücklich schätzen. Zum einen habe ich als Projektmitarbeiterin am Institut für Politikwissenschaft ein sehr angenehmes Arbeitsumfeld vorgefunden. Ich danke meinen Kolleginnen und Kollegen in der Ferstelgasse, mit denen nicht nur fachlicher Austausch möglich war, sondern mit denen mich mittlerweile Freundschaft verbindet. Sie waren der Anlass, dass ich gerne ins Büro kam und wir zwischen produktiven Arbeitsprozessen auch gemeinsam essen, quatschen und lachen konnten. Zum anderen danke ich meinen Freundinnen, Freunden und meiner Familie, die an mich glaubten, auch wenn ich es selbst nicht mehr tat, und die mir immer Ausgleich garantierten, wenn die akademische Welt sich zu viel Raum in meinem Leben verschaffte.

Wissenschaftlich gilt mein besonderer Dank meinem Betreuer Ulrich Brand, der mich in sehr kollegialer Weise bei diesem Dissertationsprojekt unterstützt hat, dem Zweitgutachter der Arbeit, Christoph Görg. sowie den KollegInnen aus dem Dissertations- und dem Umweltkolloquium. Edma Ajanovic, Daniel Fuchs, Andreas Grünewald, Benjamin Opratko und Lan Schippers danke ich für wertvolle inhaltliche und stilistische Kommentare zu Teilen der Arbeit und der Österreichischen Akademie der Wissenschaften (ÖAW) für die Gewährung eines DOC-Stipendiums, wodurch ich mich ohne finanzielle Sorgen der wissenschaftlichen Auseinandersetzung widmen konnte. Besonderer Dank gilt außerdem meinen InterviewpartnerInnen in Südostasien, die mir Einblick in die Komplexität einer Problematik gewährt haben, von der ich zu Beginn dachte, sie wäre relativ klar.

1. Einleitung

Seit einigen Jahren werden Agrartreibstoffe als Lösungsstrategie gegen die „multiple Krise" (Bader et al. 2011) vorangetrieben.[1] Agrartreibstoffe werden aus stärke- oder ölhaltigen Nahrungs- und Futtermitteln (z.B. Palmöl, Soja, Raps, Weizen, Mais oder Zuckerrohr) hergestellt und dienen als Ersatz für fossile Treibstoffe. Dem Klimawandel, der Abhängigkeit von fossilen Energieträgern sowie der wirtschaftlichen Stagnation, sowohl im globalen Norden als auch im Süden,[2] soll dadurch begegnet werden (European Commission 2000, FAO 2008, IPCC 2007). Die EU gilt in diesem Zusammenhang als Vorreiterin und führte im Jahr 2003 ein Beimischungsziel von 5,75 Prozent Agrartreibstoffen ein (RL 2003/30/EG), das 2009 auf 10 Prozent bis zum Jahr 2020 angehoben wurde (RL 2009/28/EG). Auch andere Länder wie beispielsweise Brasilien, die USA, Argentinien oder Indonesien fördern die Agrartreibstoffindustrie durch Beimischungsverpflichtungen und kurbeln dadurch in den letzten Jahren nicht nur die Produktion, sondern auch den internationalen Handel mit Biodiesel und Bioethanol an.[3]

Die Produktion von Bioethanol wird von den USA, Brasilien und der EU kontrolliert, die Biodieselproduktion von der EU, den USA, Argentinien, Bra-

---

1 Mit dem Begriff der multiplen Krise soll der Zusammenhang zwischen unterschiedlichen Krisenphänomenen des globalisierten Kapitalismus, beispielsweise in den Bereichen Finanzen, Energie, Klima, Ernährung und Reproduktion dargestellt werden (Bader et al. 2011).
2 Auch wenn die Verwendung der Begriffe „globaler Norden" und „globaler Süden" aufgrund ihrer binären Zuweisung problematisch ist, werden diese in der vorliegenden Arbeit benützt, um asymmetrische Nord-Süd-Beziehungen auf internationaler Ebene – unabhängig von der geografischen Lage der jeweiligen Länder – zu beschreiben. Dies soll allerdings in keinem Fall die Differenzen und ungleichen Kräfte- und Herrschaftsverhältnisse innerhalb der jeweiligen Länder und Regionen verdecken, deren Analyse ein wesentlicher Bestandteil dieser Arbeit ist.
3 Biodiesel wird aus ölhaltigen Pflanzen (z.B. Palmöl, Raps oder Soja) produziert und konventionellem Dieselkraftstoff beigemischt. Bioethanol wird aus stärkehaltigen Pflanzen (z.B. Zuckerrohr, Mais oder Weizen) hergestellt und dient der Beimischung zu Benzin.

silien und Indonesien angeführt (OECD/FAO 2012: 33-34, 90). In Indonesien und anderen südostasiatischen Ländern ist die Herstellung von Biodiesel auf Palmöl konzentriert. Im Jahr 2012 kontrollierten Indonesien und Malaysia 87 Prozent der globalen Palmölproduktion (FAO 2014), und das Pflanzenöl ist neben Raps- und Sojaöl der wichtigste und vor allem billigste Rohstoff für die Biodieselindustrie. Laut Prognosen sollen im Jahr 2021 etwa neun Prozent der globalen Palmölproduktion für die Herstellung von Biodiesel verwendet werden (OECD/FAO 2012: 137).

Während Agrartreibstoffe als Teil einer Lösungsstrategie für die multiple Krise angepriesen werden, können sie gleichzeitig auch als Ausdruck dieser Krise gewertet werden. Das liegt unter anderem daran, dass Agrartreibstoffe fast ausschließlich aus Nahrungs- und Futtermitteln in großflächiger und monokultureller Produktion als sogenannte Agrartreibstoffe der ersten Generation hergestellt werden,[4] wodurch die erhofften CO_2-Einsparungen durch den Umstieg von fossilen auf nachwachsende Rohstoffe in Frage gestellt, umweltschädliche Praktiken fortgeführt und durch den zunehmenden Druck auf Anbauflächen eine Konkurrenz zu Nahrungsmitteln hergestellt wird. Die *Bearbeitung* von bestimmten Aspekten der ökologischen Krise – insbesondere Klimawandel und Abhängigkeit von fossilen Energieträgern – führt demnach zu einer *Vertiefung* von Krisendynamiken in anderen Teilbereichen, insbesondere durch die Fortführung eines agrarindustriellen Landwirtschaftsmodells und der Schaffung von neuen Abhängigkeiten im Rohstoffsektor.

In Indonesien wurden nach Angaben des *Indonesian Palm Oil Board* (IPOB) 2013 26 Millionen Tonnen Palmöl auf 9 Millionen Hektar agrarischer Nutzfläche produziert; das korrespondiert in etwa mit der Fläche Ungarns. Bis 2020 will Indonesien die Produktion auf 40 Millionen Tonnen noch einmal fast verdoppeln (The Jakarta Post 2014). Auch in Malaysia sind knapp 5 Millionen Hektar mit der tropischen Monokultur bepflanzt; das entspricht mehr als 70 Prozent der landwirtschaftlichen Anbaufläche des Landes (PEMANDU 2010: 283). Neben Indien, Pakistan und China ist die EU einer der größten Importeure von Palmöl und Palmölprodukten aus Südostasien. Laut einer Studie des WWF enthalten etwa 50 Prozent der Produkte in europäischen Supermärkten Palmöl (WWF International 2009) und die Förderung von Agrartreibstoffen treibt die Expansion der derzeit am schnellsten wachsenden Monokultur (Gerber 2011: 165) weiter an.

---

4 Im Gegensatz zu diesen Agrartreibstoffen der ersten Generation werden Agrartreibstoffe der zweiten Generation aus Abfällen, zellulosehältigen und nichtessbaren Pflanzen sowie Holz-Biomasse hergestellt.

Im vorliegenden Buch werden die Widersprüchlichkeiten in der Bearbeitung der multiplen Krise als Ausgangspunkt für eine Auseinandersetzung mit der Palmöl- und Agrartreibstoffproblematik genommen, um darauf aufbauend die Konflikthaftigkeit in der Aneignung von Natur und die Rolle des Staates in ebendieser zu beschreiben. Dementsprechend geht es weniger um einen direkten Nachweis einer Verbindung zwischen der Förderung von Agrartreibstoffen und der Expansion von Palmölplantagen in Indonesien und Malaysia, sondern um durch den Staat vermittelte Macht- und Herrschaftsverhältnisse in diesem Trend zu großflächiger und monokultureller Produktion, der durch die Förderung von Agrartreibstoffen vorangetrieben wird. Denn obwohl in Indonesien und Malaysia derzeit keine Palmölplantagen exklusiv der Herstellung von Agrartreibstoffen gewidmet sind, tragen diese zur Expansion der Palmölindustrie bei, wodurch sozial-ökologische Konflikte verschärft werden.

1.1. Stand der Forschung

Die Produktion von Palmöl und Agrartreibstoffen sowie deren politische Steuerung und Regulierung sind insbesondere seit der Jahrtausendwende Gegenstand von Forschung. Im Vordergrund der wissenschaftlichen Auseinandersetzung mit der Palmölproduktion in Südostasien – sowohl von akademischen, vor allem aber von NGO-ForscherInnen – stehen die sozial-ökologischen Auswirkungen des Booms durch Abholzungen und Vertreibungen (Colchester et al. 2006, Colchester et al. 2007, EIA/Telapak 2009, Greenpeace 2007, Marti 2008, Obidzinski et al. 2012, Sheil et al. 2009, Wakker 2005) sowie die Implikationen der Palmölexpansion auf die landwirtschaftliche Transformation in Malaysia und Indonesien (Cramb 2011, McCarthy 2010, McCarthy/Cramb 2009). Zudem wurden Studien über die AkteurInnen und Strukturen der Palmölindustrie in Südostasien sowie die transnationalen Verbindungen veröffentlicht (Casson 2002, GRAIN/Rettet den Regenwald 2009, Potter 2009, Pye 2008, Pye/Bhattacharya 2013). In vielen dieser Arbeiten wird die Förderung von Agrartreibstoffen als zusätzlicher Motor für die Expansion der Palmölproduktion und die damit einhergehenden Folgen genannt. In den letzten Jahren wurden aber auch Überblicksstudien, die sich explizit mit der Agrartreibstoffproduktion in Südostasien oder in einzelnen Ländern beschäftigen, in Auftrag gegeben; insbesondere das *Center for International Forestry Research* (CIFOR) hat dazu wichtige Impulse geliefert (Caroko et al. 2011, Chin 2011, Dermawan et al. 2012, Schott 2009, Wuppertal Institut 2007). Zusätzlich wurden – vor allem zu Beginn des Booms – marktwirtschaftliche und technische Potenzialanalysen herausgegeben (Ekonid 2007, Milbrandt/

Overend 2008). In Zusammenhang mit der Beimischungsverpflichtung und den damit verbundenen Importen von Agrartreibstoffen und deren Rohstoffen in die EU wurden schließlich auch zahlreiche naturwissenschaftliche Studien über den – oftmals – negativen Zusammenhang zwischen Agrartreibstoffen und CO_2-Emissionen publiziert (Fargione et al. 2008, Reijnders/Huijbregts 2008, Searchinger et al. 2008).

Sowohl in der medialen als auch in der (sozial)wissenschaftlichen Auseinandersetzung mit der Problematik wurden bisher hauptsächlich die sozial-ökologischen Folgen des Booms durch monokulturelle Landwirtschaft, Abholzung von Regenwäldern, Vertreibungen von Kleinbauern und -bäuerinnen sowie in abgeschwächter Form auch die Rolle von Unternehmen und transnationalen Konzernen beleuchtet. Die Rolle des Staates bzw. institutionelle Strukturen und Prozesse, die diesen Entwicklungen zugrunde liegen und mit diesen interagieren, wurden wenig berücksichtigt. Da die Palmöl- und Agrartreibstoffproduktion allerdings politisch-institutionell ermöglicht und abgesichert werden muss, ist die Analyse von staatlichen Politiken und Governance-Instrumenten, die Produktion, Handel und Konsum von Energiepflanzen vorantreiben und prägen, sowie die Beziehung dieser zu politökonomischen Verhältnissen entscheidend. Peter Dauvergne und Kate Neville (2010) argumentieren beispielsweise in diesem Zusammenhang, dass „the consequences of emerging alliances among MNCs [multinational corporations], governments, and domestic corporations depend in large part on the institutional structures of the state, the timing of entry into the biofuel market, and on historical state-society relations" (632).

In der Forschung zur Rolle von Staatlichkeit in der Kontrolle und Aneignung von Natur und natürlichen Ressourcen und der konkreten Regulierung der Palmöl- und Agrartreibstoffproduktion können zwei zentrale Forschungsstränge ausgemacht werden. Ein *erster Forschungsstrang*, der an zentrale staatstheoretische Argumente von Thomas Hobbes, John Locke und in späterer Folge Max Weber anschließt, konzipiert den Staat als neutralen Akteur und Problemlöser, der im Interesse der BürgerInnen handelt und als souveräne Instanz über das Gewaltmonopol in der Durchsetzung von Entscheidungen (meist in Form von Gesetzen und anderen rechtlichen Regelungen) verfügt. In Bezug auf die Kontrolle von natürlichen Ressourcen handelt der Staat als vermittelnde Instanz, um Konflikte zu befrieden und auszugleichen. In Anlehnung daran fokussieren Analysen über die Rolle des Staates in der Aneignung von natürlichen Ressourcen in Ländern des globalen Südens meist auf die Verfehlung dieses Idealzustandes und betonen den fehlenden politischen Willen der Regierung oder illegale und korrupte Handlungen von diversen staatlichen und privatwirtschaftlichen AkteurInnen (mangelnde Good Governance) als wesentliche Ursachen für ökologische und soziale Probleme (Marti 2008, Robertson-Snape 1999). Der Staat wird als „essential provider of key public goods through regulating natural resource management, and securing desirable environmental outcomes" (McCarthy 2011: 90) dargestellt, und es wird argumentiert, dass im globalen Süden diese idealtypische Funktion nicht erfüllt werde. Auch wenn dadurch viele realpolitische Probleme in den Blick genommen werden können, greift ein solcher Fokus insofern zu kurz, als dadurch die Machtasymmetrien und Kräfteverhältnisse – auch in legalen staatlichen Strukturen und Prozessen – tendenziell ausgeblendet werden. Die konkreten Inhalte staatlicher Politiken sind selten Gegenstand der Analyse, sondern die Rolle des Staates wird hauptsächlich an der Durchsetzung von Rechtsstaatlichkeit gemessen. Eine solche Perspektive verschleiert, dass staatliche Politiken, Strukturen und Prozesse herrschaftlich vermittelt sind und trotz oder gerade wegen ihrer universalen Gültigkeit Ein- und Ausschlüsse produzieren: „The function of the state idea is to enable particular political projects, opening up 'possible avenues of action' while 'masking their political content'" (McCarthy 2011: 92-93).

Ein *zweiter Forschungsstrang* in der Debatte um die Rolle des Staates in der Aneignung und Kontrolle von natürlichen Ressourcen ist die theoretische Diskussion um Governance. Diese stellt die Vorstellung eines souveränen Staates als Problemlösungsinstanz in Frage und streicht die zentrale Rolle von Netzwerken aus unterschiedlichen staatlichen und nichtstaatlichen AkteurInnen, Institutionen, Instrumenten und Prozessen hervor, die in einer globalisierten Ökonomie Produktion, Handel und Konsum von natürlichen Ressourcen steuern. In der Palmöl- und Agrartreibstoffpolitik wird diesbezüglich insbesondere die netzwerkartige Steuerung von Nachhaltigkeit und Zertifizierung analysiert (Bailis/Baka 2011, Geibler 2013, Mol 2007, 2010, Scarlat/Dallemand 2011, Schouten/Glasbergen 2011). Governance wird in diesen Analysen oftmals analog zu staatlicher Politik als neutrale Möglichkeit der nachhaltigeren Steuerung von wirtschaftlichen und politischen Prozessen verstanden und den AkteurInnen ein gemeinsames Interesse an der Lösung von Problemen attestiert. In geringem Ausmaß wird dabei auf Macht- und Herrschaftsverhältnisse innerhalb dieser Netzwerke ebenso wie auf die spezifische Funktion und Rolle von Governance-Instrumenten in der Aneignung und Kontrolle von natürlichen Ressourcen eingegangen.

1.2. Fragestellung(en) und Zugang

Das vorliegende Projekt beschäftigt sich mit der Rolle des Staates in der Palmöl- und Agrartreibstoffproduktion in Südostasien, mit den durch den Staat vermittelten Macht- und Herrschaftsverhältnissen sowie mit neuen Formen von Staatlichkeit durch eine zunehmende Internationalisierung und den Bedeutungsgewinn von Governance-Instrumenten. Unter Bezugnahme auf Politische Ökologie und materialistische Staatstheorie entwerfe ich einen explizit herrschaftskritischen Zugang zur Analyse von Staatlichkeit in der Kontrolle und Aneignung von Natur und natürlichen Ressourcen. Konkret stelle ich die Frage, welche Rolle internationalisierte Nationalstaaten und internationalisierte bzw. neue Formen von Staatlichkeit in der Palmöl- und Agrartreibstoffproduktion in Südostasien (Indonesien, Malaysia, Singapur) spielen, und welche Kräfteverhältnisse und dominanten Orientierungen sich in diesen Strukturen und Prozessen herausbilden?

Darauf aufbauend sind folgende Subfragen relevant:
- Welche nationalen und internationalen Kräfte (AkteurInnen) konstituieren sich in der Palmöl- und Agrartreibstoffproduktion Südostasiens? Wie und wo werden ihre Positionen deutlich?
- Welche gesellschaftlichen Kräfte können ihre Interessen in Bezug auf die Palmöl- und Agrartreibstoffproduktion in staatlichen Strukturen und Politiken (auf unterschiedlichen Scales[5]) durchsetzen, und welche Interessen werden ausgeblendet und marginalisiert?
- Wie wirken staatliche Strukturen und Politiken auf die Strategien von gesellschaftlichen Kräften zurück? Wie positionieren sich diese strategisch?
- Welche neuen Formen von Staatlichkeit bzw. Governance-Instrumente bilden sich durch die zunehmende Förderung von Palmöl- und Agrartreibstoffen heraus, und welche Interessen und Strategien werden in diesen institutionell abgesichert?
- Wie wirkt sich die aktuelle Förderung von Palmöl- und Agrartreibstoffen auf die Transformation gesellschaftlicher Naturverhältnisse aus?

Meine These lautet, dass der Staat in der Regulation der Palmöl- und Agrartreibstoffproduktion auf unterschiedlichen Scales ein hegemoniales Projekt einer exportorientierten und monokulturellen Landwirtschaft tendenziell absichert. Dieses *Palmölprojekt* nimmt ökologische und soziale Fragen zwar auf, integriert diese allerdings selektiv und angepasst an die kapitalistische Produktionsweise. Die Regulation der Palmöl- und Agrartreibstoffproduktion ist dabei trotz einer

---

5 Der englische Begriff *scale*, der auf Debatten in der angloamerikanischen kritischen Geografie zurückgeht, wird in diesem Buch verwendet, um die räumliche Strukturierung und Transformation von politischen Strukturen und Prozessen zu beschreiben. Der Begriff wird in den Abschnitten 2.1.6 und 2.2.5 näher erläutert.

tendenziellen Absicherung des Palmölprojekts widersprüchlich und von konkreten Konflikten, Macht- und Herrschaftsverhältnissen geprägt.

Den Staat verstehe ich in Anlehnung an die materialistische Staatstheorie als soziales Verhältnis (Brand 2007, Jessop 1990, Poulantzas 1978). Der Staat ist demnach weder ein reines Instrument der herrschenden Klasse(n) noch ein autonom handelndes Subjekt im Sinne eines rationalen Entscheidungsträgers, sondern ein Konfliktterrain für gesellschaftliche und politische Kämpfe (Demirović 2007: 21-22). Da Natur bzw. Umwelt aus der Perspektive der Politischen Ökologie keine neutralen Bearbeitungsfelder sind, sondern nur im Verhältnis zu sozioökonomischen und politischen Prozessen verstanden werden können (Bryant/Bailey 1997, Robbins 2012), finden solche Kämpfe auch in Politiken um die Aneignung und Kontrolle von Natur und natürlichen Ressourcen statt und verdichten sich im Staat, d.h. sie finden Ausdruck in bestimmten Praktiken, Gesetzen, Regulierungen, Instrumenten und Institutionen. Entscheidend ist, dass politisch-institutionelle Strukturen und Prozesse durch „strategische Selektivitäten" (Jessop 1990, 2002) geprägt sind, d.h. dass bestimmte gesellschaftliche Kräfte, Aktionen, Diskurse und Strategien gegenüber anderen privilegiert werden und nicht alle Interessen gesellschaftlicher Gruppen gleichermaßen Eingang in staatliche Strukturen finden.

Der zentrale Fokus auf den Staat soll keinesfalls andere Formen der Kontrolle bzw. politische und gesellschaftliche Räume jenseits staatlicher Strukturen und Prozesse negieren. Der Analysefokus soll aber „der Realität institutionalisierter Herrschaft in der Form des Staates gerecht [...] werden, ohne in einen Etatismus zu verfallen und den Staat als Subjekt gesellschaftlicher Entwicklung überzubewerten" (Brand et al. 2007: 218). Dies ist umso relevanter als Herrschaft durch den internationalen Fokus von Geberinstitutionen auf Good Governance und Rechtsstaatlichkeit immer stärker auf legalistischem Weg durchgesetzt wird (Gellert 2010: 51). Der Übergang von autoritären zu liberal-demokratischen Systemen wird in diesem Zusammenhang vielfach bereits mit gleichberechtigter Teilhabe aller BürgerInnen gleichgesetzt, ohne die konkreten Kräfte- und Machtverhältnisse zu analysieren.

1.3. Aufbau des Buches

Als theoretische Grundlage für die Analyse des Staates in der Palmöl- und Agrartreibstoffproduktion in Südostasien werden im anschließenden zweiten Kapitel wesentliche Argumente der Politischen Ökologie und materialistischen Staatstheorie aufgearbeitet. Die Annahmen der Politischen Ökologie sind für diese Arbeit entscheidend, weil sie die soziale Produktion von Natur hervorheben und im Gegensatz zu einem apolitischen Verständnis von Umweltproblemen auf das wechselseitige Verhältnis zwischen Natur und Gesellschaft verweisen. Darauf aufbauend wird im zweiten Teil des Kapitels die Rolle des Staates für die Transformation gesellschaftlicher Naturverhältnisse und die Aneignung von Natur diskutiert. Ausgehend von einem klassischen Staatsverständnis in der Politikwissenschaft wird der Fokus auf Governance-Forschung in den letzten Jahren beschrieben und davon ein kritischer Staatsbegriff abgegrenzt, der den Staat als soziales Verhältnis begreift und dadurch Macht- und Herrschaftsverhältnisse besser in den Blick nehmen kann. In der Folge werden zentrale staatstheoretische Begriffe, die für die anschließende Analyse des Palmölprojekts wichtig sind, herausgearbeitet und eine Diskussion von aktuellen Phänomenen der Internationalisierung und räumlichen Restrukturierung des Staates angeschlossen.

Ausgehend von diesen theoretischen Überlegungen wird im dritten Kapitel ein Analysemodell für die Empirie erarbeitet und auf methodische Aspekte der Datenerhebung eingegangen. Zudem werden zentrale methodologische Vorannahmen geklärt und der Konfliktbegriff als Wegweiser für die empirische Analyse dargestellt.

Die empirische Analyse beginnt im vierten Kapitel mit der politökonomischen Einbettung des Palmölprojekts in Südostasien. Dazu wird die Entwicklung des Palmölsektors historisch verortet und zentrale AkteurInnen, Strukturen und Kräfteverhältnisse in Indonesien und Malaysia herausgearbeitet. Die südostasiatische Palmölproduktion wird als regionales Akkumulationsregime analysiert und die transnationale Verflechtung im Zuge der Restrukturierung von Kräfteverhältnissen seit den 1990er Jahren verdeutlicht.

Darauf aufbauend wird im fünften Kapitel die Entwicklung des Agrartreibstoffsektors diskutiert. Es wird gezeigt, dass sich die diesbezüglichen Strategien in Indonesien, Malaysia und Singapur zwar durchaus unterscheiden, allerdings grundsätzlich auf dem regionalen Akkumulationsregime in der Palmölproduktion aufbauen und demnach insbesondere exportorientierte und vertikal integrierte Palmölunternehmen von dem Agrartreibstoffboom profitieren.

Diese Analyse legt die Grundlage für die weiteren Kapitel. Da der Umgang mit Natur und natürlichen Ressourcen aus politökologischer Perspektive mit sozioökonomischen und politisch-institutionellen Verhältnissen in Beziehung gesetzt werden muss, behandeln die folgenden Kapitel zwei Konfliktfelder, die diese Annahme verdeutlichen. Das sechste Kapitel fokussiert auf Konflikte um die Aneignung und Kontrolle von Land mit Fokus auf Indonesien. Konkret werden Konflikte um die Kontrolle von Eigentumsverhältnissen, um Konzentrationsprozesse in der Landwirtschaft und um räumliche Inwertsetzungskapazitäten im Zuge der Dezentralisierungspolitik analysiert. Im Mittelpunkt stehen dabei die politisch-institutionelle Absicherung des Palmölprojekts durch die Aneignung und Kontrolle von Land, die konkreten staatlichen Strategien und die Selektivitäten, die diesen Politiken inhärent sind.

Im siebten Kapitel stehen Konflikte um die verpflichtende Beimischung und Zertifizierung von Agrartreibstoffen als transnationales Spannungsverhältnis zwischen der EU und den palmölproduzierenden Ländern in Südostasien im Mittelpunkt. Neben der Analyse der EU-Beimischungspflicht und den Konflikten um die Einführung der Nachhaltigkeitskriterien wird der *Roundtable on Sustainable Palm Oil* (RSPO) als neues Governance-Instrument zur Zertifizierung von Palmöl beleuchtet. Die Entstehung des RSPO wird in die Diskussion um die Transformation des Staates in Richtung eines transnationalen Netzwerkstaates eingebettet und die Ein- und Ausschlussmechanismen im Rahmen dieser Restrukturierungen diskutiert.

Im achten Kapitel werden die wichtigsten Ergebnisse der Arbeit zusammengefasst und theoretisch-konzeptionelle Konsequenzen und politische Implikationen abgeleitet.

2. Zur Rolle des Staates in der Aneignung von Natur

Im folgenden Kapitel werden zentrale Annahmen und Konzepte der Politischen Ökologie und materialistischen Staatstheorie herausgearbeitet und mit der Palmöl- und Agrartreibstoffproduktion in Bezug gesetzt. Zu Beginn wird der Entstehungskontext der Politischen Ökologie in Abgrenzung zu apolitischen Auffassungen über das Verhältnis von Natur und Gesellschaft beschrieben und zentrale Annahmen über dieses Verhältnis diskutiert.

2.1. Politische Ökologie und gesellschaftliche Naturverhältnisse

Die Grundannahmen, Konzepte und Argumente der Politischen Ökologie (Bryant/Bailey 1997, Neumann 2005, Peet/Watts 2004, Robbins 2012, Zimmerer/Bassett 2003) dienen als theoretischer Rahmen für die vorliegende Arbeit, auch wenn diese Theorie keinesfalls eine homogene und kohärente Strömung darstellt. Politische Ökologie beschreibt ein dialektisches Verhältnis des Umgangs der Gesellschaft mit natürlichen Ressourcen. Natur und Gesellschaft können nicht getrennt voneinander analysiert werden, sondern beeinflussen und produzieren sich in einem wechselseitigen Prozess. In dieser Tradition steht auch das Konzept der „gesellschaftlichen Naturverhältnisse" (Brand/Görg 2003, Jahn/Wehling 1998, Wissen 2011), das in der deutschsprachigen Debatte zentral ist und in dieser Arbeit synonym mit dem Forschungsfeld der Politischen Ökologie für die Beschreibung der wechselseitigen Beziehung zwischen Natur und Gesellschaft verwendet wird.

Die Ursprünge der Politischen Ökologie gehen auf die kritische Geografie im angelsächsischen Raum der 1970er Jahre zurück. Der Begriff wurde erstmals 1972 von dem Anthropologen Eric Wolf in dem Aufsatz „Ownership and Political Ecology" verwendet (Peet/Watts 2004: 6, Robbins 2012: 14). Wolf stellt in diesem Artikel einen Zusammenhang zwischen dem Zugang zu und der Organisation von natürlichen Ressourcen und sozialen und ökologischen Parametern her und beschreibt Eigentumsrechte in komplexen Gesellschaften als „battleground of contending forces which utilize jural patterns to maintain or restructure the economic, social and political relations of society" (Wolf 1972:

202). Der Zugang zu, die Organisation von und die Kontrolle über natürliche Ressourcen und ihre Beziehung zu gesellschaftlichen Kräfteverhältnissen bzw. gesellschaftlicher Strukturierung stellen demnach einen zentralen Themenkomplex der Politischen Ökologie dar. Eine erste Definition und systematische Form der Auseinandersetzung mit der komplexen Beziehung zwischen Natur und Gesellschaft sowie der herrschaftsförmigen, multiskalaren und prozesshaften Einbettung des ökologischen Wandels lieferten die Geografen Piers Blaikie und Harold Brookfield in den 1980er Jahren: „The phrase 'political ecology' combines the concerns of ecology and a broadly defined political economy. Together this encompasses the constantly shifting dialectic between society and land-based resources, and also within classes and groups within society itself" (Blaikie/Brookfield 1987: 17). Der Bezug zu politischer Ökonomie zeigt deutlich, dass seit den Anfängen der Politischen Ökologie sowohl sozioökonomische als auch politisch-institutionelle Strukturen und Prozesse als entscheidende Einflussfaktoren auf Umweltprobleme bzw. auf das allgemeine Verhältnis zwischen Natur und Gesellschaft angesehen wurden (Neumann 2005: 6). Dieser Fokus ist kein Zufall und lässt sich in seiner historischen Entwicklung als Antwort auf populäre Mainstream-Theorien lesen, die von einem dualen Verhältnis zwischen Natur und Gesellschaft ausgehen. Im Zentrum steht die Kritik an neomalthusianischen Knappheitstheorien und an modernisierungstheoretischen Ansätzen und ihren Erklärungen für Umweltverschmutzung, Ressourcenübernutzung und sozialökologische Konflikte (Robbins 2012: 14).

2.1.1. Abgrenzungen und Entgegnungen

Neomalthusianische Knappheitstheorien gehen auf die Ende des 18. Jahrhunderts veröffentlichten Thesen von Thomas Malthus zurück. In seinem berühmten „Essay on the Principle of Population" analysiert er, dass die Bevölkerung in einem überproportionalen Verhältnis zur Lebensmittelproduktion steigt und dies in der Folge zu Hunger, Elend und Krankheit führt (Malthus 1798/1992). Dieser Argumentation schlossen sich in der zweiten Hälfte des 20. Jahrhunderts bedeutende TheoretikerInnen an, um damit die zunehmenden Umweltprobleme und den Raubbau an den natürlichen Ressourcen zu erklären. Einer der prominentesten NeomalthusianerInnen ist Paul Ehrlich (1972), der in seinen Analysen zu dem Schluss kommt, dass rasch ansteigende Bevölkerungszahlen in einem eindeutigen und kausalen Zusammenhang mit einer Übernutzung der natürlichen Ressourcen stehen und allein Geburtenkontrolle einen hohen Lebensstandard in Verbindung mit einer intakten Umwelt garantieren kann. In einer ähnlichen Tradition steht der 1972 erschienene Bericht des Club of Rome über „Die Grenzen des Wachstums", der die steigende Weltbevölkerung als eine der Hauptursachen für die Umweltproblematik analysiert und gleichzeitig mit der Forderung nach Ressourcen- und Energieeinsparung einen Stopp des rasanten Bevölkerungswachstums fordert (Meadows et al. 1972).

Ab den 1980er Jahren wurde diese Tradition der Verknüpfung von Ressourcenknappheit, Bevölkerungswachstum und (gewalttätigen) Konflikten von führenden (neo-)realistischen TheoretikerInnen aufgenommen und in das Forschungsfeld der Internationalen Beziehungen integriert. Aus dieser Perspektive stellt Robert Kaplan (1994) globale Umweltprobleme und Ressourcenknappheit als zentrale Sicherheitsrisiken für Länder des globalen Nordens dar, die mit der rasant steigenden Bevölkerung – insbesondere in Ländern des globalen Südens und den dort fehlenden institutionellen und demokratischen Strukturen – weiter wachsen. Auch Thomas Homer-Dixon (1994) sieht diese Problematik einer Überforderung von Institutionen und der Zunahme von gewalttätigen Konflikten in sogenannten Entwicklungsländern, wenn Ressourcenknappheit – verursacht durch Umweltveränderungen, Bevölkerungswachstum und ungleiche Ressourcenverteilung – zunimmt. Obwohl Homer-Dixon ungleiche Ressourcenverteilung und damit politökonomische Aspekte in Bezug auf Umweltprobleme anspricht, bleibt der Fokus auf neomalthusianische Erklärungen für Umwelt- und Ressourcenprobleme zentral.

Neben diesen neomalthusianischen Knappheitsannahmen haben *modernisierungstheoretische Ansätze* einen starken Einfluss auf aktuelle Problemdefinitionen und Lösungsvorschläge in Bezug auf die Nutzung von natürlichen Ressourcen. Diese gehen davon aus, dass Misswirtschaft lokaler Bevölkerungsgruppen, geringer technologischer Fortschritt sowie fehlende Implementierung moderner ökonomischer Techniken als Hauptursachen für die Umweltprobleme, vor allem in Ländern des globalen Südens, angesehen werden müssen (Jänicke 2007, Mol/ Spaargaren 2000, UNCHE 1972, zur Kritik siehe Neumann 2005: 26-32). Optimales Umweltmanagement, effiziente Ressourcenplanung und -nutzung, d.h. betriebswirtschaftliche und technokratische Lösungsmodelle, schaffen in der Folge „'win-win' outcomes where economic growth (sometimes termed 'development') can occur alongside environmental conservation, simply by getting the prices and techniques right" (Robbins 2012: 18).

Als Vordenker dieser betriebswirtschaftlichen Analyse von Umweltproblemen, die vor allem seit der neoliberalen Wende in den 1980er Jahren breiten Zuspruch fand, gilt Garrett Hardin. Seiner Ansicht nach sind Raubbau und Umweltzerstörung die logische Folge, wenn Ressourcen in gemeinschaftlichem

Besitz sind, da jeder Mensch nach größtmöglicher individueller ökonomischer Nutzenmaximierung strebt. Privatisierung und damit die Vergabe von exklusiven Eigentumsrechten für natürliche Ressourcen oder die Einführung von rationalen Praktiken des Ressourcenmanagements durch den Staat (z.B. durch Geburtenkontrolle) sieht er als Ausweg aus der ökologischen Krise (Hardin 1964).

Als theoretische Weiterentwicklung dieser Ansätze kann das Konzept der ökologischen Modernisierung verstanden werden, das seit den 1980er Jahren – insbesondere in den Ländern des globalen Nordens – entwickelt wurde (Mol/Sonnenfeld 2000: 4). In Anlehnung an die Ideen Hardins heben die TheoretikerInnen technologische Innovationen, die Rolle von Märkten sowie einen unbürokratischen Staat hervor, der durch gezielte Umweltinnovationen Vorteile im internationalen Wettbewerb generieren kann. In den letzten Jahren wurden die Analysen auch auf Länder des globalen Südens ausgeweitet (siehe z.B. Sonnenfeld 2000) und konzentrieren sich auf die Bereiche Wissenschaft und Technologie, die Bedeutung von Marktdynamiken und ökonomischen AkteurInnen, die veränderte Rolle des Staates (Betonung von flachen Hierarchien und einem Netzwerkstaat) sowie die bedeutende Rolle von sozialen Bewegungen (Mol/Sonnenfeld 2000: 4-7). Ökologische Modernisierung fokussiert demnach auf adaptive Maßnahmen und technologischen Fortschritt, ohne politökonomische Strukturen und Prozesse einer kapitalistischen Produktions- und Konsumweise in Frage zu stellen: „Mainstream ecological modernisation theorists [...] focus on redirecting and transforming 'free market capitalism' in such a way that it less and less obstructs, and increasingly contributes to, the preservation of society's sustenance base in a fundamental/structural way" (Mol/Spaargaren 2000: 23). Dieses Ziel eines „grünen Kapitalismus" (Mol/Spaargaren 2000: 22) wurde politisch im Konzept der Green Economy aufgegriffen, das beim Rio+20 Gipfel 2012 – der *UN Conference on Sustainable Development* (UNCSD) – als eines der Leitbilder verankert wurde (A/RES/66/288). Entsprechend der modernisierungstheoretischen Prämissen zielt das Konzept auf die Internalisierung von Umweltkosten durch Marktmechanismen: „A green economy that values environmental assets, employs pricing policies and regulatory changes to translate these values into market incentives, and adjusts the economy's measure of GDP for environmental losses is essential to ensuring the well-being of current and future generations" (UNEP 2011: 17). In der Praxis haben diese Annahmen entscheidende politische Implikationen, wenn Umweltprobleme als Marktversagen durch Externalitäten und mangelhafte Information dargestellt werden (UNEP 2011: 18). „Unterentwickelte Länder" sollen westliche Technologien übernehmen und individuelle Eigentumsrechte für natürliche Ressourcen (z.B.

Biodiversität, Luft, Land, Wasser) absichern, um Preise für die Umweltverschmutzung, den Verlust von Biodiversität oder die Ausbeutung von Ressourcen festlegen zu können. Zudem müssen alle AkteurInnen in einen globalen und freien Markt eingebunden werden, auf dem Angebot und Nachfrage optimal und zur Zufriedenheit aller eine nachhaltige Ressourcennutzung regeln können (Robbins 2012: 18).

Sowohl neomalthusianische als auch modernisierungstheoretische Ansätze sind für die dominante Problemdeutung von sozial-ökologischen Konflikten in Ländern des globalen Südens zentral. Die hohen Bevölkerungsraten in vielen afrikanischen, asiatischen und lateinamerikanischen Ländern in Kombination mit Korruption und mangelndem technologischen Fortschritt werden als Hauptproblem und Motor der zunehmenden Degradierung analysiert, ohne politökonomische Faktoren und ungleiche Macht- und Herrschaftsverhältnisse – sowohl in globalen Austauschbeziehungen als auch innerhalb der Länder – zu thematisieren. Im Gegensatz zu diesen Erklärungsversuchen fokussieren Arbeiten der Politischen Ökologie auf politökonomische Strukturen und Prozesse und stützen sich auf *(neo-)marxistische und ökomarxistische Annahmen* über das Verhältnis von Natur und Gesellschaft. Ökomarxistische Arbeiten gehen davon aus, dass die kapitalistische Produktionsweise durch den Zwang zu Kapitalakkumulation und Wachstum die Bedingungen ihrer Reproduktion beständig untergräbt und sich dadurch der eigenen Existenzgrundlagen beraubt (Dietz/Wissen 2009: 355-359). Für Elmar Altvater (2007: 72-91) basiert beispielsweise die Erfolgsgeschichte der kapitalistischen Entwicklung auf einer historischen Trinitas von kapitalistischer Gesellschaftsformation, europäischer Rationalität und fossilen Energieträgern. Wenn letztere langsam aber sicher zu Ende gehen, und der Kapitalismus damit an klare ökologische Grenzen stößt, zerstört dieser seine eigenen Reproduktionsgrundlagen: „Die 'beste aller möglichen Welten' zerstört 'am Ende der Geschichte' ihre eigenen Lebensgrundlagen" (Altvater 2007: 74). In ähnlicher Weise argumentiert James O'Connor (1988), wenn er die Tendenz des Kapitals zur Untergrabung der eigenen Produktionsbedingungen beschreibt. Zu den allgemeinen Produktionsbedingungen zählt er die Arbeitskraft sowie natürliche Ressourcen (Rohstoffe, Land, Wasser etc.), denen gemeinsam ist, dass ihre Produktion und Reproduktion nicht zwingend dem Wertgesetz unterworfen ist, sie aber von einer Ökonomie zerstört werden, die von diesem bestimmt ist: „An ecological Marxist account of capitalism as a crisis-ridden system focuses on the way that the combined power of capitalist production relations and productive forces self-destruct by impairing or destroying rather than reproducing their own conditions" (O'Connor 1988: 25).

Während die marxistischen Wurzeln für politökologische Arbeiten zentral sind, wenden sich viele AutorInnen explizit gegen einen reduktionistischen und dogmatischen (Öko-)Marxismus. Kristina Dietz und Markus Wissen (2009) kritisieren beispielsweise, dass ökomarxistische Ansätze von einem systemimmanenten Zusammenbruch des Kapitalismus aufgrund von inneren Widersprüchen ausgehen und dadurch die Anpassungsfähigkeit dieser Produktionsweise verkennen:

> Was in der ökomarxistischen Perspektive auf die Produktion von Natur dagegen weniger berücksichtigt wird, ist, dass der Kapitalismus Natur auch auf eine Weise produziert, die nicht unmittelbar und auch nicht notwendigerweise auf die große Krise zusteuert, die aber trotzdem herrschaftsförmig ist und sich immer wieder an der Materialität der Natur bricht. (Dietz/Wissen 2009: 365)

Ein solcher Zugang ist offen für historisch-konkrete Konflikte um die Kontrolle von natürlichen Ressourcen, die nicht zwingend in einem Zusammenbruch des Systems enden, trotzdem aber von Macht- und Herrschaftsverhältnissen geprägt sind. Zudem wird an traditionellen marxistischen Ansätzen ein reduktionistisches Verständnis von Klasse als Strukturierungskategorie kritisiert, weil dieses der Pluralität von AkteurInnen in konkreten sozial-ökologischen Konflikten nicht gerecht wird (Bryant/Bailey 1997: 13). Dementsprechend sind vor allem Erkenntnisse (öko-)feministischer und poststrukturalistischer Ansätze sowie der *Peasant Studies* zentrale Anknüpfungspunkte (Escobar 1996, Rocheleau et al. 1996, Shanin 1989).

Im Folgenden werden zentrale Annahmen der Politischen Ökologie, die für die Analyse einer monokulturellen Produktion von Palmöl und Agrartreibstoffen und den damit verbundenen Macht- und Herrschaftsverhältnissen wichtige Hinweise bieten, erarbeitet. Konkret werden die gesellschaftliche Produktion von Natur – sowohl auf materiell-stofflicher als auch auf symbolisch-diskursiver Ebene – besprochen, die Thesen der Inwertsetzung von Natur und der Konflikthaftigkeit gesellschaftlicher Naturverhältnisse dargestellt sowie auf zeitliche und räumliche Dimensionen der Naturaneignung hingewiesen.

2.1.2. Die materiell-stoffliche Produktion von Natur

Eine Kernthese Politischer Ökologie ist die gesellschaftliche Produktion von Natur (Castree 2001, Köhler/Wissen 2010, Smith 1984). Natürliche Umwelt(en) und Umweltprobleme sind demnach keine neutralen und in sich geschlossenen Phänomene, sondern können nur in Bezug auf ihre gesellschaftliche Produktion analysiert und erklärt werden. Diese gesellschaftliche Produktion kann analytisch in eine materiell-stoffliche und eine symbolisch-diskursive Ebene unterteilt werden (Köhler/Wissen 2010: 220). Erstere bezieht sich auf die Tatsache, dass der Mensch sich allein durch seine Existenz die Natur aneignet und sie dadurch verändert. Bereits Karl Marx (1890/2008) beschreibt die materielle Produktion von Natur am Beispiel der Landwirtschaft: „So z.B. der Samen in der Agrikultur. Tiere und Pflanzen, die man als Naturprodukte zu betrachten pflegt, sind nicht nur Produkte vielleicht der Arbeit vom vorigen Jahr, sondern in ihren jetzigen Formen, Produkte einer durch viele Generationen unter menschlicher Kontrolle [...] fortgesetzten Umwandlung" (196). Diese gesellschaftliche Produktion von Natur durch menschliche Aneignung bezieht sich nicht nur auf offensichtlich krisenhafte Erscheinungen – wie beispielsweise den Klimawandel durch die exzessive Nutzung von fossilen Energieträgern oder den Verlust der biologischen Vielfalt durch die Expansion der industriellen und monokulturellen Landwirtschaft – sondern auch auf vermeintlich natürliche Prozesse und unberührte Flächen, wie beispielsweise Nationalparks oder Regenwälder, die in den meisten Fällen das Produkt einer jahrhundertelangen Nutzung und Transformation durch lokale Bevölkerungsgruppen sind (Köhler/Wissen 2010: 220).

Die Annahme einer gesellschaftlichen Produktion von Natur geht auf Neil Smith zurück, der sich in seinem Buch „Uneven Development" mit der spezifischen Produktion von Natur unter kapitalistischen Verhältnissen beschäftigt. Während die materielle Produktion von Natur keine zwingend kapitalistische, sondern menschliche ist, ist die Naturaneignung im Kapitalismus durch Warenförmigkeit und globale Ausdehnung charakterisiert: „In its ability to produce nature, capitalism is not unique. Production in general is the production of nature [...]. Where capitalism is unique is that for the first time human beings produce nature at a world scale" (Smith 1984: 54). Smith geht davon aus, dass mit dem globalen Siegeszug des Kapitalismus auch das Ende der ersten Natur gekommen ist und nur mehr die zweite Natur auf globaler Ebene analysiert werden kann. Während er unter der *ersten Natur* die konkrete und materielle Natur mit einem Gebrauchswert für die Menschen versteht, ist die *zweite Natur* von einer Abstraktion dieses Gebrauchswerts in einen Tauschwert gekennzeichnet, der sich aus der Arbeitsteilung ergibt (Smith 1984: 54-55). Das heißt, in der zweiten Natur spiegeln sich die Institutionen der Gesellschaft – beispielsweise der Markt und der Staat als zentrale gesellschaftliche Institutionen – wider, und die Aneignung und Nutzung von Natur wird durch ihre Funktion für die Kapitalakkumulation bestimmt:

> Under dictate from the accumulation process, capitalism as a mode of production must expand continuously if it is to survive [...]. To this end, capital stalks the earth in search of material resources; nature becomes a universal means of production in the

sense that it not only provides the subjects, objects, and instruments of production, but is also in its totality an appendage to the production process. (Smith 1984: 49)

Diese Strategie der Aneignung von Natur unter kapitalistischen Produktions- und Konsumverhältnissen wird auch als *Inwertsetzung* von Natur bezeichnet. In seiner ursprünglichen Verwendung spricht der Terminus die „Verselbständigung von Wert und Kapital gegenüber dem Gebrauchswert an" (Görg 2004: 1502) und steht damit in Verbindung zu Smiths Konzept der zweiten Natur. Seit den späten 1980er Jahren findet der Begriff auch in der kritischen Umweltforschung Anwendung und wird hauptsächlich von der Akkumulationstheorie bei Karl Marx und der Imperialismustheorie bei Rosa Luxemburg abgeleitet. Bei Marx (1890/2008: 741-791) wird der Prozess der Inkorporation von nichtkapitalistischen Räumen, d.h. historisch der Übergang vom Feudalismus zum Kapitalismus, als *ursprüngliche Akkumulation* bezeichnet. Damit wird die Trennung der ProduzentInnen von den Produktionsmitteln beschrieben, die freie ArbeiterInnen im doppelten Sinn schafft und dadurch die Basis für das Kapitalverhältnis legt:

> Der Prozeß, der das Kapitalverhältnis schafft, kann also nichts andres sein als der Scheidungsprozeß des Arbeiters vom Eigentum an seinen Arbeitsbedingungen, ein Prozeß, der einerseits die gesellschaftlichen Lebens- und Produktionsmittel in Kapital verwandelt, andrerseits die unmittelbaren Produzenten in Lohnarbeiter. Die sog. ursprüngliche Akkumulation ist also nichts als der historische Scheidungsprozeß von Produzent und Produktionsmittel. (Marx 1890/2008: 742)

Für die Analyse von gesellschaftlichen Naturverhältnissen in Ländern des globalen Südens, die oft von einer Koexistenz von kapitalistischen und nichtkapitalistischen Formen der Naturaneignung geprägt sind, kann der Bezug auf die ursprüngliche Akkumulation wichtige Erklärungsmuster liefern. Diesen Bezug von Akkumulation und Inwertsetzung auf internationaler Ebene stellt auch Luxemburg (1913) in ihrer Analyse der kapitalistischen Akkumulation dar. Sie systematisiert den Zusammenhang zwischen der kapitalistischen Produktionsweise und der ständigen Expansion eben dieser, die mit einer Inwertsetzung anderer, nichtkapitalistischer Räume einhergeht. Diesen Prozess führt sie auf den Doppelcharakter der kapitalistischen Akkumulation zurück, der zum einen zwischen Arbeit und Kapital und zum anderen zwischen kapitalistischer und nichtkapitalistischer Produktionsweise angesiedelt ist:

> Die kapitalistische Akkumulation hat somit als Ganzes, als konkreter geschichtlicher Prozeß, zwei verschiedene Seiten. Die eine vollzieht sich in der Produktionsstätte des Mehrwerts [...]. Die andere Seite der Kapitalakkumulation vollzieht sich zwischen dem Kapital und nichtkapitalistischen Produktionsformen. Ihr Schauplatz ist die Weltbühne. Hier herrschen als Methoden Kolonialpolitik, internationales Anleihesystem, Politik der Interessensphären, Kriege. Hier treten ganz unverhüllt und

offen Gewalt, Betrug, Bedrückung, Plünderung zutage, und es kostet Mühe, unter diesem Wust der politischen Gewaltakte und Kraftproben die strengen Gesetze des ökonomischen Prozesses aufzufinden. (Luxemburg 1913: 397)

Diese These einer notwendigen Inkorporation nichtkapitalistischer Räume für die kapitalistische Reproduktion wurde unter anderem von David Harvey (2005) mit dem Konzept der *Akkumulation durch Enteignung* (*accumulation by dispossession*) untermauert und weiterentwickelt. Harvey sieht in der Neigung des Kapitalismus zu Überakkumulation, d.h. einem Überangebot an akkumuliertem Kapital, das nicht mehr profitabel reinvestiert werden kann, das Hauptproblem für die Krisenhaftigkeit des Kapitalismus, dem nur durch zeitliche Verschiebungen oder räumliche Verlagerungen begegnet werden kann (Harvey 2005: 87-89). Durch Akkumulation durch Enteignung werden wichtige Produktionsmittel (Land, Rohstoffe, Wasser etc.) oder Arbeitskraft zu sehr geringen Kosten freigesetzt und bieten unmittelbare Profitmöglichkeiten für überakkumuliertes Kapital. Diese Entwicklung ist für die Expansion kapitalistischer Produktionsverhältnisse entscheidend und kann sowohl durch dominante Kräfte im Inland als auch durch ausländische Investitionen angekurbelt werden, während die Rolle des Staates in diesem Prozess zentral ist (Harvey 2005: 149, 154). Harvey beschreibt in seinen Analysen wesentliche Methoden der Inwertsetzung und Expansion im Kapitalismus, die in besonderer Weise die Struktur und Charakteristika kapitalistischer Naturverhältnisse prägen. Zu diesen Methoden zählen in enger Anlehnung an Marx die Kommodifizierung und Privatisierung von Grund und Boden und die gewaltsame Vertreibung von Bauern und Bäuerinnen, die Umwandlung von kollektiven Nutzungsrechten in exklusive Eigentumsrechte, die Umwandlung der Arbeitskraft in eine Ware und die Unterdrückung alternativer Produktions- und Konsummuster (z.B. Subsistenzwirtschaft), (neo)koloniale Formen der Aneignung von natürlichen Ressourcen, die Monetarisierung des Tausches und die Besteuerung von Land sowie Sklavenhandel und Wucher (Altvater 2007: 52, Harvey 2004: 196).

In ähnlicher Weise spricht Noel Castree (2003) von der *Kommodifizierung von Natur* als bestimmendes Moment der Naturaneignung im Kapitalismus. Er analysiert sechs Charakteristika, die in Überschneidung und in unterschiedlichen Kombinationen den über Geld vermittelten Austausch von Waren – auch in Bezug auf die gesellschaftlichen Naturverhältnisse – kennzeichnen. Erstens ist dieser Prozess durch Privatisierung und damit die Vergabe von individuellen und exklusiven Eigentumsrechten, die als Vorbedingung für die kapitalistische Kommodifizierung von Natur gelten, geprägt. Zweitens ist Übertragbarkeit, d.h. die Möglichkeit, Waren physisch und moralisch von den VerkäuferInnen zu trennen und dadurch die Weitergabe von Waren und Eigentumsrechten zu sichern, entscheidend. Drittens kommt es zu Individuation, die gleichbedeutend mit der Trennung von Dingen oder Einheiten von ihrem Kontext ist. Dass und welche Dinge (z.B. Wasser, Biodiversität, bestimmte Cash-Crop-Sorten) aus komplexen und heterogenen Prozessen herausgefiltert werden, ist Ausdruck von gesellschaftlichen Kämpfen sowie bestimmten Bearbeitungsmustern und Vorstellungen von Natur. Viertens fördert Abstraktion die Homogenisierung von Objekten, Dingen oder Personen und subsumiert damit räumlich und zeitlich unterschiedliche Phänomene unter einheitliche Kategorien. Fünftens ist die Kommodifizierung von Natur durch die Bewertung von komplexen natürlichen Systemen in Geld und deren (Re-)Produktion entlang der Maxime Wirtschaftswachstum, technische Innovation und Wettbewerb geprägt. Sechstens bewirkt Distanzierung und damit die räumlich-zeitliche Trennung von den ProduzentInnen und KonsumentInnen, dass letztere die sozial-ökologischen Ausbeutungsverhältnisse, die sich in den Waren widerspiegeln, nicht mehr sehen.

Diese Formen und Strategien der Aneignung von Natur durch Inwertsetzung und Kommodifizierung sind in den dominanten Erklärungsmustern zum Umgang mit Natur und den damit verbundenen politischen Strategien ebenso omnipräsent wie in den Vorschlägen zur Lösung von sozial-ökologischen Konflikten und den Strategien der internationalen Umweltpolitik. In diesem Zusammenhang steht auf der einen Seite die verstärkte Inwertsetzung von Land, Wasser oder Saatgut, die in den letzten Jahren beispielsweise durch das sogenannte *land grabbing* bekannt geworden ist (Borras/Franco 2012).[1] Auf der anderen Seite werden vermehrt immaterielle Güter durch An- bzw. Enteignung und Inwertsetzung in die kapitalistische Akkumulation integriert (Altvater 2007: 51-71, Harvey 2004: 197, Neumann 2004: 201-203). Diese Entwicklung zeigt sich beispielsweise durch Rechte an geistigem Eigentum (z.B. durch das TRIPS-Abkommen im Rahmen der WTO) oder die Inwertsetzung von Umweltverschmutzung (z.B. durch den Emissionshandel), die damit Produktionsformen außerhalb der kapitalintensiven und industriellen Landwirtschaft ausschließt.

---

1   Die Inwertsetzung von Land gilt als „alte" und bekannte Strategie der kapitalistischen landwirtschaftlichen Produktion und wurde bereits im Rahmen der kolonialen Expansion und Grünen Revolution in großem Stil praktiziert. Im Zuge der multiplen Krise erreicht diese Strategie eine neue Dynamik, da Land in Krisensituationen einerseits als sichere Anlage für das Kapital gilt, und andererseits wachsender Fleischkonsum und die Produktion von Agrartreibstoffen die Nachfrage nach fruchtbarem Land steigern (siehe z.B. Borras/Franco 2012 für eine analytische Abhandlung dieser Strategie).

Die Tatsache, dass Natur gesellschaftlich produziert ist und deshalb nicht in Abgrenzung von dieser gedacht werden kann, bedeutet allerdings nicht, „dass Natur beliebig sozial produziert werden könnte" (Köhler/Wissen 2010: 222). Die Eigenständigkeit und Widerständigkeit von Natur wird durch Umweltprobleme mit weitreichenden bzw. globalen Auswirkungen (z.B. Klimawandel, Bodenerosion, Wüstenbildung, Verschmutzung der Ozeane) besonders deutlich. Christoph Görg (2003a) bezeichnet diese Eigenständigkeit als *Nichtidentität* der Natur:

> Doch trotz dieser Umwandlung behalten die materiell-stofflichen Bedingungen menschlicher Existenz einen Eigensinn, der durch menschliche Aktivitäten respektiert oder aber ignoriert werden kann – mit potenziell destruktiven Folgen für die Gesellschaft in Form ökologischer Risiken. Im Anschluss an die Kritische Theorie Adornos kann man diesen Eigensinn als *Nichtidentität der Natur* bezeichnen. (Brand/Görg 2003: 18)

Die Aneignung von Natur unter kapitalistischen Verhältnissen wird grundsätzlich durch ihre Funktion für die Kapitalakkumulation bestimmt, die eine schrankenlose Aneignung impliziert. Die Nichtidentität der Natur, die sich in der Krisenhaftigkeit gesellschaftlicher Naturverhältnisse ausdrückt, stellt diese dominante Funktion in der Aneignung von Natur – vielfach zeitlich und räumlich verschoben – allerdings zunehmend in Frage.

2.1.3. Die symbolisch-diskursive Produktion von Natur

Die materiell-stoffliche Produktion und Transformation von Natur durch gesellschaftliche Aneignung, Nutzung und Kontrolle wird durch eine symbolisch-diskursive Produktion von Natur ermöglicht. Die spezifische Nutzung von Natur und natürlichen Ressourcen entspricht demnach keinen objektiven menschlichen Bedürfnissen, sondern ist mit historisch-spezifischen Formen der Wissensproduktion und gesellschaftlichen Deutung verbunden. Welche Ideen, Diskurse und Konzepte über den Umgang mit der Natur sich durchsetzen, d.h. relevant für wirtschaftliche, politische und alltägliche Entscheidungen werden, hängt von gesellschaftlichen Faktoren, von wirtschaftlicher Produktionsweise, politischer Herrschaftsform und kultureller Einbettung ab und spiegelt Macht- und Herrschaftsverhältnisse innerhalb einer Gesellschaft wider: „Ideas are not powerful because they are true [...], they are true because of power" (Robbins 2012: 124).[2]

---

2 Anders als der radikale Konstruktivismus geht eine politökologische Perspektive davon aus, dass die symbolisch-diskursive Ebene der gesellschaftlichen Naturverhältnisse reale, eben materiell-stoffliche Grundlagen und Auswirkungen hat und

Die Rolle der symbolisch-diskursiven Produktion von Natur zeigt sich daran, dass „Natur erst in Bezug auf spezifische Konzepte und Deutungen eine gesellschaftliche Bedeutung bekommt" (Köhler/Wissen 2010: 220). Dementsprechend werden bestimmte natürliche Ressourcen erst „in spezifisch-historischen Konstellationen zu solchen" (Köhler/Wissen 2010: 220), indem beispielsweise Erdöl als Rohstoff für den Verbrennungsmotor entdeckt oder fossile Energieträger in Form von Plastik als zentrales Verpackungsmaterial durchgesetzt werden.

Ein wesentliches Element, das auf den symbolisch-diskursiven Aspekt als Voraussetzung und Legitimierung der Aneignung von Natur hinweist, ist die *Simplifizierung* von Natur (Scott 1998). Durch die kapitalistische Aneignung wird Natur zu einer Ressource, zu einer Ware in der Verwertungslogik, die nur durch radikale Vereinfachung als solche konstruiert werden kann. Die Komplexität von natürlichen Prozessen muss simplifiziert, homogenisiert und auf ein bestimmtes Merkmal im Akkumulationsprozess beschränkt werden. In einer solchen Logik wird beispielsweise der Wert eines Waldes, je nach Verwendungszweck, auf den Ertrag der Ernte (Holzplantagen), die Menge an CO_2-Einsparung (Aufforstungsprojekte im Rahmen von REDD) oder die Menge an unterschiedlichen Tier- und Pflanzenarten (Nationalparks) beschränkt (Fogel 2004, Neumann 2004, Scott 1998). Plurale gesellschaftliche Naturverhältnisse bzw. der unterschiedliche Wert von bestimmten natürlichen Ressourcen und Räumen für bestimmte Bevölkerungsgruppen und Bedürfnisse werden durch diese Simplifizierung ausgeblendet: „The forest as a habitat disappears and is replaced by the forest as an economic resource to be managed efficiently and profitably" (Scott 1998: 13). Die industrielle Landwirtschaft mit der monokulturellen und standardisierten Produktion von Pflanzen ist ein Paradebeispiel für die Simplifizierung von Natur. Die Steigerung der Erträge (Menge an Nahrungsmitteln oder Energiepflanzen) – ob durch den Einsatz von künstlichen Düngemitteln, neuen Techniken oder billigen Arbeitskräften – wird zum einzigen Ziel erklärt und die

---

Natur nicht beliebig konstruiert werden kann. In konstruktivistisch orientierten Arbeiten wird Natur als „invention of our imagination" (Robbins 2012: 127) gesehen und die TheoretikerInnen bestehen auf einem „human making of what counts as nature" (Lease 1995: 10). Umweltkonflikte sind in dieser Deutungsart Kämpfe um Ideen über Natur, in denen sich die Gruppe durchsetzt, die mehr soziale Macht mobilisieren kann (Robbins 2012: 128). Die Existenz von Natur außerhalb unserer Vorstellung wird negiert und die Rolle und Bedeutung von Diskursen, Repräsentation und Imagination für unser Wissen über die Natur hervorgehoben (Neumann 2005: 47). Für eine ausführliche Diskussion des Spannungsverhältnisses zwischen Konstruktivismus und Essentialismus siehe beispielsweise Soulé und Lease (1995).

Produktion nach betriebswirtschaftlichen Maßstäben durchkalkuliert, während die ökologischen und sozialen Auswirkungen als externe Effekte ignoriert werden. Die Natur wird weltweit „darauf hin exploriert, welche Ressourcen sich lohnen, in Wert gesetzt zu werden, und welche als wertlos zu behandeln sind. Die Natur wird zu einem Objekt kapitalistischer Rationalkalkulation" (Altvater 2007: 51).

Obwohl der Prozess der symbolisch-diskursiven Produktion von Natur hoch politisch ist und von gesellschaftlichen Kämpfen um Bedeutungen und Wissen durchdrungen ist, werden diese Machtverhältnisse durch die Dominanz von bestimmten, mächtigen Erklärungsmustern vielfach verschleiert. Diese Hegemonialisierung von dominanten Diskursen wird von dem poststrukturalistischen Theoretiker Ernesto Laclau (2002) mit dem Konzept des *leeren Signifikanten* beschrieben. Leere Signifikanten sind inhaltlich unbestimmte und höchst bedeutungsoffene Begriffe wie Freiheit, Fortschritt oder Kultur (Moebius 2008: 167), die in der Diskursproduktion von unterschiedlich mächtigen AkteurInnen mit Bedeutung gefüllt werden. Da solche Begriffe inhaltlich offen sind, brauchen sie zur Bedeutungsproduktion ein konstitutives Außen, um die Inhalte nach innen abzustecken und Kohärenz und Universalität zu symbolisieren. Als Beispiele für leere Signifikanten in der internationalen Umweltpolitik beschreibt Erik Swyngedouw (2009) die Begriffe Natur oder Nachhaltigkeit. Durch eine Universalisierung und Homogenisierung der Interessen „im Sinne aller Menschen" werden Widersprüchlichkeiten, antagonistische Positionen oder gesellschaftliche Konflikte und damit der inhärent politische Charakter in den Beziehungen zwischen Gesellschaft und Natur negiert: „Jeder Versuch, Natur mit Bedeutung zu füllen und zu kolonisieren, ist Bestandteil hegemonialer Bewegungen, die inhärent politisch sind, aber nicht als solche anerkannt werden" (Swyngedouw 2009: 373). Auch der Begriff der Nachhaltigkeit, der als zentraler Referenzpunkt für die Verwendung von Agrartreibstoffen fungiert, ist von einer politischen Entleerung gekennzeichnet und kann nur durch den Bezug auf andere Metaphern konkretisiert werden.

> In diesem phantasmagorischen Raum verschwindet die eigentlich politische Dimension und wird von einer konsensual hergestellten Deutung ersetzt, die im Namen der Menschheit, der sozialen Integration, der Erde und aller ihrer menschlichen und nicht-menschlichen Einwohner an allen Orten nach einer technisch-managementmäßigen Antwort auf die Krise ruft. (Swyngedouw 2009: 382-383)

Gesellschaftliche Macht- und Herrschaftsverhältnisse werden in einer solchen Deutung überlagert, und der leere Signifikant Nachhaltigkeit von scheinbar neutralen naturwissenschaftlichen ExpertInnen mit Bedeutung gefüllt und für alle Menschen gleichermaßen universalisiert.

In ähnlicher Weise wird das Konzept der *black box* (Callon/Latour 1981) von VertreterInnen der Akteur-Netzwerk-Theorie (ANT) verwendet, um die Universalisierung und Homogenisierung von bestimmten Vorstellungen und Ideen zu beschreiben: „A black box contains that which no longer needs to be reconsidered, those things whose contents have become a matter of indifference. The more elements one can place in black boxes – modes of thoughts, habits, forces and objects – the broader the construction one can raise" (Callon/Latour 1981: 285). Wissen – vor allem ExpertInnenwissen – spielt in diesem Zusammenhang eine entscheidende Rolle, weil durch dieses bestimmte Denkmuster als wahr, eindeutig und unhinterfragbar dargestellt werden.[3] Um hegemoniales Wissen zu restrukturieren und alternative Wissensformen zu ermöglichen, müssen die black boxes, also die stabilisierenden und unhinterfragten diskursiven Arrangements und materiellen Verbindungen, aufgebrochen und die heterogene und umkämpfte Struktur innerhalb der Netzwerke dargestellt werden.

2.1.4. Zur konflikthaften Form gesellschaftlicher Naturverhältnisse

Die Aneignung von Natur ist ein politischer Prozess, der von Konflikten geprägt ist (Robbins 2012: 199-214). Die Ursachen für diese sozial-ökologischen Konflikte werden unterschiedlich erklärt. VertreterInnen der Ökologischen Ökonomie sehen die Ursache für Umweltkonflikte beispielsweise in einer Intensivierung des gesellschaftlichen Metabolismus. Zunehmende Material- und Energieflüsse (etwa in Form von Biomasse, fossiler Energieträger, mineralischer Rohstoffe oder Wasser) bilden in einem (globalen) System, das durch Bevölkerungs- und Wirtschaftswachstum geprägt ist, die Grundlage für Konflikte um diese natürlichen Ressourcen (Martinez-Alier 2009: 62, 74). Auch VertreterInnen des Environmental-Security-Ansatzes betonen Ressourcenknappheit als Auslöser für Konflikte, die hauptsächlich durch Bevölkerungswachstum und in geringem Ausmaß auch durch ungleiche Ressourcenverteilung zustande kommt (Homer-Dixon 1994, Kaplan 1994).

Zwar bilden biophysische Faktoren ebenso wie Bevölkerungsdynamiken eine Grundlage für die Analyse von sozial-ökologischen Konflikten, zur Erklärung reichen sie aber aus Sicht der Politischen Ökologie nicht aus, weil sie die konkreten

---

3 Der Begriff ExpertIn bezieht sich dabei vor allem auf AkteurInnen, die mit anerkannten wissenschaftlichen – meist quantitativ naturwissenschaftlichen – Methoden kausale Zusammenhänge erklären können und damit bestehende Strategien für bestimmte Probleme absichern. Demnach sind bereits die Auswahl dieser ExpertInnen und die Definition dessen, was als „objektives Wissen" gilt, immanent herrschaftsförmig.

AkteurInnen bzw. Handlungskonstellationen ebenso wie die sozioökonomischen Strukturen und politisch-institutionellen Bedingungen der Ressourcennutzung vernachlässigen. Entsprechend sehen beispielsweise Raymond Bryant und Sinéad Bailey (1997: 27-28) die Nutzung von natürlichen Ressourcen als Ausdruck eines politischen Prozesses, in dem Kosten und Nutzen von ökologischen Veränderungen zwischen den direkt oder indirekt beteiligten AkteurInnen unterschiedlich verteilt sind. Dieser Prozess (re)produziert wiederum existierende sozioökonomische Ungleichheiten und wirkt damit wechselseitig auf die Machtverhältnisse zwischen den AkteurInnen. Auch für David Pellow (2000: 589) entstehen sozialökologische Konflikte, wenn AkteurInnen um den Zugang zu unterschiedlichen Ressourcen kämpfen und Kosten und Nutzen ungleich verteilt sind. In sozialökologischen Konflikten manifestieren sich demnach die widersprüchlichen Interessen und Strategien unterschiedlicher gesellschaftlicher AkteurInnen, die um die Durchsetzung ebendieser kämpfen.

Während diese Erklärungen hauptsächlich die materiellen Grundlagen von Ressourcenkonflikten betonen, weist Arturo Escobar (2006) darauf hin, dass sozial-ökologische Konflikte als Verteilungskonflikte betrachtet werden müssen, die drei zentrale und miteinander verwobene Aspekte, nämlich eine ökonomische, eine kulturelle und eine ökologische Dimension umfassen. Das heißt, nicht nur materielle Umverteilung, sondern auch kulturelle Dominanz und hegemoniale Deutungen stehen zur Disposition. Entscheidend ist in diesem Zusammenhang das Verhältnis von Differenz und Gleichheit: „A key question with regards to these encounters is the relation between difference and equality. Especially, we need to consider how to achieve the goal of equality while respecting difference" (Escobar 2006: 7). Dieser Hinweise ist verbunden mit der jüngeren Debatte um Umverteilungs- versus Anerkennungskonflikte (Fraser/Honneth 2003, Young 1997). Umverteilung fokussiert auf sozioökonomische Ungerechtigkeit bzw. Ungleichheit, während Anerkennung „auf Ungerechtigkeiten [hinweist], die als kulturell verstanden werden und von denen angenommen wird, daß sie in gesellschaftlich dominanten Repräsentations-, Interpretations- und Kommunikationsmustern verwurzelt sind" (Fraser 2003: 22-23). In sozial-ökologischen Konflikten spielen beide Konfliktdimensionen eine Rolle, insbesondere wenn es um die Anerkennung von indigenen oder bäuerlichen Produktions- und Lebensweisen geht, sie können allerdings nicht klar voneinander getrennt werden. Iris Marion Young (1997) hat auf diese Verwobenheit und Kokonstitution von politökonomischen und soziokulturellen Aspekten hingewiesen und argumentiert, dass es zentral ist „to connect issues of symbols and discourses to their consequences in the material organization of labour, access to resources, and decision-making power, rather than to solidify a dichotomy between them" (160). Dementsprechend beschreibt sie fünf Gesichter der Unterdrückung, nämlich Ausbeutung, Marginalisierung, Machtlosigkeit, kulturellen Imperialismus und Gewalt, die in konkreten Unterdrückungsverhältnissen auf unterschiedliche Weise zusammenspielen. Konflikte können demnach entlang von Verteilung, Arbeitsteilung, Entscheidungsmacht und Anerkennung von Differenzen kategorisiert werden (Young 1997: 151-153). Diese Einteilung ist auch für die Analyse von sozial-ökologischen Konflikten hilfreich, weil sie die Komplexität von Konflikten ernst nimmt. Im Vordergrund steht dabei eine kritische Auseinandersetzung mit den historisch-spezifischen Gegebenheiten, in denen sich diese Konflikte materialisieren, den räumlichen Dimensionen, in denen diese verhandelt werden und den konkreten Interessen und Strategien der beteiligten AkteurInnen. Umweltprobleme werden nicht als Menschheitsprobleme stilisiert, die alle Menschen gleichermaßen betreffen, sondern die konkreten Privilegierungs- und Marginalisierungsstrategien analysiert. Auch wenn bestimmte Formen des Umgangs mit der Natur dominant sind, wird dadurch zudem deutlich, dass es vielfältige Formen der Beziehung zwischen Natur und Gesellschaft, d.h. plurale Naturverhältnisse, gibt, die vielfach miteinander konkurrieren (Brand/Görg 2003: 18, Jahn/Wehling 1998: 83-84).

2.1.5. Zur zeitlichen Dimension der Aneignung von Natur

Bei der Analyse von konkreten Formen der Naturaneignung und den damit verbundenen sozial-ökologischen Konflikten stellt sich die Frage nach der zeitlichen und räumlichen Dimension der gesellschaftlichen Naturverhältnisse. Zwar sind kapitalistische Naturverhältnisse durch immanente Widersprüchlichkeiten gekennzeichnet, dieses allgemeine Postulat greift aber bei der Analyse von konkreten Aneignungsstrategien, Bearbeitungsmustern und hegemonialen Deutungen zu kurz. Dementsprechend ist eine zeitliche Dimension in der Analyse entscheidend, um den historisch-spezifischen Konstellationen, die sich in konkreten Aneignungsstrategien und Konflikten materialisieren, gerecht zu werden. Transformationen, Krisen, aber auch Kontinuitäten in den gesellschaftlichen Naturverhältnissen, d.h. die „historische Variabilität gesellschaftlicher Entwicklung [kann dadurch] trotz und wegen sich durchhaltender kapitalistischer Strukturprinzipien" (Görg 2003a: 115) erklärt werden. Die französische Regulationstheorie führt in diesem Zusammenhang den Begriff der *Regulation* ein: „Wir nennen Regulation eines sozialen Verhältnisses die Art und Weise, in der sich dieses Verhältnis trotz und wegen seines konfliktorischen und widersprüchlichen Charakters reproduziert" (Lipietz 1985: 109). In diesem Prozess der Regulation werden Akkumulationsregime und Regulationsweise als spezifische Analysedimensionen unterschieden. Ein *Akkumulationsregime* beschreibt eine über einen bestimmten Zeitraum kohärente und stabile gesellschaftliche Entwicklung auf makroökonomischer Ebene (Brand 2000: 93). Dieses Akkumulationsregime ist institutionell abgesichert, wofür der Begriff der *Regulationsweise* eingeführt wird. Dieser beschreibt die „Gesamtheit institutioneller Formen, Netze und expliziter oder impliziter Normen, die die Vereinbarkeit von Verhaltensweisen im Rahmen eines Akkumulationsregimes sichern, und zwar sowohl entsprechend dem Zustand der gesellschaftlichen Verhältnisse als auch über deren konfliktuellen Eigenschaften hinaus" (Lipietz 1985: 121). In Bezug auf die Regulation der Naturverhältnisse betreffen diese Regulationsformen beispielsweise die konkreten landwirtschaftlichen Produktionsverhältnisse oder den Grad der Einbettung in den Weltmarkt, die trotz anhaltender kapitalistischer Produktionsverhältnisse in den jeweiligen historisch konkreten Kontexten unterschiedlich abgesichert werden.

Zur historischen Einordnung kapitalistischer Naturverhältnisse und in Anlehnung an die Regulationstheorie prägen Ulrich Brand und Christoph Görg (2003) die Unterscheidung zwischen fordistischen und postfordistischen Naturverhältnissen. Während *fordistische Naturverhältnisse* von einer „schrankenlosen Ausbeutung und Zerstörung der natürlichen Ressourcen" (Brand/Görg 2003: 45) geprägt sind, ist dieses Akkumulationsregime seit den 1970er Jahren durch zunehmende sozial-ökologische Probleme brüchig geworden. Die Probleme spitzen sich in konflikthaften Prozessen zu einer ökologischen Krise zu, deren Ursachen je nach Interessenslage der AkteurInnen unterschiedlich gedeutet werden. Zentrales Charakteristikum *postfordistischer Naturverhältnisse* ist deshalb die Inkorporation ökologischer Fragen (Klimawandel, Ressourcenausbeutung, Degradierung etc.) in die kapitalistische Restrukturierung und damit in den Akkumulationsprozess. An die Stelle einer schrankenlosen tritt eine „nachhaltige" Ausbeutung der Natur (Köhler 2005: 24-25). Diese materialisiert sich vor allem in der Konstruktion von exklusiven Eigentumsrechten für ehemals kollektive Gemeingüter wie Wasser, Land oder Saatgut sowie für Umweltschäden (Luftverschmutzung), aber auch in der zunehmenden Bedeutung von Wissen für die Bearbeitung der ökologischen Krise – beispielsweise durch die Konstruktion von geistigen Eigentumsrechten (Gentechnik). Die Bearbeitung der Umweltproblematik erfolgt in diesem Zusammenhang exklusiv und selektiv. Einerseits werden konkrete Politiken „unter Bedingungen [verhandelt], die durch neoliberale Politikmuster und die Interessen der politisch und ökonomisch stärkeren Akteure geprägt sind" (Görg 2003a: 129), wodurch die Mehrheit der von Umweltverschmutzung und -zerstörung betroffenen Menschen von Entscheidungsprozessen ausgeschlossen bleibt. Zum anderen werden ökologische Fragen nur selektiv in Bezug auf ihre Verwertbarkeit im kapitalistischen Akkumulationsprozess bearbeitet und damit die Nichtidentität von Natur genauso vernachlässigt wie unter fordistischen Aneignungsbedingungen. Diese Kontinuitäten werden durch den zeitlichen Terminus *post* angedeutet (Jessop 2001). Das Konzept der postfordistischen Naturverhältnisse deutet zwar durch die Inkorporation ökologischer Fragen in die Regulation der gesellschaftlichen Naturverhältnisse auf einen relativen Bruch hin, zeigt aber gleichzeitig an, dass zentrale Muster einer schrankenlosen Aneignung von Natur weiterwirken. Das heißt, es lässt sich eine Transformation der gesellschaftlichen Naturverhältnisse beschreiben, die nicht zwingend zu systemischen und dauerhaften Veränderungen führt, aber dennoch eine Verschiebung von Kräfteverhältnissen auf unterschiedlichen Ebenen impliziert.

Neben einer solchen Periodisierung kapitalistischer Naturverhältnisse ist die Einbettung und Analyse dieser in historisch-spezifischen Konstellationen in einzelnen Ländern oder Regionen, in denen sich sozial-ökologische Konflikte manifestieren, entscheidend. Interessen, Strategien und Konflikte stehen in Verbindung mit historisch gewordenen sozioökonomischen, politisch-institutionellen und kulturellen Verhältnissen und können nur mit Bezug auf diese historische Genese adäquat analysiert werden.

2.1.6. Zur räumlichen Dimension der Aneignung von Natur

Neben der historisch-konkreten Einbettung ist die räumliche Strukturierung gesellschaftlicher Naturverhältnisse entscheidend für das Verständnis sozial-ökologischer Konflikte. Viele politökologische Arbeiten bauen diesbezüglich auf einem relationalen, prozesshaften und konflikthaften Verständnis von sozial-räumlicher Strukturierung auf, das in der anglosächsischen *Scale*-Debatte der kritischen Geografie entwickelt wurde (Smith 1984, Swyngedouw 1997, 2004, Wissen et al. 2008). Der Begriff Scale wird im deutschen Sprachgebrauch mit „räumlicher Maßstäblichkeit" oder „räumlichen Maßstabsebenen" übersetzt (Köhler 2008: 208, Wissen 2008a: 106, Wissen 2008b: 8-9) und nimmt Bezug auf die Produktion von Raum durch vertikale Differenzierung und den prozesshaften und umkämpften Charakter dieser Strukturierung. Dementsprechend wird die gesellschaftliche Produktion von Natur, die durch Prozesse der Inwertsetzung, Kommodifizierung und Einhegung bisher vor allem aus einer horizontalen räumlichen Perspektive diskutiert wurde,[4]

---

4   Im Anschluss an Neil Brenner (2008: 66-71) können diese Prozesse mit dem räumlichen Prinzip der Territorialität beschrieben werden, das mit Grenzziehungen und

durch die Idee einer vertikalen Strukturierung gesellschaftlicher Naturverhältnisse (z.B. globale, supranationale, regionale, lokale Scale) erweitert:

> Scale is neither an ontologically given and a priori definable geographical territory nor a politically neutral discursive strategy in the construction of narratives. Scale, both in its metaphorical use and material construction, is highly fluid and dynamic, and both processes and effects can easily move from scale to scale and affect different people in different ways, depending on the scale at which the process operates [...]. Scale is, consequently, not socially or politically neutral, but embodies and expresses power relationships. (Swyngedouw 1997: 140)

Im Rahmen sozial-räumlicher Forschungen werden die konflikthaften Prozesse der Produktion von räumlicher Maßstäblichkeit – die *Politics of Scale* (Wissen et al. 2008) – in den Mittelpunkt der Analyse gestellt und somit die räumliche Strukturierung nicht als statische Gegebenheit, sondern als Produkt von sozialen Kämpfen verstanden (Wissen 2008b: 12). Trotz dieser Dynamik und Umkämpftheit werden Scales in konkreten Situationen vorübergehend fixiert, d.h. hierarchische Beziehungen temporär stabilisiert. Diese Stabilisierung der Beziehung zwischen skalaren Dimensionen wird als *scalar fix* (Brenner 2008: 76) bezeichnet. Scalar fixes sind vorübergehende Kompromisse, „that prevent chaos, revolution, or radical transformation and permit the continuation of everyday life" (Swyngedouw 1997: 146). Werden diese scalar fixes destabilisiert und brüchig, kommt es zu Prozessen der *Reskalierung (rescaling)*, in denen sich die Bedeutung von räumlichen Maßstabsebenen sowie deren Verhältnis zueinander verändert. Dass weder die scalar fixes noch die Prozesse der Reskalierung konfliktfrei und eindeutig verlaufen, ist Kern der theoretischen Herangehensweise. Dieser „Kampf um den Raum" wird auch mit dem Begriff des *scale jumping* (Smith 1984) beschrieben und verweist auf die inhärenten Macht- und Herrschaftsverhältnisse in der Produktion von Raum. Durch ein Wechseln von räumlichen Maßstabsebenen – beispielsweise von der nationalen auf die internationale oder von der internationalen auf die bilaterale Ebene – können Machtverhältnisse abgesichert und Machtpositionen verbessert werden (Mahon/Keil 2008: 40-41). Diese Überlegungen sind auch für die Organisation von Widerstand und Protest sowie die Strategien emanzipatorischer Bewegungen entscheidend. In wechselseitiger Wirkung wird einerseits ein *upscaling* von Proteststrategien auf die transnationale Ebene angestrebt, andererseits auch lokale Formen des Widerstands im

---

damit einer In- bzw. Exklusion von sozialen Beziehungen einhergeht. Ebenso wie Orte (*places*) sind Territorien auf der Ebene einer horizontalen Differenzierung sozialer Beziehungen angesiedelt.

Kontext globaler Verhältnisse politisiert bzw. durch internationale, regionale oder supranationale Kampagnen unterstützt. Das heißt, nicht nur dominante Strategien der Naturaneignung, sondern auch Formen des Widerstands werden durch scale jumping und Prozesse des rescaling transformiert und artikulieren sich auf unterschiedlichen Maßstabsebenen neu: „The mobilization of scalar narratives, scalar politics, and scalar practices, then, becomes an integral part of political power struggles and strategies. This propels considerations of scale to the forefront of both ecological and emancipatory politics" (Swyngedouw 2004: 134).

Die Analyse von räumlicher Maßstäblichkeit hat für die Analyse von gesellschaftlichen Naturverhältnissen und Konflikten um die Aneignung von Natur entscheidende theoretische und analytische Implikationen, und die Annahmen der Politischen Ökologie werden durch eine Verknüpfung mit Argumenten der Politics of Scale produktiv ergänzt (Köhler 2008, Robbins 2008, Swyngedouw 2004, Wissen 2008a). Denn viele politökologische Analysen sind auf die lokale Scale fixiert und setzen diese oft ohne Differenzierung mit Nachhaltigkeit und Gerechtigkeit gleich (Köhler 2008: 216), eine Tendenz, die durch die Implikationen der Politics of Scale aufgebrochen wird: „Reminding political ecologists that scale is produced, rather than given, they [political geographers] suggest that the field might escape its 'local trap', which tends to romanticize, fetishize, and otherwise locate most progressive action at the local scale" (Robbins 2008: 216).

2.1.7. Politische Ökologie der Palmöl- und Agrartreibstoffproduktion

In diesem Abschnitt werden die theoretischen Annahmen der Politischen Ökologie, die für diese Arbeit zentral sind, zusammengefasst und mit dem empirischen Gegenstand der Palmöl- und Agrartreibstoffproduktion in Südostasien in Beziehung gesetzt.

(1) Eine Grundannahme der Politischen Ökologie ist, dass sich Gesellschaft und Natur wechselseitig bedingen, weshalb auch von gesellschaftlichen Naturverhältnissen gesprochen wird. Das heißt, die Aneignung und Kontrolle von Natur kann nur im Verhältnis mit sozioökonomischen und politisch-institutionellen Strukturen und Prozessen, die von Macht- und Herrschaftsverhältnissen geprägt sind, verstanden werden. Die Produktion von Palmöl- und Agrartreibstoffen ist demnach keine rationale und „objektive" Entscheidung zur ländlichen Entwicklung, Lösung der Energieabhängigkeit oder Bekämpfung des Klimawandels, sondern muss als spezifische Bearbeitungsstrategie der ökologischen Krise mit landwirtschaftlichen Produktionsverhältnissen, dominanten Mobilitätsformen und asymmetrischen Nord-Süd-Beziehungen in Verbindung gebracht werden.

(2) Natur ist gesellschaftlich produziert, und die Aneignung und Kontrolle von Natur werden unter kapitalistischen Bedingungen hauptsächlich durch ihre Funktion für die Kapitalakkumulation bestimmt. Die Inwertsetzung von Natur und natürlichen Ressourcen bildet eine zentrale Voraussetzung für die Kapitalakkumulation, ist allerdings auch von Widersprüchen geprägt und durch die relative Eigenständigkeit (Nichtidentität) von Natur auch nicht beliebig möglich. Dieser Zusammenhang hilft bei der Analyse der gesellschaftlichen Naturverhältnisse rund um die Palmöl- und Agrartreibstoffproduktion zu erklären, warum eine monokulturelle und großflächige Plantagenwirtschaft – trotz der sozial-ökologischen Auswirkungen – durchgesetzt wird und die Privilegierung von exklusiven Eigentumsrechten in Kombination mit einer Marginalisierung von alternativen Formen der Kontrolle von Land zentral ist. Gleichzeitig kann mit dem Hinweis auf die Eigenständigkeit von Natur analysiert werden, warum sich die Folgen der Plantagenwirtschaft mitunter krisenhaft entladen (z.B. durch Bodenerosion oder vermehrte CO_2-Emissionen im Zuge der Abholzung von Wald) und im Rahmen sozial-ökologischer Konflikte bestimmte Umwelt- und Sozialstandards zur Verhinderung der schlimmsten Auswirkungen einer monokulturellen Palmölproduktion selektiv integriert werden.

(3) Natur wird sowohl materiell-stofflich als auch symbolisch-diskursiv produziert. Die materiell-stoffliche Dimension zeigt an, dass der Mensch durch seinen Stoffwechsel mit der Natur zu einer ständigen Umwandlung derselben beiträgt, dass diese Transformation unter kapitalistischen Verhältnissen allerdings eine spezifische Form annimmt. Die symbolisch-diskursive Dimension verweist auf die Schaffung von dominanten Deutungen über den Umgang mit der Natur sowie die Kontrolle von bestimmten Wissensformen. Dadurch kann analysiert werden, wie Ideen wie die Verwendung von monokulturell produzierten Pflanzen für Treibstoffe wirkmächtig werden. Die zentrale symbolische Bedeutung von Mobilität in Form des motorisierten Individualverkehrs, die in engem Zusammenhang mit Wohlstand, Fortschritt und Status steht, wird mit einem technischen Verständnis des Klimawandels, das auf der quantitativen Einsparung von CO_2-Emissionen basiert, verknüpft und Agrartreibstoffe als Lösung präsentiert. Diese symbolisch-diskursive Dimension hat wiederum Auswirkungen auf die materiell-stoffliche Produktion von Natur, indem die politische Förderung von Agrartreibstoffen die Transformation des Raumes durch eine großflächige und monokulturelle Plantagenwirtschaft in Südostasien vorantreibt.

(4) Die Aneignung und Kontrolle von Natur unter den oben genannten Bedingungen ist konflikthaft, d.h. Kosten und Nutzen der Aneignung von Natur

und natürlichen Ressourcen sind ungleich verteilt und stehen mit politökonomischen und soziokulturellen Strukturen und Prozessen in Beziehung. In *sozial*-ökologischen Konflikten stehen demnach nie nur Fragen der Aneignung von Natur zur Disposition, sondern werden diese mit gesellschaftlichen Fragen nach Verteilung, Arbeitsteilung, Entscheidungsmacht und der Anerkennung von Differenz verbunden. Für die Analyse der Palmöl- und Agrartreibstoffproduktion eröffnet diese Annahme ein analytisches Einstiegsinstrument, indem die Problematik anhand von konkreten Konfliktfeldern analysiert werden kann, in denen unterschiedliche Kräfte um die materiell-stoffliche und symbolisch-diskursive Produktion von Natur kämpfen.

(5) Sozial-ökologische Konflikte manifestieren sich immer in historisch-spezifischen Zusammenhängen. Eine solche Einbettung ist sowohl in Bezug auf den historisch geronnenen Kontext in einzelnen Ländern oder Regionen zentral als auch für eine grenzübergreifende Periodisierung kapitalistischer Naturverhältnisse, die sich beispielsweise im Übergang von fordistischen zu postfordistischen Naturverhältnissen ausdrückt. Konkret impliziert diese Annahme die historische Einbettung des Palmölprojekts und spezifischer Konflikte in Südostasien, um darauf aufbauend die Entstehung eines Agrartreibstoffsektors und die wechselseitige Verschränkung dieser Sektoren erklären zu können. Dabei ist es notwendig, die historisch geronnene Struktur der Landwirtschaft in Indonesien und Malaysia in den Blick zu nehmen, die Bedeutung der Palmöl- und Agrartreibstoffproduktion für die Region und die Rolle der einzelnen Länder in dieser herauszuarbeiten. Gleichzeitig ermöglicht das Konzept der postfordistischen Naturverhältnisse, Transformation in ihrer Ambivalenz aus schrankenloser Ausbeutung der Natur (durch die Abholzung von Regenwald und monokulturelle Plantagenwirtschaft) und selektiver Inkorporation von Umweltschutzmaßnahmen (durch die Zertifizierung von Palmöl und Agrartreibstoffen) zu analysieren.

(6) Gesellschaftliche Naturverhältnisse sind wechselseitig in produktive räumliche (Re)Strukturierungsprozesse eingebunden. Die konflikthaften Prozesse der gesellschaftlichen Produktion von Natur beziehen sich in diesem Zusammenhang sowohl auf eine horizontale räumliche Strukturierung von Natur durch Inwertsetzung, Kommodifizierung und Einhegung als auch auf eine vertikale Strukturierung, im Rahmen derer um die Scales zur Kontrolle von natürlichen Ressourcen sowie der Bearbeitung von sozial-ökologischen Konflikten gekämpft wird. Die Aneignung von Natur und die Bearbeitung von Konflikten im Rahmen des Palmölprojekts kann demnach über die nationalstaatlichen Grenzen hinaus auf unterschiedlichen Scales analysiert werden. Dementsprechend können Dezentralisierungspolitiken in Bezug auf die Kontrolle von Land oder die Ver-

lagerung von Umweltregulierungen auf die internationale Ebene in Form von Zertifizierungssystemen mit den jeweiligen Interessen und Kräfteverhältnissen, die sich in ihnen ausdrücken, in Beziehung gesetzt werden.

2.2. Staatlichkeit und gesellschaftliche Naturverhältnisse

Die Rolle von politökonomischen Strukturen und Prozessen für die Transformation gesellschaftlicher Naturverhältnisse sowie die Auswirkungen auf konkrete sozial-ökologische Konflikte auf lokaler Ebene wurden in bisherigen politökologischen Forschungen bereits umfassend analysiert. Die Rolle des Staates und damit die konkrete Institutionalisierung politökonomischer und soziokultureller Verhältnisse, die Ungleichheiten in der Aneignung von Natur entscheidend mitbestimmen und die Handlungsmöglichkeiten unterschiedlicher gesellschaftlicher Kräfte beeinflussen, werden allerdings erst in jüngster Zeit theoretisiert. Die Rolle des Staates ist für die Analyse der Palmöl- und Agrartreibstoffproduktion in Südostasien entscheidend, weil Treibstoffe aus Energiepflanzen keinesfalls logische oder kausal begründbare Antworten auf die Verknappung von fossilen Energieträgern oder den Klimawandel sind. Vielmehr werden sie politisch-institutionell ermöglicht, gefördert und abgesichert und können mit der Durchsetzung gesellschaftlicher Naturverhältnisse im Sinne einer monokulturellen Landwirtschaft sowie technischen Bearbeitungsformen des Klimawandels in Verbindung gebracht werden.

In diesem Kapitel werden theoretische Annahmen erarbeitet, die die politökologische Analyse des Staates als zentrales Strukturierungs- und Handlungsterrain für politisch-institutionelle Prozesse zur Förderung von Produktion, Handel und Konsum von Palmöl- und Agrartreibstoffen anleiten. Dafür wird zu Beginn ein Überblick über bisherige staatstheoretische Überlegungen in der Politischen Ökologie gegeben und „klassische" politikwissenschaftliche Ansätze zur Konzeption des Staates vorgestellt. Darauf aufbauend werden Annahmen der historisch-materialistischen Staatstheorie für die Transformation von gesellschaftlichen Naturverhältnissen fruchtbar gemacht und damit eine Erweiterung um macht- und herrschaftstheoretische Elemente vorgenommen. Zentral sind dafür die hegemonietheoretischen Überlegungen Antonio Gramscis sowie die staatstheoretischen Annahmen von Nicos Poulantzas und Bob Jessop, die den Staat als soziales Verhältnis begreifen und die strukturellen und strategischen Selektivitäten in staatlich-institutionellen Strukturen und Prozessen hervorheben. Als zentrales Element für die Produktion von gesellschaftlichen Naturverhältnissen wird das Rechtssystem diskutiert und Überlegungen zur

Restrukturierung von Staatlichkeit ebenso wie die spezifische Rolle des Staates in peripheren Gesellschaften dargestellt.

2.2.1. Die Rolle des Staates in der Politischen Ökologie

Die explizite staatstheoretische Theoretisierung ist ein junges Forschungsfeld der Politischen Ökologie. Zentral sind in diesem Zusammenhang Arbeiten, die die Territorialisierungs- und Simplifizierungstendenzen des modernen Staates in der Kontrolle von Natur hervorheben. James Scott (1998) argumentiert etwa mit der These der Simplifizierung und beschreibt Strategien des Staates zur Kontrolle von Natur und Bevölkerung durch Komplexitätsreduktion (z.B. wissenschaftliche Forstwirtschaft, Vereinheitlichung von Maßeinheiten, Einführung der Katasterkarte). In ähnlicher Weise argumentieren Mark Whitehead et al. (2007), die der Frage nachgehen, welche Rolle Nationalstaaten in der Aneignung von Natur spielen und wie dadurch *state nature*, also ein zentralisiertes und an ein bestimmtes Territorium gebundenes Konzept von Natur, konstruiert und produziert wird. Sie arbeiten heraus, wie Nationalstaaten Natur *framen* und durch Zentralisierung (standardisiertes Wissen, Simplifizierung) und Territorialisierung (Kartografie, geografische Informationssysteme, Nationalparks) die natürliche Umwelt „regierbar" machen. Diese Bedeutung von territorialer Souveränität hebt auch Roderick Neumann (2004) hervor, der an einem empirischen Beispiel die Funktion des modernen Nationalstaates bei der Konstruktion von Nationalparks analysiert. Mit konkretem Bezug zu Indonesien analysiert Nancy Peluso (1992) eindrucksvoll die Rolle des Staates in der Kontrolle des Waldes und die damit verbundene Kriminalisierung von gewohnheitsrechtlichen Besitzansprüchen. In einer systematisierenden Abhandlung zeigt Paul Robbins (2008) eine Übersicht über die Theoretisierung des Staates im Umgang mit der Natur in der Politischen Geografie. Dieser übernimmt erstens eine Simplifizierung der Natur (z.B. durch die monokulturelle Landwirtschaft), interagiert zweitens mit diversen anderen menschlichen und nichtmenschlichen AkteurInnen und Ressourcen (Kleinbauern und -bäuerinnen, multilaterale Konzerne, Kapital, Boden etc.) und trägt damit zu einer Konstruktion von spezifischen Netzwerken der Naturaneignung bei und zielt drittens als institutionalisierter Wissensproduzent und -manager auf die Produktion einer bestimmten Form des ökologischen Wissens ab. In all diesen Beschreibungen und theoretischen Verortungen macht Robbins nicht zuletzt die Widersprüchlichkeit von staatlichen Handlungen deutlich.

Ein weiterer wichtiger Forschungsstrang im Rahmen der Politischen Ökologie hat sich rund um die Anwendung foucauldianischer und poststrukturalistischer

Konzeptionen des Staates entwickelt. Michael Goldman (2004) etwa konzipiert unter dem Begriff *Eco-governmentality* neue Regierungs- und Wissensformen durch die Inkorporation von Umweltproblemen am Beispiel transnationaler Praktiken der Weltbank in Laos. Auch Arun Agrawal (2005) oder Timothy Luke (1999) beziehen sich auf Michel Foucault's Konzept der Gouvernementalität, indem sie die Wechselwirkungen zwischen staatlichem Regieren und der Herausbildung von „grünen" Subjektivitäten analysieren.

Im deutschsprachigen Raum haben sich Arbeiten im Feld der gesellschaftlichen Naturverhältnisse in jüngster Zeit umfassend mit der Rolle des Staates in der Aneignung und Kontrolle von Natur beschäftigt (Brand/Görg 2003, Brand et al. 2008, Görg 2003b, Wissen 2011). Diese Arbeiten verbinden politökologische Argumente mit Einsichten der Regulationstheorie und der materialistischen Staatstheorie und fokussieren in den letzten Jahren inbesondere auf die räumliche Verschiebung von Staatlichkeit. Die Untersuchungen intervenieren demnach in ein bestimmtes theoretisches Feld, in dem die Konzeption des Staates im Wesentlichen in zwei Debattenstränge eingeteilt werden kann. Im Folgenden gehe ich auf diese Staatskonzeptionen des politikwissenschaftlichen Mainstream ein, bevor zentrale Annahmen einer materialistischen Staatstheorie entwickelt werden.

2.2.2. Abgrenzungen und Entgegnungen

In einer *klassischen politikwissenschaftlichen Perspektive*, die auf die Ideen von Thomas Hobbes und John Locke zurückgeht, gelten Staatsgebiet, Staatsvolk und Staatsgewalt als zentrale Merkmale eines (National-)Staates (Jellinek 1914). In ähnlicher Weise theoretisiert Max Weber, einer der bis heute einflussreichsten Staatstheoretiker, den liberalen Staat und definiert diesen als „diejenige menschliche Gemeinschaft, welche innerhalb eines bestimmten Gebietes – dies: das „Gebiet", gehört zum Merkmal – das Monopol legitimer physischer Gewaltsamkeit für sich (mit Erfolg) beansprucht" (Weber 1919/1997: 6). Seit dem Westphälischen Frieden von 1648 entwickelte sich dieser bürgerliche Nationalstaat – zuerst in Europa und den USA, im Laufe des 19. und 20. Jahrhunderts im Zuge der Entkolonialisierung auch in Lateinamerika, Asien und Afrika – zur zentralen politischen Organisationsform. Während bei Weber und anderen frühen Staatstheoretikern das Gewaltmonopol und damit die Herrschaftlichkeit des Staates hervorgehoben wird (Zängle 1988: 28-32), tritt insbesondere nach dem Zweiten Weltkrieg und dem Aufkommen des Wohlfahrtsstaates die Problemlösungsfunktion des Staates in den Vordergrund. Der Staat wird als neutrale Instanz gedacht, die im allgemeinen Interesse institutionelle Regeln und Rahmenbedingungen setzt.

Auf Basis dieser Ideen und letztendlich als normative Folie wird vielfach auch die Rolle des Staates in Ländern des globalen Südens analysiert. Der Fokus liegt dabei auf internen Faktoren für die Analyse von Staatlichkeit, und als Quelle des Problems wird die Abweichung vom Idealtyp eines weberianischen Staates analysiert. Der Staat könne entweder das Gewaltmonopol gar nicht durchsetzen (*failed state*) oder handle im Interesse einzelner Personen oder Gruppen, die sich persönliche Vorteile aus der Aneignung von Ressourcen sichern (Solli/Leysens 2011: 298-301). Korruption, patrimoniale Strukturen und andere Formen der politischen und ökonomischen Vorteilsaneignung werden dabei als „traditionelle" Art der Machtausübung universellen, verallgemeinerten und bürokratischen Formen von Staatlichkeit gegenüber gestellt: „Much discussion of corruption and other forms of illegal behaviour by state officials takes a highly normative view of the state, seeing them as deviations from an ideal bureaucratic machine bound by legal rationality" (Aspinall/van Klinken 2011: 5-6).

In vielen *jüngeren politikwissenschaftlichen Arbeiten* wird jedoch die Rolle und Bedeutung von souveränen Nationalstaaten als wichtigste politische Organisationsform zunehmend in Frage gestellt. Demgegenüber werden neue Steuerungs- und Ordnungsmechanismen für die Regulierung von unterschiedlichen Politikbereichen hervorgehoben, die mit dem Begriff *Governance* beschrieben werden (Mayntz 2009, Rosenau/Czempiel 1992). Diese neuen Formen der Handlungskoordination werden empirisch vor allem mit dem Auseinanderfallen von Territorialität und staatlicher Gewalt sowie mit dem Übergang vom Wohlfahrtsstaat/Fordismus (mit dem Nationalstaat als klarem Steuerungs- und Herrschaftsorgan) zum Neoliberalismus/Postfordismus in Verbindung gebracht und für die Analyse von Politikprozessen auf unterschiedlichen Scales – sowohl sub- als auch supranational – angewendet. Im Allgemeinen ist mit dem Governance-Konzept die Vorstellung einer „Erosion des staatlichen Entscheidungsmonopols" sowie einer „Koordination und Kooperation zwischen unterschiedlichen Akteuren zur Erarbeitung kollektiver Entscheidungen, die unterschiedliche Interessen auszugleichen vermögen" verbunden (Nuscheler 2009: 7). Das Fehlen von formalen Regeln sowie die Einbeziehung unterschiedlicher Stakeholder in den Entscheidungsprozess beschreibt auch James Rosenau (1992: 4) als zentrale Merkmale von Governance. Anders als *Government*, d.h. formale, hierarchische und bürokratische Entscheidungsstrukturen, deren Implementierung durch Polizeigewalt gesichert wird, betont Governance den Netzwerkcharakter von Politikprozessen und bezieht sowohl Regierungsinstitutionen als auch informelle und zivilgesellschaftliche Mechanismen der Steuerung und Regulierung von relevanten Politikbereichen ein. Renate Mayntz (2005) definiert dementsprechend Governance als

> das Gesamt aller nebeneinander bestehenden Formen der kollektiven Regelung gesellschaftlicher Sachverhalte: von der institutionalisierten zivilgesellschaftlichen Selbstregelung über verschiedene Formen des Zusammenwirkens staatlicher und privater Akteure bis hin zu hoheitlichem Handeln staatlicher Akteure. (Mayntz 2005: 46)

Diese multiplen Formen des Regierens betont auch Mark Bevir (2011: 2-3) und beschreibt Governance als hybrid (indem bürokratische Arrangements mit Marktmechanismen kombiniert werden), grenzüberschreitend (indem politische Entscheidungsprozesse die Grenzen des Nationalstaates sprengen) und plural (indem eine Bandbreite an nichtstaatlichen Stakeholdern an politischen Entscheidungsprozessen partizipiert oder Regierungsfunktionen übernimmt).

Diese Charakteristika deuten an, dass die Verlagerung von Government zu Governance nicht nur mit einer *horizontalen* Transformation des Staates im Sinne einer Öffnung für nichtstaatliche AkteurInnen (Unternehmen, NGOs, ExpertInnen etc.) und marktkonforme Entscheidungsmechanismen, sondern auch mit einer *vertikalen* Transformation, d.h. einer Verlagerung von staatlichen Prozessen auf sub- und supranationale Ebenen, verbunden ist. Seit den 1990er Jahren wird dieser Prozess mit dem Begriff der *Multi-level Governance* bezeichnet (Bache/Flinders 2004, Piattoni 2010, Zürn et al. 2010): „We can now define multi-level governance as a set of general-purpose or functional jurisdictions that enjoy some degree of autonomy within a common governance arrangement and whose actors claim to engage in an enduring interaction in pursuit of a common good" (Zürn et al. 2010: 4). Liesbet Hooghe und Gary Marks (2010) betonen, dass durch diese vertikale Politikverflechtung Probleme des öffentlichen Interesses effizienter gelöst werden können und unterscheiden zwei Varianten von Multi-level Governance; einerseits die Verlagerung von Kompetenzbereichen (inklusive Legislative und Judikative) auf unterschiedliche, relativ autonome Ebenen (z.B. EU, Dezentralisierung) und andererseits Governance-Mechanismen für spezifische Problemfelder (z.B. Handel, Umwelt, Menschenrechte), die ebenfalls auf unterschiedlichen Ebenen angesiedelt sein können, allerdings sowohl in Bezug auf Mechanismen als auch in Bezug auf die Ebenen der Entscheidungsfindung flexibel sind und laufend an die Governance-Anforderungen des Problems angepasst werden.

Für die politische Regulierung von grenzüberschreitenden Problemen auf internationaler Ebene (z.B. Armut, Handel, Migration) wurde der Begriff *Global Governance* eingeführt, der „zur Beschreibung von Herrschaftsstrukturen, bei denen eine übergeordnete souveräne Instanz fehlt" (Mayntz 2005: 45), herangezogen wird.[5] Brand et al. (2000) beschreiben Global Governance als

> Zusammenwirken von Regierungen, internationalen und supranationalen Institutionen, ökonomischen und anderen Nichtregierungsakteuren in einem Geflecht von formellen und informellen Beziehungen. Global Governance umfasst darüber hinaus die Verknüpfung verschiedener Politikebenen, nämlich der internationalen mit der nationalen und lokalen Ebene. (13)

Global Governance beschreibt demnach nicht nur globale Entscheidungsprozesse, sondern fokussiert auf die Verknüpfung von grenzüberschreitenden Problembereichen auf unterschiedlichen Ebenen. Von einigen TheoretikerInnen wird Global Governance deshalb auch als ein Teilbereich bzw. als spezifische Form von Multi-level Governance verstanden (Zürn 2010).

Mit konkretem Blick auf Umweltfragen beschreiben Johannes Stripple und Hannes Stephan (2013: 152-158) vier zentrale und miteinander verbundene Trends, die *(Global) Environmental Governance* in der Praxis auszeichnen; erstens die Schaffung von Normen, die als „soft law" ohne zentrale Autorität ethische Prinzipien fördern, zweitens die Schaffung und Verbreitung von Information und Wissen über Umweltprobleme und deren Bearbeitung, drittens die Etablierung von Standards als freiwillige Form der Internalisierung von sozialen und ökologischen Aspekten (meist durch Zertifizierung oder Labeling) und viertens die Bildung von Kapazitäten und die tatsächliche Implementierung von Umweltmaßnahmen, insbesondere in Form von *public-private partnerships*.

Quer zu diesen Vorstellungen hat sich in Bezug auf Länder des globalen Südens seit den späten 1980er Jahren ein klar normativer Begriff von *Good Governance* etabliert. Rechtsstaatlichkeit, Achtung der Menschenrechte und Korruptionsbekämpfung durch funktionsfähige Institutionen gelten in diesem Zusammenhang als Schlüssel für wirtschaftliche Entwicklung und als Voraussetzung für Kredite und Budgethilfen der internationalen Gebergemeinschaft (Nuscheler 2009). Obwohl zivilgesellschaftliche Partizipation an politischen Entscheidungsprozessen als entscheidendes Merkmal von Good Governance beschrieben wird (Mayntz 2005: 46), liegt der Fokus der Bemühungen auf Rechtsstaatlichkeit und durch-

---

5 Als Ausgangspunkt dieser neuen Regulierung und Steuerung gelten die großen UN-Konferenzen seit den 1970er Jahren. In der internationalen Umweltpolitik ist das beispielsweise die Konferenz der Vereinten Nationen über die Umwelt des Menschen im Jahr 1972 in Stockholm (UNCHE 1972). In der Folge wurde alle zehn Jahre eine große Konferenz abgehalten und in zahlreichen Zwischenkonferenzen internationale Umweltdeklarationen und -abkommen verhandelt.

setzungsstarken Institutionen, d.h. das Konzept bleibt inhaltlich näher einem hierarchischen und formalen Politikverständnis verhaftet.

Sowohl die traditionellen politikwissenschaftlichen Ansätze zur Rolle des Staates als auch die jüngere Debatte um neue Regelungs- und Steuerungsmechanismen im Rahmen von (Multi-level und Global) Governance greifen meiner Ansicht nach vor allem in Bezug auf die Analyse von Macht- und Herrschaftsverhältnissen sowie die Umkämpftheit von gesellschaftlichen Naturverhältnissen zu kurz. In der traditionellen politikwissenschaftlichen Definition wird der Staat vielfach als homogener Akteur betrachtet, der als steuerndes und regelndes Organ auf die Natur einwirkt und im Allgemeininteresse eine Problemlösungsfunktion einnimmt. Rechtsstaatlichkeit, das heißt die Definition von Recht und Unrecht und die legitime Durchsetzung in Form des Gewaltmonopols, wird in diesem Zusammenhang als zentrales Element des modernen bürgerlichen Staates verstanden, wodurch dieser letztendlich die Interessen aller BürgerInnen auf politischer Ebene vertritt. Die inhaltliche Ausgestaltung politischer Strukturen und Prozesse gerät dabei im Vergleich zur Durchsetzung des Gewaltmonopols in den Hintergrund. Unterschiedliche Interessen und Machtasymmetrien – auch innerhalb des Staates – werden wenig berücksichtigt und die Vorstellung des Staates als Entität und rational handelnder Akteur reproduziert. Dementsprechend verschleiert eine solche Perspektive, dass staatliche Politiken, Strukturen und Prozesse herrschaftlich vermittelt sind und trotz oder auch gerade wegen ihrer universalen Gültigkeit Ein- und Ausschlüsse produzieren. Zudem fokussieren die Beiträge vor allem auf den Nationalstaat, d.h. die Transformation von Staatlichkeit durch Internationalisierung und Dezentralisierung wird vernachlässigt.

Die zunehmende Transformation des Staates – sowohl vertikal durch die Verlagerung von Entscheidungsprozessen auf sub- und supranationale Politikebenen als auch horizontal durch neue Governance-Mechanismen und die zunehmende Rolle von nichtstaatlichen AkteurInnen – steht im Zentrum der Governance-Forschung. Wenngleich die theoretischen Entwicklungen in diesem Bereich entscheidende Erkenntnisse für die Theoretisierung und empirische Analyse von Staatlichkeit förderten, werden Macht- und Herrschaftsverhältnisse auch in diesen neuen Governance-Instrumenten vielfach vernachlässigt (Stripple/Stephan 2013: 150-151, zu einer feministischen Kritik siehe Sauer 2003). Einzelne Politiken werden zwar als Ergebnis von Verhandlungen zwischen unterschiedlichen AkteurInnen wahrgenommen, die Produktion dieser Ebenen und Governance-Mechanismen allerdings als „natürlicher" Prozess im Zuge einer effizienteren Problemlösung analysiert, und die Interessen und Strategien, die diesen Verlagerungen und Transformationen zugrunde liegen, ausgeblendet (Benz et al. 2007: 17-20). Diese Kritik einer Ausblendung der herrschaftsförmigen Durchsetzung von Politik, die einen Interessensausgleich unter „ungleichen" PartnerInnen hervorbringt, trifft insbesondere die Öffnung von politischen Entscheidungsprozessen für nichtstaatliche AkteurInnen. Brand et al. (2000: 17-18) kritisieren, dass der Einfluss von NGOs tendenziell überschätzt und andere, weniger formal organisierte zivilgesellschaftliche AkteurInnen wie beispielsweise soziale Bewegungen oder Grassroots-Organisationen ausgeblendet werden. Herrschaftsförmige Umbruchprozesse der Globalisierung werden ebenso wie unterschiedliche und asymmetrische Interessen von AkteurInnen oder AkteurInnengruppen verschleiert und Globalisierung als unausweichlicher Prozess dargestellt. Auf diesen Punkt eines unausweichlichen Souveränitätsverlustes des Nationalstaates durch die Globalisierung – quasi von außen – verweist auch Mayntz und beschreibt die ökonomische Denationalisierung „erstens als kein ganz neues Phänomen und zweitens kein von außen über den modernen Nationalstaat hereinbrechendes Schicksal, sondern eine durch bewusste politische Entscheidungen ermöglichte, ja, teilweise vorangetriebene Entwicklung" (Mayntz 2007: 54-55). Die Veränderungen durch die Prozesse der Globalisierung wertet sie weniger als einen Bedeutungsverlust des Nationalstaates denn als eine Transformation desselben, eine Perspektive, die auch von vielen anderen TheoretikerInnen geteilt wird (Stripple/Stephan 2013: 150-151).

Entsprechend dieser Kritik werden in der Folge zentrale Annahmen der materialistischen Staatstheorie für die Analyse von politökologischen Fragestellungen fruchtbar gemacht. Erklärtes Ziel dieser theoretischen Aufarbeitung ist es, Fragen von Macht- und Herrschaftsverhältnissen in der Regulation gesellschaftlicher Naturverhältnisse bearbeitbar zu machen und die Rolle von Staatlichkeit in diesem Prozess zu begreifen.

2.2.3. Hegemonie und integraler Staat

Eine alternative Sichtweise auf die Konzeption von Staatlichkeit entwickelte Antonio Gramsci, der seine fragmentarische Theorie in den 1920er und 1930er Jahren während seiner Gefangenschaft im faschistischen Italien niederschrieb und den Staat im Gegensatz zu den oben beschriebenen klassischen politikwissenschaftlichen Ansätzen als *integralen Staat* beschreibt. Ausgehend von einer marxistischen Gesellschaftstheorie stellt er die Frage nach der Stabilität und Reproduktion der kapitalistischen Gesellschaft trotz ihrer Widersprüchlichkeiten und entwickelt in diesem Zusammenhang das Konzept der Hegemonie als zentrale Form der politischen Machtausübung im kapitalistischen Staat (Opratko 2012:

25).⁶ In der Kritik an liberalen Vorstellungen des Staates als „neutraler Schiedsrichter" (Demirović 2007: 21) knüpft Gramsci an marxistische Grundgedanken an, versucht diese allerdings weiterzuentwickeln. Im gramscianischen Verständnis ist der Staat weder eine neutrale Instanz noch ein Instrument der herrschenden Klasse (Demirović 2007: 22), sondern ein integraler Staat, in dem durch eine Kombination von Zwangselementen und Konsensbildung mehr oder weniger stabile Verhältnisse und eine Reproduktion von kapitalistischen Verhältnissen gesichert wird. Gramsci argumentiert, dass die staatliche Sphäre nicht nur auf die Ebene des Gewaltmonopols und damit auf Zwang beschränkt werden kann, sondern Prozesse der Konsensbildung und Verallgemeinerung von Interessen zentral sind, die er analytisch auf der Ebene der Zivilgesellschaft ansiedelt. Der Staat ist demnach „politische Gesellschaft + Zivilgesellschaft, das heißt Hegemonie gepanzert mit Zwang" (GH: 783). Konkret unterscheidet Gramsci in der Analyse des Staates zwei Ebenen,

> diejenige, die man die Ebene der „Zivilgesellschaft" nennen kann, d.h. des Ensembles der gemeinhin „privat" genannten Organismen, und diejenige der „politischen Gesellschaft oder des Staates" –, die der Funktion der „Hegemonie", welche die herrschende Gruppe in der gesamten Gesellschaft ausübt, und der Funktion der „direkten Herrschaft" oder des Kommandos, die sich im Staat und in der „formellen" Regierung ausdrückt, entsprechen. (GH: 1502)

Obwohl Gramsci die Trennung zwischen Zwang und Konsens und analog dazu die Unterscheidung zwischen politischer Gesellschaft und Zivilgesellschaft einführt, weist Benjamin Opratko (2012) darauf hin, dass „eine Interpretation, die Hegemonie einseitig mit 'Konsens' gleichsetzt und Zwang als der hegemonialen Machtausübung äußerliches Gegenstück versteht, einem Missverständnis auf[sitzt]" (189). Beide Aspekte des Politischen und der Funktion des Staates müssen als „Momente von Hegemonie" begriffen werden: „Hegemonie schließt Zwangsmomente notwendig mit ein, integriert sie aber in ein System breiter Zustimmung oder zumindest Akzeptanz. So kann Gewalt [...] Teil von Hegemonie sein, wenn ihre Ausübung im Alltagsverstand breiter Teile der Bevölkerung abgesichert ist" (Opratko 2012: 189-190).

---

6 Der gramscianische Hegemoniebegriff muss deutlich von einem (neo)realistischen Hegemoniebegriff unterschieden werden. Letzterer wird zur Beschreibung von Machtverhältnissen zwischen Staaten auf internationaler Ebene verwendet und bezeichnet die wirtschaftliche, militärische oder kulturelle Vormachtstellung eines Staates gegenüber anderen Staaten (Schubert/Klein 2006). Seit dem Ende des Zweiten Weltkrieges wird diese Rolle den USA zugeschrieben.

Zentral für Hegemonie als staatliche Form der Machtausübung ist die *Universalisierung* von Interessen. Bestimmte Institutionen, Orientierungen, Einstellungen oder Diskurse sind hegemonial, wenn die Partikularinteressen einer bestimmten Gruppe als Allgemeininteressen der Gesellschaft wahrgenommen und anerkannt werden, d.h. Institutionen oder Ideologien der Form nach universal sind (Cox 1983/1998: 78). Zentral für hegemoniale Verhältnisse sind *Kompromisse*, d.h. die Berücksichtigung der Interessen subalterner Gruppen, um die Verallgemeinerung von Partikularinteressen durchzusetzen und Herrschaft dauerhaft abzusichern:

> Die Tatsache der Hegemonie setzt zweifellos voraus, daß den Interessen und Tendenzen der Gruppierungen, über welche die Hegemonie ausgeübt werden soll, Rechnung getragen wird, daß sich ein gewisses Gleichgewicht des Kompromisses herausbildet, daß also die führende Gruppe Opfer korporativ-ökonomischer Art bringt, aber es besteht auch kein Zweifel, daß solche Opfer und ein solcher Kompromiß nicht das Wesentliche betreffen können, denn wenn die Hegemonie politisch-ethisch ist, dann kann sie nicht umhin, auch ökonomisch zu sein, kann nicht umhin, ihre materielle Grundlage in der entscheidenden Funktion zu haben, welche die führende Gruppe im entscheidenden Kernbereich der ökonomischen Aktivität ausübt. (GH: 1567)

Während Zugeständnisse üblich und in vielen Fällen notwendig sind, um offene Gewalt oder revolutionäre Umbrüche zu verhindern, sind diese Kompromisse in ihrer Reichweite beschränkt und werden strukturell entscheidende Bereiche der hegemonialen Ordnung (z.B. private Eigentumsverhältnisse) nicht zur Disposition gestellt. Diese Art der Kompromissfindung definiert Gramsci als *passive Revolution* und beschreibt damit die „selektive Einbindung politischer und ideologischer Forderungen, wodurch den oppositionellen Kräften die antagonistische oder revolutionäre Spitze genommen wird" (Opratko 2012: 44). Gegenhegemoniale Ideen, Strategien oder AkteurInnen subalterner Gruppen werden demzufolge in das hegemoniale System integriert, um dieses auf Dauer zu stabilisieren und den Willen für Kompromisse und Zugeständnisse zu demonstrieren (Cox 1983/1998: 75-76).

Sowohl die Interpretation von Konsens *und* Zwang als Elemente von Hegemonie als auch die Betonung einer Verallgemeinerung von Partikularinteressen durch Kompromisse und Zugeständnisse sind für die Analyse von Ländern des globalen Südens entscheidend (siehe z.B. Babacan/Gehring 2013), weil dort die zivilgesellschaftliche Absicherung von hegemonialen Verhältnissen oftmals weniger ausgeprägt ist als in Ländern des globalen Nordens. Gramsci selbst wies auf diese asymmetrischen Nord-Süd-Verhältnisse in seinem Vergleich zwischen Russland und Westeuropa hin: „Im Osten war der Staat alles, die Zivilgesellschaft war in ihren Anfängen und gallertenhaft; im Westen bestand zwischen Staat und Zivilgesellschaft ein richtiges Verhältnis, und beim Wanken des Staates gewahrte man sogleich eine robuste Struktur der Zivilgesellschaft" (GH: 874).

Zusammenfassend ist der Staat im gramscianischen Sinn kein über der Gesellschaft stehender Akteur, sondern eine spezifische Form politischer Herrschaft. Um den „gesellschaftlichen Charakter des Staates" (Demirović 2007: 31) zu verstehen, unterscheidet Gramsci für die konkrete Analyse gesellschaftliche und politische Kräfteverhältnisse (GH: 495-497, GH: 1560-1562). *Gesellschaftliche Kräfteverhältnisse* beziehen sich auf die Produktionsverhältnisse und die Stellung von unterschiedlichen gesellschaftlichen Gruppen in der Produktion (UnternehmerInnen, LohnarbeiterInnen, Bauern/Bäuerinnen). *Politische Kräfteverhältnisse* implizieren darauf aufbauend eine bestimmte Organisierung und Homogenität dieser gesellschaftlichen Gruppen. Gramsci unterscheidet dabei drei zentrale Momente, die er als unterschiedliche „Momente des politischen Kollektivbewusstseins" (GH: 1560) bezeichnet. In einem ersten korporativ-ökonomischen Moment ist das Kollektivbewusstsein auf die ökonomischen Interessen einer bestimmten gesellschaftlichen Gruppe beschränkt, während in einem ökonomisch-politischen Moment die Verallgemeinerung auf staatlicher Ebene angestrebt wird und „das Recht eingefordert wird, bei der Gesetzgebung und bei der Verwaltung mitzuwirken und sie womöglich zu verändern, sie zu reformieren, aber innerhalb des bestehenden grundlegenden Rahmens" (GH: 1560). Das dritte und eigentlich politische Moment verortet Gramsci in der Verallgemeinerung der Interessen einer bestimmten gesellschaftlichen Gruppe über die engen ökonomischen Interessen hinaus und letztendlich die Verallgemeinerung von Partikularinteressen durch Universalisierung und Kompromissbildung.

2.2.4. Der Staat als soziales Verhältnis

Während das Konzept der Hegemonie wichtige Hinweise auf die Form der politischen Machtausübung im kapitalistischen Staat, das Zusammenspiel von Zwang und Konsens sowie die Bedeutung der Universalisierung von Interessen und Kompromissbildung liefert, finden sich nur wenig konkrete Anhaltspunkte, wie die Rolle des Staates in spezifischen empirischen Kontexten analysiert werden könnte. In diesem Abschnitt wird deshalb – aufbauend auf den Ideen Gramscis – ein kritisches Verständnis des Staates in Anlehnung an die neomarxistischen Werke von Nicos Poulantzas und Bob Jessop entwickelt, das in der Folge auch für die Analyse von gesellschaftlichen Naturverhältnissen und hegemonialen Orientierungen im Umgang mit der Natur angewandt werden kann.

Relative Autonomie und materielle Verdichtung von Kräfteverhältnissen
Wesentlicher Ausgangspunkt einer Staatstheorie bei Poulantzas ist die Vorstellung des Staates als soziales Verhältnis. Er sieht den kapitalistischen Staat damit nicht – wie viele orthodoxe MarxistInnen – als Instrument der herrschenden Klasse, der von beliebigen Klassen(fraktionen) bzw. gesellschaftlichen Kräften „übernommen" werden könne (Poulantzas 1978: 10-11), sondern als strukturelle Bedingung für die Organisation kapitalistischer Verhältnisse. Drei wesentliche Gründe sind dafür ausschlaggebend: Erstens stellt die Ökonomie niemals eine nach außen hin völlig abgeschlossene Sphäre dar, die sich selbst reproduziert und ihre eigenen Gesetze besitzt. Demgegenüber sind der Staat und damit die Sphäre des Politischen immer schon in den Produktionsverhältnissen präsent. Diese Feststellung gilt sowohl für unterschiedliche Phasen der kapitalistischen Produktionsweise (liberale, wohlfahrtsstaatliche/fordistische, neoliberale/postfordistische Phase) als auch für vorkapitalistische und potenzielle postkapitalistische Staatskonzeptionen. Zweitens kann eine bestimmte Produktionsweise nicht nur auf den Bereich der Ökonomie reduziert werden, sondern ist immer nur als spezifische Einheit von ökonomischen, politischen und ideologischen Bestimmungen zu erfassen. Drittens führen bestimmte Strukturen im Kapitalismus (allen voran die vertragliche Trennung der ProduzentInnen von ihren Produktionsmitteln) dennoch zu einer *relativen* Trennung von Staat und Ökonomie. Dementsprechend fallen die AkteurInnen der ökonomisch herrschenden Klassen nicht direkt mit jenen des Staates zusammen, darf diese Trennung allerdings auch nicht als tatsächliche Trennung im Sinne einer lediglichen Einwirkung des Staates auf die Ökonomie von außen oder umgekehrt verstanden werden (Poulantzas 1978: 15-17).

Den Staat als Verhältnis und nicht lediglich als Instrument der herrschenden Klasse zu analysieren, eröffnet die Möglichkeit, Transformationen des Staates auch innerhalb kapitalistischer Produktionsverhältnisse zu erfassen. Diese Idee von Veränderungen durch gesellschaftliche und politische Kämpfe, die sich in das institutionelle Gerüst des Staates einschreiben, macht Poulantzas anschlussfähig für die Analyse von hegemonialen Projekten und deren Veränderung und historisch-spezifische Absicherung sowie für Widersprüche und widerständige Handlungen und Strategien.

Im Anschluss an Gramsci liegt eine zentrale Rolle des Staates in der Absicherung von Hegemonie und damit der Organisation und Verallgemeinerung der politischen Interessen der Bourgeoisie (Poulantzas 1978: 117-118). Dafür sind drei Grundannahmen entscheidend: Erstens ist die Bourgeoisie in Klassenfraktionen gespalten. Zweitens sind die Fraktionen dennoch in ihrer Gesamtheit politisch herrschend, und der Staat spielt eine entscheidende Rolle in der Vereinheitlichung ihrer Interessen. Drittens behält der Staat durch seine spezifisch institutionelle Form eine *relative Autonomie* gegenüber Partikularinteressen der bürgerlichen Klassenfraktionen, um die Stabilität der herrschenden Klasse sicherzustellen und soziale Kohäsion in einer an sich gespaltenen Gesellschaft zu gewährleisten (Jessop 2007: 189, Poulantzas 1978: 118). In Anbetracht dieser Vorannahmen kann der Staat als Verhältnis gedacht werden, „genauer als die *materielle Verdichtung eines Kräfteverhältnisses* zwischen Klassen und Klassenfraktionen, das sich im Staat immer in spezifischer Form ausdrückt" (Poulantzas 1978: 119, eigene Hervorhebung). Mit diesem Staatsverständnis wendet sich Poulantzas gegen die Annahme einer grundsätzlichen Neutralität des Staates, der von jeder beliebigen gesellschaftlichen Klasse instrumentalisiert werden kann, als auch von der Vorstellung des Staates als einem rationalen Entscheider und Vermittler zwischen den Klassen. Zusätzlich hebt er die eigene Materialität des Staates hervor und gibt dadurch an, dass dem Staat als Verhältnis materielle Bedingungen zugrunde liegen und er zudem einen speziellen Apparat darstellt, in dem sich Veränderungen der gesellschaftlichen Kräfteverhältnisse zwar niederschlagen, allerdings nie in direkter, sondern in differenzierter, den Staatsapparaten angepasster Form (Poulantzas 1978: 121).

Hegemoniale Projekte, Akkumulationsstrategien und staatliche Strategien
Die zentrale Rolle des Staates in der Organisation und Verallgemeinerung von Interessen, d.h. die Tatsache, dass der Staat trotz der Widersprüchlichkeiten, Fragmentierungen und Kämpfe vergleichsweise stabil und einheitlich bleibt und sich relativ autonom gegenüber dem Druck unterschiedlicher gesellschaftlicher AkteurInnen entfalten kann, analysieren neogramscianische TheoretikerInnen mit dem Aufbau von *hegemonialen Projekten* (Candeias 2004: 43, Jessop et al. 1988: 162-163, 1990: 268, Sauer 2001: 83). In diesen Projekten verdichten sich Interessen und Strategien in bestimmten historisch-spezifischen Situationen und führen zu einer „Verallgemeinerung von Interessen in einem stabilen Kompromissgleichgewicht" (Demirović 1992: 154, zitiert nach Candeias 2004: 44). In diesem Zusammenhang nimmt Hegemonie konkrete Formen an, und Partikularinteressen werden in staatlichen Institutionen verallgemeinert: „Any substantive unity which a state system might possess derives from specific political projects and struggles to impose unity or coherence on that system" (Jessop 1990: 268). Im Unterschied zum gesellschaftlichen Ganzen als Bezugsrahmen für die Analyse von Hegemonie bei Gramsci (Opratko 2012: 59), konzipieren John Kannankulam und Fabian Georgi (2012: 20, 25) als hegemoniale Projekte

nicht nur die Bündelung und Vereinheitlichung von Strategien im Rahmen der „großen Erzählungen" wie beispielsweise das neoliberale Projekt, sondern auch konkrete Vorhaben in bestimmten Politikbereichen. Entsprechend wird in der empirischen Analyse dieses Buches die Agrartreibstoffpolitik an der Schnittstelle zwischen Umwelt-, Landwirtschafts-, Energie- und Handelspolitik als Teil eines hegemonialen Projekts behandelt.

Als spezifische Elemente für die Analyse von hegemonialen Projekten identifizieren Jessop et al. (1988: 158-161) Akkumulationsstrategien und staatliche Strategien. *Akkumulationsstrategien* werden als „specific pattern, or model, of economic growth together with both its associated social framework of institutions [...] and the range of government policies conducive to its stable reproduction" (158) definiert. Zentral dafür sind Fragen nach den führenden Sektoren der Wirtschaft, dem Modus der Kapitalakkumulation oder der Einbindung in den internationalen Markt. Auch wenn diese Kategorie auf die wirtschaftlichen Möglichkeiten der Kapitalakkumulation fokussiert, sind staatliche Strukturen und Prozesse für erfolgreiche Akkumulation zentral. Die konkreten Politiken, Gesetze, Rahmenbedingungen etc., die dieses Wachstumsmodell ermöglichen und reproduzieren, werden in diesem Zusammenhang als *staatliche Strategien* beschrieben:

> By 'state strategy' we refer to a pattern of intervention in the economy which: a) favours the course of an accumulation strategy and the flow of material benefits to the requisite social base; and b) constructs forms of representation that systematically favour the access of the key sectors and social groups to sites of political and economic power. (Jessop et al. 1988: 159)

Akkumulations- und staatliche Strategien stellen entscheidende Kategorien für die empirische Analyse von hegemonialen Projekten dar. Inwieweit es bestimmten gesellschaftlichen und politischen Kräften gelingt, Akkumulations- und staatliche Strategien in kohärenter Weise zu einem hegemonialen Projekt zu vereinen, ist eine empirische Frage. Anleihen für eine Bewertung ebendieser finden sich bei Gramsci, indem er zwischen führenden und herrschenden Klassen unterscheidet: „Das historisch-politische Kriterium, das den eigentlichen Untersuchungen zugrunde gelegt werden muss, ist folgendes: daß eine Klasse auf zweierlei Weise herrschend ist, nämlich „führend" und „herrschend". Sie ist führend gegenüber den verbündeten Klassen und herrschend gegenüber den gegnerischen Klassen" (GH: 101). Diese Unterscheidung ist vor allem für politische Projekte entscheidend, deren Stabilität in entscheidendem Maße durch Repressionsapparate (Militär, Polizei) gesichert wird, die aber durch Elemente der passiven Revolution trotzdem wichtige gesellschaftliche Kräfte für ihre Interessen und Strategien gewinnen bzw. diese absorbieren können.

Die Notwendigkeit der Verallgemeinerung von partikularen Interessen in hegemonialen Projekten deutet an, dass der Staat als Macht- und Herrschaftsverhältnis gedacht wird. Ausgehend von Poulantzas ist das Konzept der strukturellen Selektivität eine der wichtigsten Kategorien zur Analyse solcher Macht- und Herrschaftsverhältnisse. Das heißt, der Staat bzw. die Möglichkeit zur Intervention auf dem Terrain der politischen Gesellschaft ist durch strukturelle Selektivitäten geprägt, die bestimmte gesellschaftliche Kräfte und ihre Interessen aufgrund der Struktur des Staates gegenüber anderen privilegieren.

Strategische Selektivität des Staates und die Rolle von Konflikten

Die Selektivität des Staates ist ein entscheidendes Konzept, das auch für die Weiterentwicklung der materialistischen Staatstheorie eine wichtige Rolle spielt. Während Poulantzas die Selektivitäten stark klassen- und strukturdeterministisch argumentiert, wurde sein Ansatz um ein breiteres Verständnis von Subalternität[7] und eine handlungstheoretische Perspektive erweitert, um das Verhältnis zwischen Transformation und Stabilität besser zu verstehen. Jessop (2002) führt dazu den Begriff der *strategischen Selektivität* ein. Die Selektivitäten des Staates sind demzufolge nicht fix strukturell determiniert, sondern werden „in sozialen Kämpfen um Hegemonie permanent reproduziert und neu definiert" (Strasser/Redl 2010: 76). Jessop greift damit das komplexe Zusammenspiel von Struktur und Handlung auf (Brand 2010a: 18) und erweitert das Staatsverständnis durch den Begriff der *Strategie* um eine handlungsorientierte Kategorie. Der Staat ist strategisch selektiv, d.h. „a system whose structure and modus operandi are more open to some types of political strategy than others" (Jessop 1990: 260).

> By strategic selectivity, I understand the ways in which the state considered as a social ensemble has a specific, differential impact on the ability of various political forces to pursue particular interests and strategies in specific spatio-temporal contexts through their access to and/or control over given state capacities – capacities that always depend for their effectiveness on links to forces and powers that exist and operate beyond the state's formal boundaries. (Jessop 2002: 40)

Ebenso wie Poulantzas theoretisiert Jessop den Staat nicht als neutralen Akteur, sondern als umkämpftes Terrain, das von strategischen Selektivitäten durchzogen ist. Diese Selektivitäten sind nicht notwendigerweise klassenselektiv, sondern

---

7 Solch ein breiteres Verständnis von Subalternität erkennt die Pluralität von AkteurInnengruppen, die von Unterdrückung und Marginalisierung betroffen sind, an und schließt dementsprechend Geschlecht, Ethnizität etc. als wesentliche Unterdrückungskategorien ein.

werden durch das jeweils politische Handeln unterschiedlicher gesellschaftlicher AkteurInnen etabliert und schließen Gender-, Natur-, ethnische oder regionale Verhältnisse ein (Jessop 1990: 268). Denn der Staat an sich hat keine Macht, er ist lediglich ein institutionelles Gefüge, mit institutionellen Kapazitäten, die Macht vermitteln und die Macht des Staates ist die Macht der gesellschaftlichen Kräfte, die im und durch den Staat wirken:

> For the differential impact of the state system on the capacity of different class (-relevant) forces to pursue their interests in different strategies over a given time horizon is not inscribed in the state system as such but in the relation between state structures and the strategies which different forces adopt towards it. (Jessop 1990: 260)

Der Staat ist ein Ort, an dem politische Kämpfe zwischen unterschiedlichen gesellschaftlichen Gruppen ausgetragen werden und der auch nach innen keineswegs einheitlich zusammengesetzt ist, d.h. strategische Selektivitäten von staatlichen Strukturen und Prozessen werden durch gesellschaftliche und politische Konflikte sichtbar. Durch solche *Konflikte* werden hegemoniale Projekte und Verhältnisse in Frage gestellt und kann Veränderung überhaupt erst ermöglicht werden. Die Stabilisierung von gesellschaftlichen Verhältnissen durch hegemoniale Projekte bedeutet demnach nicht, dass keine Konflikte stattfinden, sondern dass sie in einem spezifischen Terrain stattfinden bzw. die „Handlungskorridore" (Röttger 2004) für politisches und gesellschaftliches Handeln bestimmen und „Hinweise auf die Reichweite von Konflikten bzw. die Formen der Konfliktaustragung" (Brand 2010b: 242) geben. Dementsprechend unterscheidet Brand (2010b) zwischen „Konflikten um Hegemonie" und „Konflikten innerhalb einer hegemonialen Konstellation" (242).

Aus historisch-materialistischer Perspektive sind die „Auseinandersetzungen um die Schaffung und Verteilung von gesellschaftlich produziertem Mehrwert sowie [dem] Eigentum an Produktionsmitteln" (Brand 2010b: 241) eine wichtige Triebfeder für Konflikte. Diese Beziehung zwischen gesellschaftlichen Verhältnissen (wie z.B. die Inwertsetzung von Natur) und Konflikten ist allerdings keine deterministische, wie in der Unterscheidung zwischen *latenten* und *manifesten Konflikten* deutlich wird. Erstere ergeben sich aus grundsätzlichen Widersprüchen sozioökonomischer Verhältnisse, werden allerdings nicht automatisch in manifesten Konflikten ausgetragen, d.h. sie werden nicht zwingend relevant für politische Entscheidungsprozesse. Konflikte äußern sich dort als manifeste, „wo Akteure in der Lage sind, sich gegen bestehende Verhältnisse zu artikulieren und sie zu verändern versuchen – und andere Akteure eben die bestehenden Verhältnisse zu verteidigen oder in eine andere Richtung verändern wollen" (Brand

2010b: 241).⁸ Staatliche und andere Institutionen auf unterschiedlichen Ebenen sind in diesem Zusammenhang zentral für die Austragung von Konflikten, weil sie darauf abzielen, „bestimmte Ordnungsstrukturen – hegemonial oder auch repressiv – zu stabilisieren" (Bieling 2008: 125).

Die Rolle des Rechtssystems für den Staat

Eine der zentralsten institutionellen Formen, die eine Absicherung von hegemonialen Projekten ermöglicht, ist das Rechtssystem. Aus neogramscianischer Perspektive drückt das Rechtssystem in spezifischer Weise die Vereinheitlichung von Interessen in hegemonialen Projekten ebenso wie deren Umkämpftheit, d.h. die Materialisierung von gesellschaftlichen Kräfteverhältnissen im Staat, aus (Buckel/Fischer-Lescano 2007). Obwohl Gramsci keine umfassende und kohärente Theorie über die Funktion des Rechts für den integralen Staat entwickelt hat, deutet er mit der Idee des dualen Charakters des Rechts als gleichzeitig repressive und produktive Funktion die besondere Stellung des Rechtssystems für den Aufbau und die Aufrechterhaltung von hegemonialen Projekten an (GH: 980). Das Recht ist demnach ein zentrales Element an der Schnittstelle zwischen politischer Gesellschaft und Zivilgesellschaft, zwischen Zwang und Konsens, um die Interessen einer herrschenden Gruppe zu vereinheitlichen, auf Dauer zu stellen und Vergehen zu sanktionieren, gleichzeitig aber auch in produktiver Weise auf das Verhalten und die Lebensrealität von Menschen einzuwirken und neue Realitäten zu schaffen:⁹

> Durch das „Recht" homogenisiert der Staat die herrschende Gruppe und sucht einen gesellschaftlichen Konformismus zu schaffen, welcher der Entwicklungslinie der führenden Gruppe nützlich ist. Die allgemeine Aktivität des Rechts (die umfangreicher ist als die rein staatliche und Regierungsaktivität und auch die Leitungsaktivität der Zivilgesellschaft einschließt [...]) dient dazu, besser, konkret das ethische Problem zu verstehen, das in Praxis die „spontan und frei gebilligte" Übereinstimmung zwischen dem Tun und Lassen jedes Individuums, zwischen dem Verhalten jedes Individuums und den Zwecken ist, welche die Gesellschaft sich als notwendige setzt, eine Übereinstimmung, die im Bereich des technisch verstandenen positiven Rechts zwingend ist, und spontan und frei (im engern Sinn ethisch) in den Abschnitten, in

---

8 In diesem Prozess werden viele Konflikte – insbesondere solche, die im Interesse von schwächeren AkteurInnen liegen – gar nicht thematisiert bzw. von staatlichen und anderen Institutionen bewusst dethematisiert (Brand 2010b: 251-252).

9 Diese zentrale Argumentation einer Schanierfunktion des Rechts wurde auch von diversen kritischen RechtswissenschafterInnen aufgegriffen und weiterentwickelt (siehe z.B. Cutler 2005, Kairys 1998, Lazarus-Black/Hirsch 1994, Litowitz 2000).

denen der „Zwang" nicht staatlich ist, sondern der der öffentlichen Meinung, des moralischen Umfelds usw. (GH: 777)

Das Recht ist im modernen Staat die entscheidende einheitsstiftende Instanz, durch die gesellschaftliche Widersprüche und Konflikte in Kompromisse und damit in Recht und Unrecht übertragen werden (Buckel/Fischer-Lescano 2007: 88, 2009: 446). Neben den klassischen Institutionen der Zivilgesellschaft wie Schulen, Medien, Kirchen etc. nehmen Gesetze durch ihre eindeutige Trennung in Recht und Unrecht eine bedeutende Funktion in der Hegemonialisierung von Interessen und der „Führung" der Menschen ein. Das Recht wird damit zu einem ungemein machtvollen politischen Instrumentarium, das die Verinnerlichung der jeweils hegemonialen Projekte vorantreibt. Gleichzeitig nimmt das Recht eine besondere Rolle für gesellschaftliche Kämpfe ein, weil es an der Schnittstelle zwischen politischer und Zivilgesellschaft zwar nicht durch physische Gewalt geprägt ist, dennoch aber verhindert, dass der freiwillige und auf Konsens beruhende Charakter in den gesellschaftlichen Verhältnissen überbetont wird.

Nach Douglas Litowitz (2000: 545-548) sind es drei Elemente im positiven Recht, die die Aufrechterhaltung von Hegemonie unterstützen: Exklusivität, soziale Konstruktion und Schließung. *Exklusivität* beschreibt das Monopol des Staates zum Erlass und zur Durchsetzung von Recht, d.h. es gibt kein alternatives rechtliches System. Auch wenn das Gesetz vor Gericht in Frage gestellt werden kann, wird die Form des Rechts anerkannt: „There is no way to escape the law by inaction or 'opting out' since it applies to everyone regardless of their personal beliefs about its legitimacy" (545). Das Recht als Instrument *sozialer Konstruktion* stellt die Möglichkeit dar, eine bestimmte soziale Ontologie zu produzieren und abzusichern. Durch Gesetze und andere rechtliche Regulierungen wird Recht und Unrecht gesprochen, d.h. bestimmte Verhaltens- und Handlungsweisen werden legitimiert, während andere kriminalisiert werden. Mit dem Element der *Schließung* beschreibt Litowitz die Tatsache, dass das Recht aus formaler Sicht vollständig ist, d.h. grundsätzlich können alle Fragen innerhalb des bestehenden rechtlichen Rahmens verhandelt werden. Gesellschaftliche Probleme müssen in ihrer Widersprüchlichkeit immer in bestehende rechtliche Konzepte übersetzt werden, die dementsprechend in einem bestimmten – eben hegemonialen – Rahmen verhandelt werden.

Trotz dieser homogenisierenden und standardisierenden Tendenz des Rechtssystems eröffnet eine neogramscianische Lesart von Gesetzen, Verordnungen und anderen normativen Regelungen die Möglichkeit, diese Universalisierung aufzubrechen und die Umkämpftheit, d.h. das Politische im Recht, hervorzuheben. Diese Umkämpftheit betont Gramsci, indem er schreibt:

Es ist eine sehr verbreitete Meinung [...], daß die Gewohnheit den Gesetzen vorausgehen soll, daß das Gesetz nur wirksam ist, insofern es die Gewohnheiten sanktioniert. Diese Meinung steht der wirklichen Geschichte der Entwicklung des Rechts entgegen, das immer einen Kampf erfordert hat, um sich durchzusetzen, und das in Wirklichkeit Kampf für die Schaffung einer neuen Gesellschaft ist. (GH: 791)

Auch wenn er im gleichen Paragraphen diese Aussage relativiert, indem er meint, dass doch „etwas Wahres in der Meinung [steckt], daß die Gewohnheit dem Recht vorangehen muß" (GH: 791), negiert er damit nicht die Umkämpftheit des Rechts, sondern unterstreicht den wechselseitigen Charakter von repressiver und produktiver Funktion des Rechts.

Diese Umkämpftheit des Rechts wird insbesondere in den Debatten und Kämpfen um Rechtspluralismus deutlich, wie sie sich beispielsweise in Bezug auf die Anerkennung von indigenem Recht in vielen Ländern des globalen Südens zeigt. Boaventura de Sousa Santos (2012: 342-344) spricht in diesem Zusammenhang von vier Beziehungsmustern zwischen kodifiziertem und indigenem Recht: In vielen Ländern ist diese Beziehung von *Gewalt* geprägt, d.h. der absoluten Kontrolle und Exklusivität des kodifizierten und damit eurozentrischen Rechts über subalterne Rechtsformen, die zu einer Unterdrückung, Marginalisierung und Zerstörung der letzteren führen. Durch Kämpfe von indigenen Gemeinschaften, die nicht zuletzt in der Verabschiedung von entsprechenden Deklarationen auf völkerrechtlicher Ebene mündeten, kommt es in den letzten Jahren zunehmend zu einer anerkannten *Koexistenz* zwischen den beiden Rechtssystemen, die allerdings weiterhin von Asymmetrie und Hierarchie gekennzeichnet ist. Zudem bleibt es bei einer absoluten Trennung der beiden Systeme. Durch *Versöhnung* wird versucht, die Verletzungen aus der Vergangenheit zu bearbeiten, um schließlich das *Zusammenleben* in unterschiedlichen Rechtssystemen in der Zukunft zu ermöglichen. Dieser Prozess in Richtung Plurinationalität, wie er derzeit realpolitisch beispielsweise in Bolivien experimentiert wird, erfordert nicht nur eine Anerkennung von alternativen Rechtssystemen, sondern eine Anpassung auf beiden Seiten, sowohl von eurozentristischem als auch von traditionellem Recht.

Die Stärke einer neogramscianischen Analyse des Rechtssystems in aktuellen sozial-ökologischen Konflikten liegt darin, dass die Umkämpftheit des Rechts ebenso wie dessen Funktion zur Aufrechterhaltung von tief verankerten hegemonialen Verhältnissen ernst genommen werden. Dementsprechend werden bestimmte Aspekte im Recht zwar in Frage gestellt und Gesetze modifiziert und erweitert, andere Elemente stehen allerdings nicht zur Disposition und werden auch gar nicht hinterfragt, weil sie die Grundlagen kapitalistischer Produktion in Frage stellen würden (Litowitz 2000: 537). Diese Annahme ist kompatibel

mit der Argumentation einer strategischen Selektivität, wie sie Jessop für den
Staat als soziales Verhältnis einführt. Indem das Rechtssystem gesellschaftliche
Widersprüche und Konflikte in Kompromisse überträgt (Buckel/Fischer-Lescano
2007: 88), wird die strategische Selektivität des Rechts verschleiert. Gramsci
meint dazu:

> Es wird angenommen, daß das Recht der integrale Ausdruck der gesamten Gesellschaft ist, was falsch ist [...]. Das Recht drückt nicht die ganze Gesellschaft aus [...], sondern die führende Klasse, die der ganzen Gesellschaft jene Verhaltensnormen „auferlegt", die mehr an ihre Daseinsberechtigung und ihre Entwicklung gebunden sind. (GH: 791)

Auch Litowitz argumentiert in diese Richtung, indem er Konflikte um das Recht
als Konflikte zwischen antagonistischen Ansichten beschreibt, aus denen jede
als legitime Ansicht hervorgehen möchte. „But even here, the parameters of the
dispute are usually fixed in a way that preserves the hegemony of the existing
system" (Litowitz 2000: 549).

Neben dieser analytischen Perspektive auf das Recht werden bestehende Gesetze und Regulierungen – vielfach trifft dies auf internationale völkerrechtliche
Abkommen zu – auch als Handlungsressourcen von oppositionellen Kräften
genutzt, um für die Einbindung dieser Rahmenbedingungen in nationalstaatliches Recht zu kämpfen oder die Implementierung eines nur auf dem Papier
bestehenden Gesetzes zu fordern. James McCarthy (2011) argumentiert in diesem
Zusammenhang, "[that] law both constrains and is a resource" (94).

2.2.5. Transformation, Internationalisierung und Multiskalarität

Während die obigen Ausführungen zur Rolle von Staat, Hegemonie und Recht vor
allem vom Nationalstaat ausgehen, wurde in den letzten Jahrzehnten viel von einem
Souveränitätsverlust oder sogar vom Ende des Nationalstaates gesprochen (siehe
z.B. Albow 1999, Beck 1998). Durch die Globalisierung würde der Staat – vor
allem im Funktionsbereich der Wirtschaft – zunehmend an Bedeutung verlieren
und die Welt im Rahmen von Global Governance gemeinsam regiert (Heintz et al.
2005). Viel von dieser Euphorie ist bereits wieder verflogen und vielerorts macht
sich Ernüchterung breit, sowohl über die geringen Erfolge von globalisierten
Handelsbeziehungen und Wertschöpfungsketten in Bezug auf Armut, Hunger,
Umweltzerstörung oder Ungleichheit als auch in Bezug auf das Scheitern der
politischen Rahmenbedingungen für diese Problemfelder globalen Ausmaßes.

In der Folge werden die qualitativen Veränderungen von Staatlichkeit ernst
genommen, gleichzeitig aber an der wichtigen Rolle von – sich verändernden

– Nationalstaaten für die Regulation gesellschaftlicher Naturverhältnisse festgehalten. In diesem Zusammenhang sprechen viele neogramscianische und neomarxistische TheoretikerInnen vielmehr von einer *Transformation* des Staates als von einem grundsätzlichen Bedeutungsverlust (Brand 2007, Hirsch et al. 2001, Jessop 2002, aus institutionalistischer Sicht siehe z.B. Evans 1999, Schmidt 2002). So betont etwa Hans-Jürgen Bieling (2007: 147), dass der Staat weiterhin eine entscheidende Rolle bei der Legitimation von Herrschaftsverhältnissen spielt und die Herausbildung internationaler und supranationaler Organisationen zum Teil die Gestaltungsmöglichkeiten von Nationalstaaten – besonders von führenden Staaten in Europa und Nordamerika – sogar noch erweitert. Dennoch zeichnen sich in den letzten Jahrzehnten – vor allem seit den 1980er Jahren – qualitative Veränderungen in der Rolle des Staates ab. Jessop (2007: 198-200) spricht in diesem Zusammenhang von drei wesentlichen Entwicklungstendenzen: Erstens kommt es zu einer „De-Nationalisierung von Staatlichkeit", d.h. Staatsaktivitäten werden auf subnationale, supranationale und/oder translokale Ebenen verlagert. Zweitens ist auf allen Ebenen eine „Verschiebung von Government zu Governance" zu beobachten. Offizielle Staatsapparate nehmen sich in dieser Konstellation vielfach zurück und ermöglichen neue Formen der Zusammenarbeit zwischen staatlichen, nichtstaatlichen und parastaatlichen Organisationen sowie privatwirtschaftlichen Unternehmen. In der Landwirtschafts- und Umweltpolitik ist der Aufbau von freiwilligen Zertifizierungssystemen und Labels als Ersatz für gesetzlich festgelegte Umwelt- und Sozialstandards ein eindeutiger Hinweis darauf. Drittens wird eine „Internationalisierung von Policy-Regimen" vorangetrieben, indem nationalstaatliches Handeln eine Reihe von internationalen Prozessen einschließt. Prominentes Beispiel dafür ist die internationale Wettbewerbsfähigkeit, die durch nationale Standortpolitik innenpolitisches Handeln wesentlich beeinflusst.

Diese drei Transformationsprozesse des Staates führen nicht zwingend zu einem Bedeutungsverlust des Nationalstaates, sondern bestimmen dessen Funktionen und die Handlungsperspektiven der AkteurInnen neu. Während die Problemdefinition einer zunehmenden Transformation von Staatlichkeit kompatibel mit den Erkenntnissen der Governance-Forschung ist, fokussieren neogramscianische und neomarxistische TheoretikerInnen stärker auf Macht- und Herrschaftsverhältnisse, das heißt auf die konkrete Verschiebung von Kräfteverhältnissen, die sich verändernden Handlungsoptionen für AkteurInnen und AkteurInnengruppen sowie auf die prozesshafte und umkämpfte Produktion von Scales als Terrain für Entscheidungsfindungsprozesse (Wissen 2011). Der (National-)Staat nimmt eine entscheidende Position in dieser räumlichen Restrukturierung ein:

This discussion has emphasized the key role of national states in promoting and mediating contemporary socio-spatial transformations, and concomitantly, the ways in which national states have in turn been reorganized – functionally, institutionally, and geographically – in conjunction with this role. Contemporary state institutions are being significantly rescaled at once upwards, downwards, and outwards to create qualitatively new, polymorphic, plurilateral institutional geographies that no longer overlap evenly with one another, converge upon a single, dominant geographical scale or constitute a single, nested organizational hierarchy. (Brenner 2004: 67)

Der Nationalstaat bleibt zwar eine zentrale räumliche Strukturierungskategorie sozioökonomischer und politischer Prozesse, allerdings muss auch der reale Bedeutungsgewinn von inter-, supra- und subnationalen staatlichen Apparaten ernst genommen werden (Wissen 2011: 99). Demirović (2011) spricht in diesem Zusammenhang vom Aufbau eines *transnationalen Netzwerkstaates* als "ensemble of state apparatuses on a local, national and international scale as well as formally private organizations" (55-56). Neue Governance-Instrumente werden flexibel mit „traditionellen" staatlichen Institutionen und Entscheidungsstrukturen verbunden, ohne notwendigerweise formale Hierarchien zwischen unterschiedlichen staatlichen und privatwirtschaftlichen Apparaten und Instrumenten auf der einen Seite sowie vertikalen Maßstabsebenen auf der anderen Seite zu schaffen (Demirović 2011: 56).

Es ist ein wichtiger Verdienst der Scale-Debatte, diese Reskalierung von Prozessen auf supra- und subnationaler Ebene als prozesshafte, umkämpfte und interessengeleitete Entwicklungen zu begreifen (Wissen 2011: 99-105). Ein für diese Arbeit besonders geeignetes Forschungsprogramm erarbeitet diesbezüglich Neil Brenner (2004: 69-113) durch eine Integration von Raum, Territorialität und Scale in die Methode des strategisch-relationalen Ansatzes und dem zentralen Konzept der strategischen Selektivität des Staates bei Jessop. Zentrales Analysemoment ist die Rolle von *staatlich-räumlichen Strategien* für die Aufrechterhaltung von Machtverhältnissen und wie sich gesellschaftliche Kräfte auf solche Verschiebungen beziehen. Denn skalare Verschiebungen staatlicher Macht passieren weder von selbst, noch sind die unterschiedlichen Scales vorgegebene Räume, die durch staatliche Strategien einfach mit Macht „gefüllt" werden, wie das in der Debatte um Multi-level Governance vielfach vorausgesetzt wird. Stattdessen wird staatliche Räumlichkeit durch Strategien und Projekte, die durch gesellschaftliche und politische Kämpfe geformt werden, aktiv produziert. Durch Akkumulations- und staatliche Strategien privilegieren staatliche Institutionen manche Scales, Orte und Räume, während gleichzeitig staatlich-räumliche Strategien, die sich in unterschiedlichen Politikinstrumenten widerspiegeln, eine entscheidende Rolle für die veränderten Geographien von Kapitalakkumulation und politischen Kämpfen spielen. Diese Ausschlussmechanismen bezeichnet Brenner als *räumliche Selektivität* des Staates.

2.2.6. Staatlichkeit im globalen Süden

Sowohl die klassische politikwissenschaftliche Staatstheorie als auch die kritische Staatstheorie wurden hauptsächlich von TheoretikerInnen im globalen Norden entwickelt, die ihre Annahmen auch vorwiegend auf diese Länder und Regionen anwendeten. Länder des globalen Südens wurden bisher kaum theoretisiert bzw. meist als Abweichung vom Staat im globalen Norden (als korrupte, patrimoniale bis hin zu gescheiterte Staaten) diskutiert. In dieser Arbeit wird argumentiert, dass eine Analyse des Staates als soziales Verhältnis auch in nichtwestlichen Kontexten Sinn macht, weil die Spezifika dieser Räume in den Blick genommen werden können. Wie bereits beschrieben, nimmt eine materialistische Staatstheorie den Staat nicht als von der Gesellschaft besonderten, neutralen Akteur wahr, sondern setzt diesen mit gesellschaftlichen Strukturen und Prozessen, genauer mit einer jeweils spezifischen Produktionsweise, in Beziehung. Dies setzt – sowohl im globalen Norden als auch im globalen Süden – eine konkrete Analyse dieser Produktionsweise(n) und ihrer Artikulation im Staat als auch eine Darstellung der spezifischen und asymmetrischen Einbindung in einen kapitalistischen Weltmarkt voraus.

Asymmetrische Einbindung in den Weltmarkt und strukturelle Heterogenität
Obwohl Länder des globalen Südens keine homogene Staatengruppe bilden und historisch geronnene Strukturen und Prozesse Ausgangspunkt jeder Analyse darstellen müssen, werden im Folgenden zentrale Spezifika für die Selektivität des Staates im globalen Süden diskutiert. Diese betreffen insbesondere die asymmetrische Einbindung dieser Länder in den Weltmarkt sowie das jeweils konkrete Ineinandergreifen von unterschiedlichen Produktionsweisen.[10]

Als spezifisches Merkmal der *asymmetrischen Einbindung in den Weltmarkt* beschreibt Joachim Becker (2008: 11) die Extraversion, d.h. die Exportorientierung der Ökonomie. Extraversion bedeutet, dass die „äußeren Wirtschaftsbeziehungen für die Kapitalakkumulation besonders zentral" (Becker 2008: 12)

---

10 Tilman Evers (1977) diskutiert in diesem Zusammenhang die „weltmarktabhängige Reproduktion der peripheren Wirtschaftsgesellschaften und die strukturelle Heterogenität ihrer Gesellschaftsformation" (19) als Spezifika für die Rolle des Staates in der Peripherie.

sind, wobei er zwischen aktiver Extraversion (Konzentration auf den Export) und passiver Extraversion (Importabhängigkeit) unterscheidet. Auch wenn einige periphere und semiperiphere Staaten Exportüberschüsse erreichen können, sind diese meist durch die Konzentration auf einen oder wenige Teilbereiche wie beispielsweise Erdöl, Erdgas, Metalle oder seltene Erden gekennzeichnet. Das heißt, periphere Staaten sind oft auf den Export von Rohstoffen „spezialisiert" und in Bezug auf Technologie und Investitionsgüter strukturell abhängig von Importen aus dem Zentrum (Becker 2008: 12-13). Der Hinweis auf die asymmetrische Einbindung der Peripherie in die kapitalistische Produktionsweise wurde in den 1970er Jahren von lateinamerikanischen DependenztheoretikerInnen (Cardoso/Faletto 1976, Frank 1969) hervorgehoben, die insbesondere den Fokus auf den Export von Primärgütern problematisierten. Nach vereinzelten Maßnahmen in Richtung einer importsubstituierenden Industrialisierung und Binnenmarktorientierung in Ländern des globalen Südens, wird diese Problematik – ebenfalls ausgehend von Lateinamerika – in den letzten Jahren unter dem Begriff des (Neo-)Extraktivismus wieder aufgegriffen (Brand/Dietz 2014, Burchardt et al. 2013, FDCL/RLS 2012). Dementsprechend ist für viele Länder des globalen Südens – nicht zuletzt vor dem Hintergrund von hohen Rohstoffpreisen (für fossile Energieträger, seltene Erden, Agrargüter etc.) auf dem Weltmarkt – der Fokus auf den Rohstoffexport wieder lukrativer geworden (Gudynas 2013: 36-38). Der Begriff des (Neo-)Extraktivismus wird demnach für die Beschreibung eines Entwicklungsmodells herangezogen,

> wenn in konkreten Gesellschaften die gesellschaftlichen Verhältnisse und dominanten Strategien zwar nicht ausschließlich, aber wesentlich von der Inwertsetzung von Naturelementen geprägt sind. Diese sind wiederum über den kapitalistischen Weltmarkt und imperiale Politik vermittelt. (Brand/Dietz 2014: 96)

Diese Entwicklungen sind nicht nur auf Lateinamerika begrenzt, sondern stellen in vielen Ländern des globalen Südens eine kontinuierliche Entwicklung oder eine wiederkehrende Strategie dar. Dementsprechend kann auch die Palmölexpansion in Indonesien als Teil eines extraktivistischen Entwicklungsmodells analysiert werden (siehe z.B. Gellert 2010).

Entscheidend für extraktivistische Strategien sind Prozesse der ursprünglichen Akkumulation oder Akkumulation durch Enteignung (siehe Abschnitt 2.1.2), durch die nichtkapitalistische Räume (z.B. Subsistenzwirtschaft, bäuerliche Wirtschaft) in den kapitalistischen Verwertungsprozess integriert werden. Die Expansion extraktivistischer Sektoren in Zusammenhang mit vielfältigen Kämpfen gegen dieselbe trägt zu einer *strukturellen Heterogenität* bei, die laut Becker (2008: 16-18) von zwei wesentlichen Parametern, nämlich dem hohen politischen Gewicht von ausländischem Kapital und Investitionen sowie dem Fortbestehen von nichtkapitalistischen Produktionsweisen und der Verbindung dieser oft persönlichen Abhängigkeitsverhältnisse mit kapitalistischen Produktionsverhältnissen geprägt ist. Diese Struktur drückt sich einerseits in sehr unterschiedlichen Produktionstechniken sowie der Fraktionierung von dominanten Kräften (internationales Finanzkapital, internationale Agrarkonzerne, traditionelle Großgrundbesitzer, staatliche Unternehmen etc.), andererseits in unterschiedlichen Arbeitsverhältnissen (Lohnarbeit, persönliche Abhängigkeit, Gemeinwirtschaft etc.) aus. Ein typisches Beispiel dafür ist die Verknüpfung von Subsistenzwirtschaft mit Lohnarbeit oder saisonaler Arbeitsmigration. Räumlich drückt sich die strukturelle Heterogenität in der Struktur der Enklavenökonomie aus, die „gemeinsam mit anderen Faktoren zu einer Fragmentierung der nationalen Territorien [führt]: Es gibt Orte des Rohstoffabbaus, die unmittelbar mit der Globalisierung verbunden sind, während sich der Staat um andere ausgedehnte Gebiete faktisch nicht kümmert" (Gudynas 2013: 36). Wichtig ist, dass es sich bei den nichtkapitalistischen Elementen nicht zwangsweise um vorkapitalistische Formen der Arbeits- und Produktionsweise handelt, sondern diese parallel zur kapitalistischen Entwicklung bestimmte Funktionen für die Ökonomie übernehmen. Beispielsweise kann Subsistenzwirtschaft auf Kleinstparzellen für SaisonarbeiterInnen außerhalb der Erntezeit eine kostenlose Reproduktion der Arbeitskraft bedeuten, während durchgängige Lohnarbeit für die PlantagenbesitzerInnen viel teurer wäre (Evers 1977: 31).

Die Konzentration auf extraktivistische Sektoren und die damit verbundene Exportorientierung und strukturelle Heterogenität steht in Zusammenhang mit der Entwicklung des Staates. Aufbau und Struktur des Staates sind historisch eng mit den Einnahmen aus der Rohstoffausbeutung (Renten) verbunden und demnach auch funktional für die Reproduktion derselben:

> Macht, Status und Reichtum hängen primär vom Zugang zu Rohstoffen und Extraktionsrenten – und wenn diese staatlich kontrolliert werden, vom Zugang zum Staat – ab [...]. Aus dieser Perspektive kann der Staat aus dem Extraktivismus kaum Entwicklungsalternativen schaffen, vielmehr ist er der erste Garant dafür, dass das Extraktionsmodell selbst sozial und institutionell abgesichert wird. (Burchardt/Dietz 2013: 194)

Überlagerte Gesellschaftsformation und begrenzte Hegemonie

Die asymmetrische Einbindung in den Weltmarkt und die strukturelle Heterogenität sind entscheidend für die Konzeption des Staates im globalen Süden. Aus historisch-materialistischer Perspektive kann Staatlichkeit nur verstanden werden, wenn die konkreten gesellschaftlichen Verhältnisse in den Blick genommen werden. Diese Einheit von „ökonomischen Strukturen und Produktionsverhältnisse[n] und das Ensemble politischer, rechtlicher und ideologischer Institutionen" (Tapia Mealla 2012: 285) wird mit dem Begriff der Gesellschaftsformation beschrieben. Erst die Konzentration der Produktionsmittel schafft im Zuge der ursprünglichen Akkumulation die Voraussetzung für die Monopolisierung von Politik im modernen Staat (Tapia Mealla 2012: 283-284). Diese Tendenz der Vereinheitlichung und Monopolisierung durch den Aufbau von hegemonialen Projekten ist allerdings widersprüchlich und fragmentiert:

> Das heißt, ein Staat, der die Fragmente der kapitalistischen Zerstörung und Wiederherstellung in einem neuen Typus der politischen und ökonomischen Einheit verbindet – wobei auf der Ebene der Produktionsweise größere Vielfalt herrscht, während sich auf der politischen Ebene ein höherer Grad von Vereinheitlichung herausbildet. (Tapia Mealla 2012: 285)

René Zavaleta beschreibt dies mit dem Konzept der *überlagerten Gesellschaftsformation*, das „die Koexistenz und desartikulierte Überlagerung verschiedener historischer Epochen, Produktionsweisen, Weltauffassungen, Sprachen, Kulturen und unterschiedlicher Autoritätsstrukturen zu fassen [versucht]" (Tapia Mealla 2012: 286). Das heißt, nicht nur die unterschiedlichen Produktionsweisen, sondern auch die politischen Strukturen und Prozesse werden nicht vollständig transformiert und zerstört, wodurch das staatliche Monopol durch das Fortbestehen anderer Autoritätsstrukturen gebrochen und in Frage gestellt wird.

Diese Konzeption des Staates im globalen Süden, dessen Monopolisierungstendenzen ständig gebrochen werden, haben auch Implikationen für die Durchsetzung von hegemonialen Projekten und die Konzeption von Korruption als wichtiges Mittel zur Durchsetzung von Interessen. Im Hinblick auf die gramscianischen Kategorien von Hegemonie und Zwang führt Becker „klientelistische Praktiken" als zusätzliches Mittel zur Durchsetzung staatlicher Politik ein. Anders als hegemoniefähige Projekte bieten diese

> individuellen, privilegierten Zugang zu staatlichen Leistungen im Gegenzug zu politischer Loyalität zu einer politischen Gruppierung. [...] Qualitativ unterscheiden sich klientelistische Praktiken von hegemonialen unter anderem dadurch, dass materielle Besserstellungen [...] eine im Abtausch für Loyalität gewährte individuelle Gunst, aber kein verbrieftes Recht und keine systematischen Konzessionen gegenüber bestimmten gesellschaftlichen Kräften darstellen. (Becker 2008: 19-20)

Zudem sind das Militär und andere repressive Staatsapparate entscheidende Faktoren im politischen Kräfteverhältnis (Lenner 2008: 82), weshalb oft nur von *begrenzter Hegemonie* gesprochen wird, d.h. die herrschenden Gruppen versuchen die strategisch wichtigen Sektoren und AkteurInnen zu gewinnen, während die negativen sozialen und/oder ökologischen Effekte auf andere gesellschaftliche Gruppen abgewälzt werden.

Hegemoniale Ordnungen auf internationaler Ebene und Interiorisierung

Wie bereits beschrieben ist die konkrete Analyse der Gesellschaftsformation nur möglich, wenn die Einbindung dieser Länder in den Weltmarkt berücksichtigt wird. In diesem Zusammenhang sind *hegemoniale Ordnungen auf internationaler Ebene* für Nord-Süd-Verhältnisse entscheidend geworden. Eine solche Ordnung bezeichnet universelle Normen, Institutionen und Orientierungen, die von den meisten anderen Staaten als vereinbar mit den eigenen Interessen betrachtet werden und die weltweit eine dominante Produktionsweise schützen.

> Hegemonie auf internationaler Ebene ist nicht nur eine Ordnung zwischen Staaten. Sie ist eine Ordnung innerhalb der Weltwirtschaft mit einer dominanten Produktionsweise, die alle Länder durchdringt und sich mit anderen untergeordneten Produktionsweisen verbindet. Sie ist auch ein Komplex internationaler sozialer Beziehungen, der die sozialen Klassen der verschiedenen Länder miteinander verbindet. Welthegemonie läßt sich so beschreiben als eine soziale, eine ökonomische und eine politische Struktur. Sie kann nicht auf eine dieser Dimensionen reduziert werden, sondern umfaßt alle drei. (Cox 1983/1998: 83)

Für die empirische Bearbeitung meiner Fragestellung werden diese drei Dimensionen um eine vierte, nämlich ökologische Dimension erweitert. In einer globalisierten Welt werden auch hegemoniale Orientierungen im Umgang mit der Natur an soziale, ökonomische und politische Strukturen angepasst bzw. interagieren mit diesen. Ein wichtiges Mittel zur Durchsetzung von hegemonialen Konstellationen im globalen Maßstab und insbesondere in Ländern des globalen Südens sind *internationale Organisationen*. Diese sind auch im Aufbau von hegemonialen Orientierungen im Umgang mit der Natur entscheidend und erfüllen in Anlehnung an Robert Cox (1983/1998: 83-85) fünf wesentliche Funktionen. Internationale Organisationen artikulieren erstens hegemoniale Orientierungen und fördern die weltweite Ausbreitung und Anerkennung dieser Normen, sind aber zweitens auch selbst das Produkt einer bestimmten hegemonialen Weltordnung. Drittens legitimieren sie ideologisch die hegemonialen Orientierungen und tragen zudem zur Legitimierung von Institutionen und Normen auf nationalstaatlicher Ebene bei. Viertens binden internationale Organisationen die Länder der Peripherie oder zumindest deren Eliten in die Absicherung von hegemonialen Orientierungen ein und absorbieren fünftens gegenhegemoniale Ideen. Für den Gegenstand dieser Arbeit ist beispielsweise die Liberalisierung von

Handelsbeziehungen im Rahmen der WTO, die mit einer Exportorientierung der Landwirtschaft einhergeht, entscheidend. Trotz der Weltmarkteinbindung von Ländern des globalen Südens und der Absicherung dieser durch hegemoniale Ordnungen auf internationaler Ebene determiniert diese Konstellation staatliche Handlungen auf nationaler oder subnationaler Ebene nicht, sondern muss mit internen Faktoren in diesen Ländern in Beziehung gesetzt werden. Poulantzas (1977) beschreibt diesen Prozess mit dem Begriff der *Interiorisierung*:

> In der gegenwärtigen Phase des Imperialismus gibt es, strenggenommen, nicht auf der einen Seite die externen Faktoren, die lediglich von „außen" wirken, und auf der anderen Seite die in ihrem eigenen „Raum" „isolierten" internen Faktoren. Das Postulat vom Primat der internen Faktoren bedeutet, daß die jedem Land von „außen" gesetzten Koordinaten der imperialistischen Kette – weltumspannendes Kräfteverhältnis, Rolle dieser oder jener Großmacht usw. – *auf diese Länder nur kraft ihrer Interiorisierung wirken*. (Poulantzas 1977: 20)

Sowohl politökonomische Dynamiken als auch die internationalen hegemonialen Ordnungen oder Interventionen „von außen", die sich mit diesen Dynamiken verbinden, können nur dann erfolgreich sein, „wenn sie mit den inneren Kräfteverhältnissen dieser Länder vermittelt sind" (Poulantzas 1977: 21).[11] Das heißt, nationalstaatliche AkteurInnen sind internationalen Maßgaben nicht ausgeliefert, sondern beziehen sich strategisch auf diese. Politik in Ländern des globalen Südens „ist insofern nicht eine schlichte Umsetzung, sondern immer eine ,Übersetzung' internationaler politischer Vorgaben" (Lenner 2008: 69). In ähnlicher Weise argumentieren einige DependenztheoretikerInnen. Fernando Cardoso und Enzo Faletto (1976) sprechen etwa von einer „Internalisierung externer Interessen [...] in Form der sozialen Praktiken lokaler Gruppen und Klassen" (218), und Tilman Evers (1977) argumentiert, dass externe Faktoren in Ländern der Peripherie nur dann wirken, wenn sie „politische Prozesse und Phänomene in einem Land der kapitalistischen Peripherie beeinflussen können,

---

11 Eine Analyse der Verschränkung von internen und externen Faktoren interveniert in theoretische Debatten, die *entweder* von einer äußeren Determinierung von Staaten der Peripherie ausgehen (Entwicklung wird durch die Macht von internationalen Finanzinstitutionen und transnationalen Konzernen, koloniale und postkoloniale Abhängigkeit bestimmt) *oder* aber interne Faktoren für die Handlungen und Handlungsoptionen von Ländern des globalen Südens betonen (Entwicklung wird durch Korruption, fehlendes Gewaltmonopol oder andere interne Faktoren determiniert) (für eine Übersicht siehe z.B. Ataç et al. 2008).

sich ihre wirtschaftlichen und gesellschaftlichen Interessen dort artikulieren und den staatlichen Strukturen mitteilen" (84).

2.2.7. Die Rolle des Staates in der Palmöl- und Agrartreibstoffproduktion

Mit diesem Zwischenfazit werden die theoretischen Annahmen in Bezug auf Staatlichkeit zusammengefasst und für die Politische Ökologie des Palmölprojekts fruchtbar gemacht.

(1) In Anlehnung an die Erkenntnisse der materialistischen Staatstheorie kommt dem Staat eine entscheidende Rolle in der Stabilisierung und Transformation gesellschaftlicher Naturverhältnisse zu. Die Annahmen der gesellschaftlichen Produktion von Natur – die unter derzeitigen sozioökonomischen Verhältnissen wesentlich durch ihre Funktion für die Kapitalakkumulation bestimmt ist – sind unzureichende, wenn die Rolle von staatlich-institutionellen Strukturen und Prozessen, die diesen Entwicklungen inhärent sind, vernachlässigt werden. Die Förderung von Energiepflanzen und die Expansion von Palmölplantagen kann auf Basis dieser Überlegungen als politisch ermöglichte und abgesicherte Entwicklung analysiert werden und mit gesellschaftlichen Kräfteverhältnissen in Beziehung gebracht werden.

(2) Ausgehend von gramscianischen Begrifflichkeiten wird der Staat als integraler Staat gefasst; Politik ist durch ein komplexes Zusammenspiel von Konsens und Zwang gekennzeichnet. Eine solche Sichtweise auf die Rolle des Staates hilft, sowohl die repressive als auch die produktive und konsensuale Form der aktuellen gesellschaftlichen Naturverhältnisse in der Palmöl- und Agrartreibstoffproduktion in den Blick zu nehmen. Es kann analysiert werden, warum sich die monokulturelle und agrarindustrielle Landwirtschaft für die Produktion von Nahrungsmitteln und Energiepflanzen als hegemoniale Form gesellschaftlicher Naturverhältnisse nicht nur durch repressive Staatsapparate (wie z.B. Militär oder Polizei) durchsetzt, sondern auch durch produktive Strategien gesellschaftlicher Kräfte reproduziert wird. In diesem Zusammenhang werden selektiv sozialökologische Forderungen in staatliche Politiken integriert, diese stellen allerdings die Plantagenwirtschaft nicht grundsätzlich in Frage.

(3) Der Staat wird in dieser Arbeit als soziales Verhältnis konzipiert, d.h. als institutionelles Terrain, auf dem unterschiedliche gesellschaftliche Kräfte strategisch um die Durchsetzung ihrer Interessen kämpfen. Die relative und zumindest temporäre Stabilität eines solchen widersprüchlichen und von gesellschaftlichen Kämpfen und Konflikten geprägten staatlichen Verhältnisses wird durch hegemoniale Projekte abgesichert, d.h. Akkumulations- und staatliche Strategien

mit Zugeständnissen für Teile der Bevölkerung gebündelt. Die Verrechtlichung von Akkumulations- und staatlichen Strategien ist in diesem Zusammenhang zentral, um hegemoniale Projekte abzusichern und Partikularinteressen zu universalisieren. Die Handlungsmöglichkeiten in Bezug auf politisch-institutionelle Strukturen und Prozesse sind von Selektivitäten gekennzeichnet, d.h. bestimmte Interessen und Strategien werden gegenüber anderen privilegiert. Die Annahmen helfen zu erklären, wie der Staat durch konkrete Politiken das hegemoniale Projekt einer monokulturellen und auf den Export ausgerichteten Palmöl- und Agrartreibstoffproduktion abzusichern versucht. Durch einen strategisch-relationalen Ansatz können die konkreten gesellschaftlichen Kräfte in der Palmöl- und Agrartreibstoffproduktion analysiert, ihre Interessen und Strategien herausgearbeitet und gezeigt werden, welche strukturellen und strategischen Selektivitäten bestimmte gesellschaftliche AkteurInnen in diesem Prozess marginalisieren und wie sich diese Handlungskorridore auf die Strategien der jeweiligen AkteurInnengruppen auswirken. Vor allem in den gesetzlichen Rahmenbedingungen in der Land- und Forstwirtschaft, aber auch in den Dezentralisierungspolitiken wird der Kampf um hegemoniale gesellschaftliche Naturverhältnisse deutlich. Es wird aber auch klar, warum bestimmte Interessen und Strategien erfolgreicher sind als andere.

(4) Diese Aspekte sind nicht auf den Nationalstaat und traditionelle staatliche Institutionen beschränkt – auch wenn dieser ein wichtiger Bezugspunkt für die Kämpfe um und Regulation gesellschaftlicher Naturverhältnisse bleibt. Staatliche Strategien wirken sich auch auf die horizontale und vertikale Transformation des Staates aus, indem sie neue Formen der Zusammenarbeit mit unterschiedlichen nichtstaatlichen AkteurInnen ermöglichen und staatliche Entscheidungen räumlich verlagern. Diese Prozesse wirken räumlich selektiv, d.h. sie müssen in Zusammenhang mit der Restrukturierung oder Verfestigung von Macht- und Herrschaftsverhältnissen durch räumliche Transformation verbunden werden. Ein solcher Blick auf die räumlichen Strategien des Staates hilft, die Transformation und Reskalierung von Entscheidungsprozessen und -terrains in Zusammenhang mit der Palmöl- und Agrartreibstoffproduktion zu analysieren. Die Subnationalisierung durch Dezentralisierungsprozesse in Indonesien können damit ebenso wie die Verlagerung von sozial-ökologischen Regulierungen auf die internationale Ebene im Rahmen von Zertifizierungssystemen bearbeitet und die Rückwirkung dieser Prozesse auf nationalstaatliche Strukturen gezeigt werden. Zudem können durch eine solche Herangehensweise die treibenden Kräfte dieser Reskalierungsprozesse analysiert und soziale Kämpfe darum in den Blick genommen werden.

(5) Für die Anwendung dieser staatstheoretischen Annahmen auf die Analyse gesellschaftlicher Kräfteverhältnisse in Ländern des globalen Südens müssen die sozialen Verhältnisse in diesen Ländern in den Blick genommen werden. Periphere Staaten sind meist durch eine asymmetrische Einbindung in den Weltmarkt und eine strukturelle Heterogenität geprägt, die historisch entscheidend zu Aufbau und Struktur des Staates beigetragen haben. Oftmals prägen die Eliten exportorientierter Unternehmen in bedeutendem Ausmaß die gesellschaftlichen Kräfteverhältnisse, und aufgrund der strukturellen Heterogenität spielen beispielsweise Konflikte um Land eine entscheidende Rolle. In diesem Zusammenhang einer oft begrenzten Hegemoniefähigkeit, in der hegemoniale Ordnungen nicht fest in der Zivilgesellschaft verankert sind, sind internationale Organisationen ein wichtiges Instrument zur Absicherung von bestimmten Interessen. Diese müssen allerdings zur Entfaltung ihrer Wirksamkeit von gesellschaftlichen Kräften im jeweiligen nationalen oder subnationalen Kontext unterstützt werden. Die Annahmen einer peripheren Staatlichkeit öffnen den Blick für die Widersprüche einer strukturell heterogenen Gesellschaftsstruktur, in der viele Bauern und Bäuerinnen auf den Zugang zu Land angewiesen sind, und der Expansion agrarindustrieller und exportorientierter Plantagenwirtschaft. Der Bezug zu internationalen Organisationen hilft, den Aufbau einer Agrartreibstoffpolitik in Südostasien sowie die nachhaltige Regulierung derselben zu analysieren und die Interiorisierung internationaler Normen, Narrative und Instrumente durch nationale AkteurInnengruppen zu erklären.

3. Methodologie und methodische Vorgehensweise

Das folgende Kapitel klärt die zentralen methodologischen Annahmen dieser Arbeit und beschreibt die Datengrundlage, Vorgehensweise und Auswertung der empirischen Studie.

3.1. Retroduktion und kritischer Realismus

Methodologische Annahmen – ob explizit dargelegt oder implizit angewendet – beeinflussen in entscheidender Weise den Forschungs- und Erkenntnisprozess. Ich beziehe mich in dieser Arbeit auf eine *retroduktive Herangehensweise*, die sich sowohl von der Induktion als auch von der Deduktion abgrenzt und die Erklärung und Interpretation von empirisch beobachtbaren Phänomenen im Gegensatz zur reinen Beschreibung und Messung in den Vordergrund stellt: „Retroduction is a process of working back from data, to an explanation, by the use of creative imagination and analogy" (Blaikie 2007: 9).

Diese Herangehensweise ist eng mit dem Forschungsparadigma des *kritischen Realismus* verbunden. *Ontologisch* baut der kritische Realismus auf der Annahme einer stratifizierten Ontologie auf (Sayer 2000: 12), d.h. nicht alles, was real existiert, kann auch als solches beobachtet werden. In diesem Zusammenhang wird zwischen dem Realen (*real*), dem Tatsächlichen (*actual*) und dem Empirischen (*empirical*) unterschieden. Real ist die Ebene von Strukturen und Mechanismen (sowohl natürliche als auch soziale Phänomene), unabhängig davon, ob diese Strukturen und Mechanismen untersucht werden oder nicht, und unabhängig davon, ob sie aktiviert werden oder nicht. Das Tatsächliche wiederum bezieht sich auf die Aktivierung dieser realen Strukturen und Mechanismen, während das Empirische die Ebene der Erfahrung beschreibt, die sich sowohl auf das Reale als auch auf das Tatsächliche beziehen kann. Daraus ist abzuleiten, dass bestimmte reale Strukturen und Mechanismen zwar spezifische empirische Phänomene ermöglichen, diese aber nicht determinieren. Zudem fällt das, was beobachtet werden kann, nicht zwingend mit den einem Phänomen zugrundeliegenden Strukturen und Mechanismen zusammen (Sayer 2000: 11-12). Bob Jessop (1990, 2005) betont in seinen staatstheoretischen Annahmen (siehe Abschnitt 2.2.4) den wissenschaftstheoretischen Bezug zum kritischen Realismus und hebt die Idee der stratifizierten Ontologie in Bezug auf das Zusammenspiel von Struktur und Handlung hervor. Das bedeutet, dass bestimmte Strukturen und Mechanismen (z.B. spezifische Formen der Aneignung von Natur oder bestimmte Eigentumsverhältnisse, die immer politisch-institutionell vermittelt sind) bestimmte Handlungen, Strategien und damit empirisch beobachtbare Phänomene privilegieren, diese allerdings keinesfalls determinieren. Gleichzeitig beziehen sich individuelle und/oder kollektive AkteurInnen in ihren Handlungen auf bestimmte strukturelle Kontexte und können durch diese zu einer Reproduktion oder Transformation von sozialen Strukturen und Mechanismen beitragen.

Epistemologisch setzt eine kritisch-realistische Herangehensweise voraus, dass die Analyse von Regelmäßigkeiten nur der Beginn und nicht das Ziel der Forschung sein kann, weil es letztendlich um das Verstehen und Erforschen von bestimmten beobachtbaren Phänomenen zugrundeliegenden Strukturen und Mechanismen geht, die diese Regelmäßigkeiten produzieren: „It may be necessary to postulate entities and processes that have never been observed in order to get beyond surface appearances to the nature and essences of things" (Blaikie 2007: 22).

Ausgehend von diesen ontologischen und epistemologischen Annahmen ist es notwendig, zunächst Zusammenhänge zwischen bestimmten Strukturen und Mechanismen zu postulieren und in Beziehung zum Forschungsgegenstand zu setzen. Eine hilfreiche Frage ist dabei, wie die Welt strukturiert sein muss, wenn bestimmte Wirkungen sichtbar werden, weil die postulierten Strukturen und Mechanismen als solche oft gar nicht beobachtet werden können. Bereits existierende Theorien können in diesem Prozess hilfreich sein (Blaikie 2007: 83-88, Sayer 2000: 12), d.h. *Abstraktion* ist entscheidend, um komplexe Wirklichkeiten beschreiben zu können:

> We therefore have to rely on abstraction and careful conceptualization, on attempting to abstract out the various components or influences in our heads, and only when we have done this and considered how they combine and interact can we expect to return to the concrete, nay-sided object and make sense of it. Much rests upon the nature of our abstractions, that is, our conceptions of particular one-sided components of the concrete object; if they divide what is in practice indivisible, or if they conflate what are different and separable components, then problems are likely to result. (Sayer 2000: 19)

Für den Forschungsprozess ist zentral, dass Retroduktion eine zyklische Herangehensweise voraussetzt, die „repeated movement between concrete and abstract, and between particular empirical cases and general theory" (Sayer 2000: 23) ermöglicht. Dadurch wird sichergestellt, dass sich theoretische Annahmen und empirische Beobachtungen in einem fruchtbaren Verhältnis zueinander entwickeln.

3.2. Methodische Vorgehensweise und Datenerhebung

Methodisch ist diese Arbeit dem breiten Feld der qualitativen Sozialforschung zuzuordnen. Als Datengrundlage dienen ExpertInneninterviews (Gläser/Laudel 2010, Meuser/Nagel 2009) sowie andere wichtige Primärdaten wie Gesetzestexte, Pressemeldungen, Absichtserklärungen und Zeitungsberichte. Zudem werden Sekundärquellen, insbesondere für die Kontextualisierung von bestimmten Phänomenen, herangezogen.

Die Datenerhebung in Form der ExpertInneninterviews wurde in zwei Phasen organisiert. Die erste Forschungsphase von Dezember 2008 bis Februar 2009, in der ich 16 Interviews in Indonesien durchführte, kann als explorative Phase bezeichnet werden. Diese Forschungsphase war Grundlage für meine Diplomarbeit (Pichler 2009) und mündete in einer Aufarbeitung der wichtigsten Probleme und Konflikte in der Palmöl- und Agrartreibstoffproduktion sowie einer Analyse von wesentlichen AkteurInnen. Gleichzeitig half die explorative Phase, die Fragestellung für diese Arbeit auf die Rolle des Staates zuzuspitzen sowie in der Folge die Interviews noch einmal aus dieser Perspektive zu analysieren. Aufbauend auf diesen Interviews, die zentral für die Auswahl der InterviewpartnerInnen der zweiten Datenerhebung waren, führte ich zwischen Mai und August 2011 29 Interviews in Singapur, Malaysia und Indonesien mit Unternehmen in unterschiedlichen Wertschöpfungsbereichen der Palmöl- und Agrartreibstoffindustrie, internationalen, nationalen und lokalen NGOs, staatlichen RepräsentantInnen, Gewerkschaften, einer freiwilligen Zertifizierungsstelle sowie WissenschafterInnen durch. Zusätzlich interviewte ich im Juni 2012 einen Repräsentanten der Europäischen Kommission bei der „European Biodiesel 2012" in Krakau, Polen. ExpertInnen sind in diesem Zusammenhang Personen, die in unterschiedlichen Funktionen das breite Feld der Palmöl- und Agrartreibstoffproduktion mitprägen und dabei mit Referenz auf den Staat an der Veränderung oder Perpetuierung von bestimmten gesellschaftlichen Verhältnissen beteiligt sind. Das heißt, im Gegensatz zu ethnografischen Interviews haben die Interviewten Informationen, die sich aus einer bestimmten Funktion (z.B. RepräsentantIn eines Biodieselunternehmens, MitarbeiterIn einer NGO) ergeben: „Von Interesse ist die interviewte Person als Funktionsträger, nicht als Privatperson" (Meuser/Nagel 2009: 469).

Ausgehend von den theoretischen Vorüberlegungen im zweiten Kapitel erarbeitete ich einen Leitfaden für die ExpertInneninterviews (Behnke et al.

2010: 250-252, Gläser/Laudel 2010: 142-153). Dieser wurde während der Datenerhebung sehr großzügig an die Interviewsituation angepasst, weil sich die Realitäten von unterschiedlichen ExpertInnen – beispielsweise von Biodieselunternehmen und lokalen NGOs – deutlich unterscheiden. Die Interviews wurden wenn möglich persönlich geführt,[1] aufgenommen und vollständig transkribiert. Aufgrund meiner mangelnden Kenntnisse der indonesischen Sprache führte ich die Interviews auf Englisch bzw. zog ÜbersetzerInnen hinzu, wenn das Gespräch auf Indonesisch stattfand.

Auch wenn meine InterviewpartnerInnen ExpertInnen im weitesten Sinne waren und ich keine ethnografische Forschung durchführte, ist die Reflexion meiner Rolle als weiße europäische Akademikerin zentral. In vielen Fällen waren die an mich gerichteten Erwartungen eng mit dieser Rolle verbunden, und realpolitische oder finanzielle Hoffnungen – insbesondere von lokalen NGOs – mussten relativiert werden. Gleichzeitig wurde ich von staatlichen RepräsentantInnen und privatwirtschaftlichen Unternehmen aufgrund meiner Themenwahl vielfach automatisch als Sympathisantin von Umwelt-NGOs wahrgenommen, was sich in der konkreten Interviewsituation oftmals als Schwierigkeit darstellte. Doch nicht nur die an mich herangetragenen Erwartungen, sondern auch die eigenen Erwartungshaltungen und Vorstellungen in Bezug auf das Forschungsfeld beeinflussten den Forschungsprozess und wurden im Verlauf der Interviews teilweise revidiert.

3.3. Konflikte als Strukturierungskategorie

Für die Auswertung der Daten wurde auf Grundlage der theoretischen Vorüberlegungen ein Kategoriensystem entwickelt und das Datenmaterial anhand dieser Kategorien mit Hilfe der QDA-Software ATLAS.ti codiert. Die theoriegeleitete Codierung wurde mit offenen Codes kombiniert, um die Offenheit gegenüber den Daten zu gewährleisten (Behnke et al. 2010: 359-364).

Als übergeordnete Strukturierungskategorie und empirischen Einstieg fokussiere ich auf den Konfliktbegriff, um in der Tradition der Politischen Ökologie auf die gesellschaftliche Produktion und die Konflikte um die Aneignung von Natur hinzuweisen. Natur bzw. Umwelt sind keine neutralen Bearbeitungsfelder, sondern durch sozioökonomische und politische Verhältnisse geprägt, deren widersprüchliche und konflikthafte Charakteristika sich im Umgang mit natürlichen Ressourcen ausdrücken. In der Tradition historisch-materialistischer

---

[1] In zwei Fällen war das nicht möglich, weshalb auf ein schriftliches Interview ausgewichen werden musste.

Theoriegebäude unterscheide ich zwischen latenten und manifesten Konflikten (siehe Abschnitt 2.2.4) und konzentriere mich in der folgenden Analyse auf letztere. Während sich latente Konflikte aus grundsätzlichen Widersprüchen sozioökonomischer Verhältnisse ergeben, werden diese nicht automatisch in manifesten Konflikten ausgetragen, d.h. sie werden nicht zwingend relevant für politische Entscheidungsprozesse. Für die Auswertung meines Datenmaterials ist dieser Konfliktbegriff entscheidend, da er Konflikte dort verortet, wo AkteurInnen sich organisieren und zusammenschließen, um gemeinsam auf politische Entscheidungsprozesse Einfluss nehmen zu können. Zentral ist in diesem Zusammenhang die Beziehung zwischen Hegemonie bzw. hegemonialen Projekten und Konflikten. Hegemoniale Projekte geben Handlungskorridore vor und grenzen die Reichweite von Konflikten ebenso wie die Formen der Konfliktaustragung ein. Konflikte entstehen dementsprechend in historisch-spezifischen Konstellationen und können in Konflikte um Hegemonie oder Konflikte innerhalb hegemonialer Projekte unterschieden werden.

In der vorliegenden Analyse der Palmöl- und Agrartreibstoffproduktion in Indonesien, Malaysia und Singapur werden sozial-ökologische Konflikte nicht auf der lokalen Ebene verortet, sondern als Konfliktfelder bestimmt, die – über lokal-spezifische Situationen hinausgehend – die Produktion von Ungleichheiten in der Palmöl- und Agrartreibstoffproduktion prägen. Sozial-ökologische Konflikte auf lokaler Ebene werden nicht zwingend relevant für politische Entscheidungsprozesse. Erst durch den Zusammenschluss von AkteurInnen, die Verknüpfung von lokal empfundenen Ungerechtigkeiten mit politischen und ökonomischen Prozessen und in der Folge durch die Artikulation von Interessen, die Entwicklung von Strategien – die bewusst oder unbewusst eingesetzt werden können – sowie die Bildung von Koalitionen mit anderen AkteurInnengruppen werden diese Konflikte in tatsächliche politisch-institutionelle Prozesse übersetzt. Der Fokus liegt demnach auf der *Beziehung* zwischen hegemonialen Projekten und Konflikten auf unterschiedlichen Ebenen und den staatlich-institutionellen Verhältnissen, die diese spezifischen gesellschaftlichen Naturverhältnisse strukturieren und absichern, die aber durch gesellschaftliche Kämpfe auch in Frage gestellt werden. Die Grundkategorisierung über den Konflikt, die aus den ExpertInneninterviews abgeleitet wird, ermöglicht eine Gliederung des Datenmaterials in zwei zentrale Konfliktfelder (Konflikte um die Kontrolle und Aneignung von Land und Konflikte um die verpflichtende Beimischung und Zertifizierung von Agrartreibstoffen), anhand derer sich auf unterschiedlichen Ebenen die gesellschaftlichen Kräfteverhältnisse um die Palmöl- und Agrartreibstoffpolitik manifestieren. Eine zentrale Annahme ist dabei, dass manifeste Konflikte über den Staat oder zumindest mit Referenz auf den Staat ausgetragen werden. Da Projekte zur Förderung von Palmöl und Agrartreibstoffen keine „natürlichen" und logischen Lösungen darstellen, sondern politisch-institutionell ermöglicht und abgesichert werden müssen, sind staatliche Strukturen, Institutionen und Prozesse für die Durchsetzung dominanter Interessen ein entscheidendes Terrain, stellen aber auch einen wichtigen Referenzpunkt für alternative und gegenhegemoniale Strategien dar.

Abbildung 1 (s. Folgeseite) zeigt die zentralen theoretischen Zusammenhänge, die für die Analyse der Konfliktfelder herangezogen werden.

Entscheidend für eine Herangehensweise, die den Staat nicht als neutralen und homogenen Akteur, sondern als umkämpftes Terrain betrachtet, ist die Analyse von *gesellschaftlichen und politischen Kräften*, die unterschiedliche Interessen und Strategien verfolgen und denen dafür auch unterschiedliche Handlungsressourcen zur Verfügung stehen. Um ihre Interessen politisch-institutionell durchzusetzen, gehen sie vielfach Bündnisse mit anderen AkteurInnengruppen ein, wodurch sich je nach konkretem Fallbeispiel spezifische Handlungskonstellationen herausbilden. Trotz dieser Widersprüchlichkeiten und Kämpfe stellt der Staat allerdings auch ein entscheidendes politisches Terrain zur Vereinheitlichung von Interessen dar. Dieser Prozess wird mit dem Begriff des *Palmölprojekts* gefasst, d.h. partikulare Interessen in der Palmöl- und Agrartreibstoffindustrie werden durch Gesetze, Regulierungen, staatliche Investitionen etc. abgesichert und auf Dauer gestellt. Das Palmölprojekt bündelt konkrete *staatliche Strategien* zur Aneignung und Kontrolle von Natur (Vereinheitlichung von Eigentumsrechten, Konzentration von Landbesitz, Beimischungspflicht für Agrartreibstoffe, Durchsetzung von freiwilligen Zertifizierungssystemen etc.), die zu einer tendenziellen – wenn auch konflikthaften und widersprüchlichen – Absicherung eines exportorientierten und monokulturellen Landwirtschaftsmodells beitragen. Hegemoniale Projekte sind ebenso wie staatliche Strategien in den meisten Fällen eine Abstraktionsleistung im Sinne der Retroduktion, d.h. sie beziehen sich auf reale Mechanismen zur Aneignung und Kontrolle von Natur unter kapitalistischen Verhältnissen, die selten als solche von beteiligten AkteurInnen kommuniziert und interpretiert werden, sondern die anhand von bestimmten beobachtbaren Auswirkungen postuliert werden. Eine wesentliche Ausdrucksform von staatlichen Kompromissen und Strategien ist das *Rechtssystem*. In Gesetzen spiegelt sich einerseits die Umkämpftheit von Staatlichkeit wider, andererseits sind sie eine entscheidende einheitsstiftende Instanz, durch die manifeste Konflikte in Kompromisse und damit in Recht und Unrecht übertragen werden. Wenngleich der Staat als umkämpftes Terrain konzeptualisiert wird, haben nicht alle gesellschaftlichen Kräfte gleichberechtigten Zugang zu staatlichen Strukturen und Institutionen und führen spezifische politische Mechanismen zu einer Privilegierung oder Marginalisierung von bestimmten politischen Strategien, die sich in konkreten Gesetzen und staatlichen Prozessen materialisieren. Dies wird mit den Kategorien

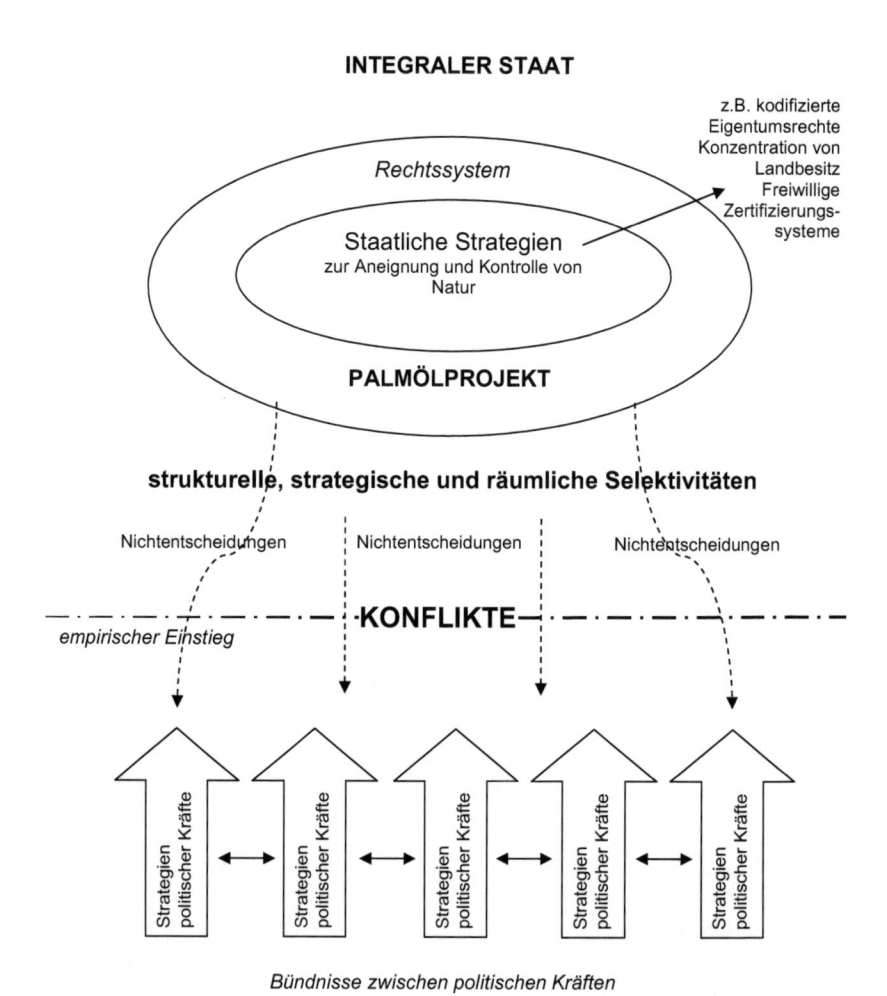

Abbildung 1: Die Rolle des Staates in der Transformation gesellschaftlicher Naturverhältnisse
Quelle: eigene Darstellung

von *struktureller, strategischer und räumlicher Selektivitäten* dargestellt, die als analytische Kategorien für die konkrete Untersuchung von Machtverhältnissen eingeführt werden. Mit Verweis auf die Debatte um die Multiskalarität des Staates ist klar, dass manifeste politische Konflikte auf unterschiedlichen Ebenen analysiert werden können und der Nationalstaat nur eine, wenn auch entscheidende Bezugskategorie politischer Auseinandersetzungen ist. Die Scales politischer Konflikte um die Nutzung von natürlichen Ressourcen sind keine natürlich vorgegebenen und dauerhaften, sondern selbst Teil von Machtverhältnissen und in diesem Sinne ständigen Veränderungen unterzogen. Diese Verschiebung von Kräfteverhältnissen durch räumliche Restrukturierungen des Staates wird mit dem Begriff der räumlichen Selektivität ausgedrückt.

4. Das Palmölprojekt als regionales Akkumulationsregime in Südostasien

In diesem Kapitel wird die Struktur der Palmölindustrie mit Fokus auf die wichtigsten Produktionsländer in Südostasien analysiert. Es wird gefragt, wie sich die Palmölindustrie historisch entwickelt hat, welche AkteurInnen und gesellschaftlichen Kräfte diese Entwicklung dominier(t)en, und welche politökonomischen Verhältnisse der Palmölproduktion zugrunde liegen. Dafür wird insbesondere die materielle Basis des Palmölprojekts, d.h. das spezifische Akkumulationsregime der Palmölindustrie analysiert. Im Rahmen einer zeitdiagnostischen Analyse greife ich auf das Konzept des *regionalen Akkumulationsregimes* im Anschluss an die Regulationstheorie (siehe Abschnitt 2.1.5) zurück, das Sabah Alnasseri (2011) für die aktuelle Periodisierung vieler semiperipherer Gesellschaften vorschlägt.[1] Die Entwicklung der Palmölproduktion steht in engem Zusammenhang mit einer Veränderung der Kapitalfraktionen im Rahmen von postkolonialer Entwicklung und Globalisierungsprozessen und wird hauptsächlich von einer neonationalen Bourgeoisie getragen. Letztere ist dort zu beobachten, wo die herrschenden Gruppen weder allein von imperialistischem Kapital abhängig sind,[2] noch den Nationalstaat als primären Raum der Kapitalakkumulation ansehen. Dementsprechend sind sie zwar entscheidend in den Weltmarkt eingebunden, versuchen allerdings, diese Entwicklung so gut wie möglich selbst zu steuern: „Thus, the aim of the new accumulation strategy is not to delink from the world market and international divisions of labour, but to be actively involved in the internationalization of capital rather than being a passive recipient of neoliberal decrees" (Alnasseri 2011: 14). Insbesondere bei einer Ausrichtung auf den Export bleiben die jeweiligen Staaten zwar von internationalen Entwicklungen abhängig, versuchen diese aber bestmöglich für ihre Akkumulationsstrategie zu nutzen.

---

1 Alnasseri (2011) entwickelt das Konzept auf Basis von Untersuchungen zu Iran, der Türkei, Südafrika und Ägypten, aus meiner Sicht ist es allerdings auch für die Entwicklung der Palmölindustrie in Südostasien anwendbar.

2 Diese Kapitalfraktion wird in der Tradition der Dependenztheorie als Kompradorenbourgeoisie bezeichnet (Poulantzas 1977).

Um die aktuellen Entwicklungen in Indonesien und Malaysia adäquat begreifen zu können, wird zu Beginn dieses Kapitels auf die globale Bedeutung der Palmölproduktion, d.h. auf die Rolle von Weltmarkt, Preisentwicklung und globalisierten Wertschöpfungsketten für das Palmölprojekt verwiesen. Anschließend werden historische Entwicklungen, Strukturen und Kräfteverhältnisse in Indonesien und Malaysia analysiert, die das regionale Akkumulationsregime kennzeichnen und für die Analyse der entstehenden Agrartreibstoffindustrie entscheidend sind.

4.1. Zur globalen Bedeutung von Palmöl

Im letzten Jahrzehnt ist der globale Markt für Pflanzenöle mit Wachstumsraten von durchschnittlich sieben Prozent pro Jahr rasant gewachsen. Neben der neuen Verwendung von Pflanzenölen für die Treibstoffproduktion trägt dazu die steigende Nachfrage aufgrund von Bevölkerungswachstum und höheren Einkommen in Verbindung mit sich verändernden Ernährungsgewohnheiten bei (PEMANDU 2010: 284). Palmöl nimmt mit einem Drittel des gesamten Pflanzenölmixes den größten Anteil an der globalen Produktion von Pflanzenölen ein, gefolgt von Öl aus Sojabohnen, Raps und Sonnenblumen (Abbildung 2).

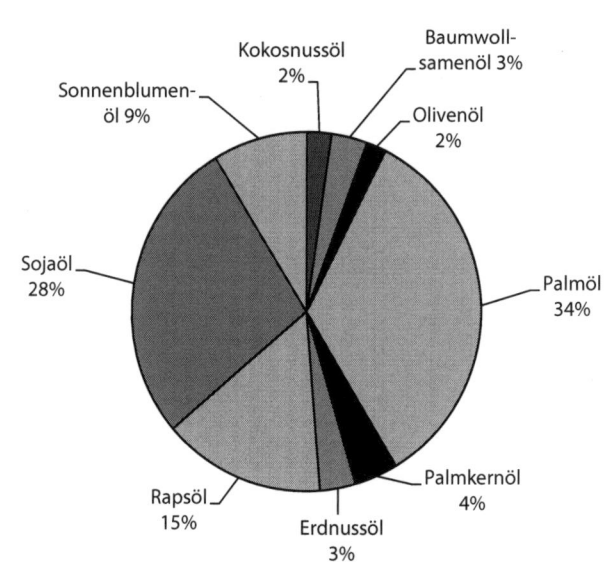

Abbildung 2: Globale Produktion der wichtigsten Pflanzenöle 2012
Quelle: USDA 2014

Die ursprünglich aus Westafrika stammende Ölpalme weist aufgrund von hoher Produktivität, geringer Arbeitsintensität und Mehrjährigkeit der Palme erhebliche Vorzüge im Vergleich zu anderen wichtigen Pflanzenölen auf (INTB9, INTB14). Nicht zuletzt deshalb wird Palmöl derzeit als billigstes Pflanzenöl am Weltmarkt gehandelt. Das macht Palmöl für viele bevölkerungsreiche Länder in Asien, aber auch für die EU und USA besonders attraktiv. Im Jahr 2012 waren die wichtigsten Importländer Indien mit 8,3 Millionen Tonnen, die EU mit 6,8 Millionen Tonnen, China mit 6,6 Millionen Tonnen, gefolgt von Pakistan, den USA und Malaysia (letzteres durch den Import von indonesischem Palmöl, das nach der Weiterverarbeitung reexportiert wird) (USDA 2014).

Obwohl Palmöl im Vergleich das billigste Pflanzenöl darstellt, haben sich die Preise im letzten Jahrzehnt durchaus positiv für die Produktionsländer entwickelt. Wie Abbildung 3 zeigt, fiel der Preis für Palmöl nach hohen Realpreisen in den 1960er Jahren bis Ende der 1990er Jahre kontinuierlich, erlebte allerdings nicht zuletzt durch die gesetzliche Förderung von Agrartreibstoffen ab den 2000er Jahren einen rasanten Aufschwung. Nach einem vorläufigen Höhepunkt im Jahr 2011 hat sich der Preis seither auf hohem Niveau eingependelt.

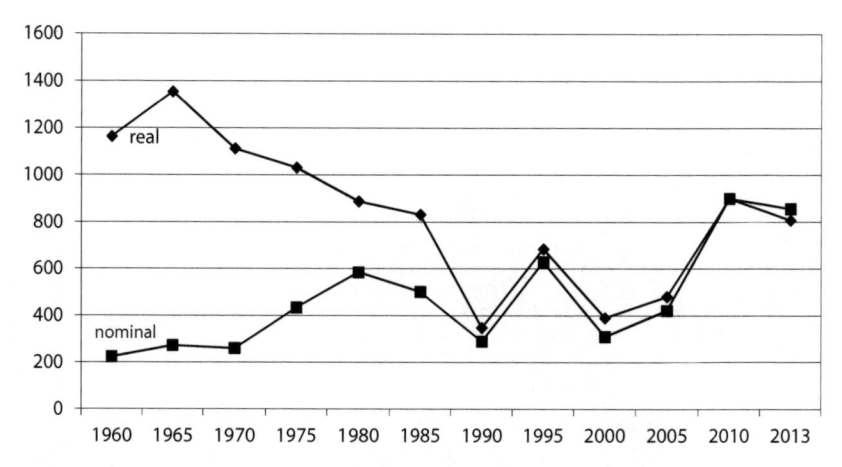

Abbildung 3: Preisentwicklung von Palmöl 1960-2013 (in US$)
Quelle: World Bank 2014

Diese hohen Weltmarktpreise holten zwar einige besonders euphorische Biodieselunternehmen auf den Boden der Realität zurück (siehe Kapitel 5), begünstigten allerdings bei beständig hoher Nachfrage die rasante Expansion der Palmölindustrie. Weltweit hat sich die Produktion von Palmöl im letzten Jahrzehnt mehr als verdoppelt. Abbildung 4 verweist auf einen Anstieg von 24,3 Millionen Tonnen im Jahr 2000 auf 53,3 Millionen Tonnen im Jahr 2012.

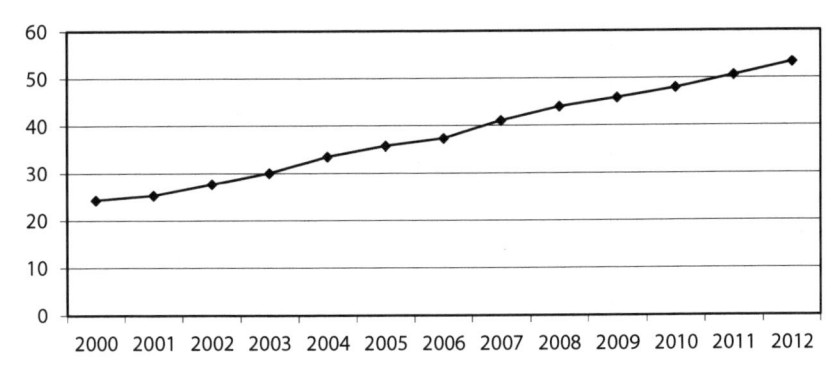

Abbildung 4: Globale Palmölproduktion 2000-2012 (in Millionen Tonnen)
Quelle: USDA 2014

Der überwiegende Teil dieser Plantagen ist in Südostasien angesiedelt. Indonesien und Malaysia kontrollieren 87 Prozent des globalen Marktes, Thailand, Kolumbien und Nigeria sowie einige andere hauptsächlich lateinamerikanische und westafrikanische Länder teilen sich die restliche Produktion des tropischen Pflanzenöls (USDA 2014).

Während die Produktion von Palmöl auf Indonesien und Malaysia konzentriert ist, sind die Wertschöpfungsketten globalisiert. Malaysia übernimmt zunehmend wichtige Schritte in der Weiterverarbeitung von Palmöl, und Singapur ist zu einer wichtigen Drehscheibe für die Weiterverarbeitung und den Handel von Palmöl sowie für die Finanzierung der Palmindustrie geworden (siehe Kapitel 5). Weiterhin übernehmen aber auch europäische und US-amerikanische Unternehmen wichtige Funktionen in der Wertschöpfungskette. Der niederländisch-britische Konzern Unilever ist mit vier Prozent der weltweit wichtigste Abnehmer und Weiterverarbeiter von Palmöl, und auch die US-amerikanischen Unternehmen Kraft Foods, General Mills und Cargill sowie der Schweizer Konzern Nestlé sind entscheidend in die Verarbeitung von Rohpalmöl integriert.

4.2. Palmölproduktion in Indonesien

Indonesien ist der größte Palmölproduzent der Welt und hat im Jahr 2006 Malaysia von dieser Position abgelöst. Dieses Kapitel zeigt die Palmölexpansion in den letzten Jahrzehnten, die wichtigsten AkteurInnen und die damit verbundenen Kräfteverhältnisse im Land.

4.2.1. Historische Entwicklung

Auch wenn die großflächige Expansion von Palmölplantagen in Indonesien erst nach der Unabhängigkeit des Landes einsetzt, gehen die Anfänge der Industrie auf die Kolonialzeit zurück. Erste Samen der Ölpalme wurden 1848 aus Afrika in den botanischen Garten nach Bogor auf der Insel Java gebracht, die Pflanze zu Beginn allerdings lediglich als Zierpalme verwendet. Die erste kommerzielle Plantage wurde im Jahr 1911 unter niederländischer Kontrolle auf Sumatra errichtet und in der Folge die Palmölplantagenfläche auf 200.000 Hektar ausgeweitet.[3] Nach der Unabhängigkeit wurden die Plantagen im Jahr 1957 nationalisiert, allerdings längere Zeit vernachlässigt und die tatsächliche Plantagenfläche in dieser Zeit reduziert (Caroko et al. 2011: 2).

Erst Ende der 1960er Jahre kam es zu neuen Investitionen in die Palmölindustrie, vor allem auf der Insel Sumatra (Casson 2002: 231). Diese Investitionen wurden von staatlichen Plantagenunternehmen getragen, integrierten durch das PIR-System (*Perkebunan Inti Rakyat*) allerdings auch Kleinbauern und -bäuerinnen (Smallholder)[4] in die Plantagenwirtschaft (McCarthy/Cramb 2009: 115-116). Bei diesem Programm, das von der Weltbank ab Mitte der 1970er Jahre maßgeblich unterstützt wurde (INTB26), bepflanzte ein staatliches Unternehmen eine „Kernplantage" (*inti/nucleus*) sowie Flächen außerhalb dieser staatlichen Plantage (*plasma*) mit Ölpalmen. Zum Zeitpunkt der ersten Ernte – nach etwa drei bis vier Jahren – wurden die *plasma*-Anteile der Plantage in Flächen von zirka zwei Hektar an umliegende Smallholder vergeben, die das eingebrachte Startkapital in Form eines Kredits an das Plantagenunternehmen

---

3 Während der niederländischen Kolonialzeit war die kommerzielle Landwirtschaft vor allem auf den Export von Zucker ausgerichtet. In den 1920er Jahren war Java nach Kuba der zweitgrößte Exporteur von Zucker für den Weltmarkt. Die Weltwirtschaftskrise traf die Zuckerproduktion schwer und die Industrie schloss danach – auch wenn sie bedeutsam blieb – nicht mehr an die Produktivität während der Kolonialzeit an (Knight 1992).

4 In der vorliegenden Arbeit werden die Begriffe Kleinbauern/-bäuerinnen und Smallholder synonym verwendet. Auch wenn es durchaus Fälle gibt, in denen Smallholder selbst ArbeiterInnen für ihre Palmölflächen einstellen, stellt dies keinesfalls die Norm dar und werden die Flächen meist in bäuerlichen Familienzusammenhängen bewirtschaftet.

zurückbezahlten. Die Ernte der Bauern und Bäuerinnen wurde vom staatlichen Unternehmen vertraglich abgenommen und weiterverarbeitet (Casson 2000: 4).

Zu einer starken Expansion der Palmölindustrie kam es seit den 1980er Jahren, vor allem durch staatliche Anreize für privatwirtschaftliche Plantagenunternehmen (Casson 2000: 4-5, McCarthy/Cramb 2009: 115-116). In den Jahren davor waren neben den staatlichen Plantagenunternehmen lediglich einige wenige privatwirtschaftliche Palmölunternehmen in Indonesien aktiv gewesen, hauptsächlich mit kolonialer Vergangenheit (z.B. Socfin, Sipef oder London Sumatra) (INTB26). Mit der Palmölexpansion zielte die Regierung auf eine Öffnung des Landes für ausländische Direktinvestitionen ab. Die Integration von Smallholdern wurde ab 1986 durch das PIR-trans-Programm im Rahmen der großangelegten Umsiedlungspolitik (*transmigrasi*) fortgeführt.[5] Das neue Vertragslandwirtschaftsmodell funktionierte ähnlich wie das PIR-System, schuf allerdings Anreize für privatwirtschaftliche Plantagenunternehmen und integrierte im Rahmen von *transmigrasi* umgesiedelte Menschen in die Plantagenindustrie, indem ihnen Flächen zur Bewirtschaftung von Palmölplantagen zur Verfügung gestellt wurden (McCarthy/Cramb 2009: 116). Im Jahr 1996 widmete die Regierung 9,1 Millionen Hektar Waldflächen in Kalimantan, Sulawesi und West-Papua für die Errichtung von großflächigen Palmölplantagen um, 1999 waren bereits 4,6 Millionen Hektar bepflanzt (ANGOC 2009: 96-97). Vor allem malaysische Unternehmen investierten ab den 1980er Jahren in Indonesien, weil Land in Malaysia knapp wurde und Arbeit wesentlich teurer war als im Nachbarland. Bis Ende der 1990er Jahre sicherten sie sich 1,3 Millionen Hektar Plantagenland in Indonesien, aufgrund der geographischen Nähe hauptsächlich in Kalimantan und Sumatra (Casson 2002: 228-229).

Im Zuge der Asienkrise und dem Sturz Suhartos 1998 kam es zu einer kurzen Stagnation der Palmölexpansion, mit Beginn der 2000er Jahre nahm diese allerdings neue Maßstäbe an. Abbildung 5 zeigt, wie rasant die Palmölproduktion seit 1975, aber vor allem seit der Jahrtausendwende, angestiegen ist.

Große Palmölkonglomerate expandierten in einem enormen Ausmaß, wodurch Indonesien 2005/06 zum größten Palmölproduzenten der Welt aufstieg und den direkten Konkurrenten Malaysia überholte (Hirawan 2011: 217-218).

---

5 Das Umsiedlungsprogramm *transmigrasi* wurde 1969 von der Regierung unter Suharto initiiert. Im Rahmen des Programms wurden knapp 7 Millionen Menschen von den dicht besiedelten Inseln Java und Bali auf die umliegenden Inseln „verteilt" und ihnen Wohnraum, landwirtschaftliche Flächen, Saatgut und Grundnahrungsmittel zur Verfügung gestellt.

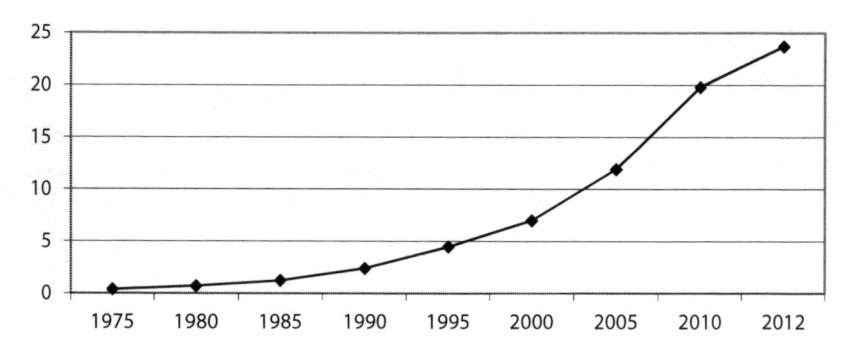

Abbildung 5: Palmölproduktion in Indonesien 1975-2012 (in Millionen Tonnen)
Quelle: FAO 2014

Die Einbindung von Smallholdern wurde in diesem Zusammenhang durch ein neues Partnerschaftsmodell weitergeführt, das die direkte Zusammenarbeit zwischen privatwirtschaftlichen Plantagenunternehmen und lokalen LandbesitzerInnen durch staatliche Kredite unterstützt. Die Integration von Bauern und Bäuerinnen mit lokalen Landansprüchen ermöglicht den Unternehmen den Zugang zu großen, zusammenhängenden Plantagenflächen, von denen sie üblicherweise etwa 80 Prozent als Kernplantage selbst bewirtschaften bzw. durch PlantagenarbeiterInnen bearbeiten lassen und 20 Prozent nach der Bepflanzung mit Ölpalmen durch die ansässige Bevölkerung bearbeitet werden (Hirawan 2011: 227, McCarthy/Cramb 2009: 117).[6]

4.2.2. AkteurInnen, Strukturen und Kräfteverhältnisse

Die indonesische Palmölindustrie ist von großen privatwirtschaftlichen Plantagenunternehmen geprägt. Sie kontrollieren 4,4 Millionen Hektar Land oder 54 Prozent der gesamten Palmölplantagenfläche und verzeichneten in den letzten Jahren hohe Expansionsraten (IPOB 2010: 2). Viele dieser Unternehmen sind Konglomerate, die neben der Palmölindustrie in anderen Bereichen der Plantagenindustrie, der weiterverarbeitenden Industrie, im Finanz- oder Immobiliengeschäft tätig sind (Pichler 2010: 182). Tabelle 1 (s. S. 88) zeigt die wichtigsten Palmölkonzerne in Indonesien. Führende privatwirtschaftliche Konglomerate

---

6 In Abschnitt 6.2.2 wird näher auf dieses neue Partnerschaftsmodell für das Palmölprojekt eingegangen.

mit Sitz in Indonesien sind Sinar Mas, Astra, Triputra, Darmex Agro, Raja Garuda Mas oder Sampoerna Agro.[7] Wilmar und First Resources sind in Singapur gelistet, während die malaysische Palmölindustrie insbesondere mit Sime Darby, Genting Plantations und Kuala Lumpur Kepong vertreten ist.

Auch wenn die Unternehmen heute als börsennotierte Unternehmen gelistet sind, bleiben die Verflechtungen mit staatlichen Strukturen zentral (Pichler/Pye 2012: 59). Ein Großteil der heute führenden indonesischen Konzerne ist durch die ehemals engen Beziehungen zum Suharto-Regime bekannt. Eka Tjipta Widjaja, der den Konzern Sinar Mas im Jahr 1962 gründete und 1981 mit dem Unternehmen Astra Agro Lestari in die Palmölindustrie einstieg, Liem Sie Liong (auch bekannt als Sudano Salim), der die einflussreiche Salim Group etablierte und mit deren Tochterunternehmen Indofood 1990 in das Palmölgeschäft einstieg, sowie Sukanto Tanoto, der 1979 Asian Agri gründete, sind beispielsweise durch ihre Beziehungen zu Suharto bekannt (Dauvergne 1998: 16, Steele 2013: 347).

Neben großen privatwirtschaftlichen Plantagenunternehmen und Konglomeraten wird ein relativ großer Anteil von 38 Prozent oder 3,1 Millionen Hektar von Smallholdern bewirtschaftet (IPOB 2010: 3). Diese Gruppe kann unterteilt werden in unabhängige Smallholder und solche, die in Vertragslandwirtschaftsprogramme mit Plantagenunternehmen eingebunden sind (PIR, PIR-trans, KKPA, Partnerschaftsmodell).[8] Der Anteil von privatwirtschaftlichen oder staatlichen Palmölunternehmen im Verhältnis zu Smallholdern ist – sowohl in den jeweiligen Programmen als auch in den konkreten Projekten innerhalb dieser – sehr unterschiedlich. Während die PIR-Programme üblicherweise auf ein Verhältnis von 20:80 abzielten, d.h. 20 Prozent der Fläche wurden als staatliche Plantage errichtet und 80 Prozent an Kleinbauern und -bäuerinnen vergeben, sind bei den Partnerschaftsprojekten Verteilungsschlüssel von 80:20 vorgesehen (§ 11 Permentan 26/2007). Während die sogenannten äußeren Plantagen Smallholder aus der

---

7 Die starke Konzentration von Kapital in der indonesischen Palmölindustrie zeigt sich nicht zuletzt am Privatvermögen der involvierten Personen. Laut Forbes-Liste sind allein unter den ersten zehn der reichsten Indonesier sechs mit Bezug zur Palmölindustrie, unter ihnen auch der Gründer der Sinar Mas Gruppe, der Geschäftsführer von Wilmar International und der Eigentümer von Asian Agri (Raja Garuda Mas).

8 Anders als in Malaysia werden diese beiden Gruppen in Indonesien statistisch nicht getrennt.

Tabelle 1: Wichtige Palmölunternehmen in Indonesien

Konzern	Gelistet in	Plantagenfläche	Zusätzliche Aktivitäten
Sinar Mas	Indonesien	455.660	Papier und Zellstoff, Finanzen, Immobilien
Triputra Group	Indonesien	388.000	Kautschuk, Bergbau, Handel & DL, Industrie, Pensionsfonds
Sime Darby	Malaysia	299.263	Immobilien, Energieinfrastruktur, Schwermaschinen, Autohandel, Gesundheitsversorgung
Astra	Indonesien	266.706	Autohandel, Finanzen, IT, Schwermaschinen, Infrastruktur
First Resources	Singapur	232.251	
Indofood/Salim Group	Indonesien	216.326	Bauindustrie, Finanzen, Automobilindustrie
Wilmar	Singapur	182.839	Düngemittel, Handel
Raja Garuda Mas	Indonesien	160.000	Öl und Gas, Papier und Zellstoff
Darmex Agro*	Indonesien	155.000	Speditionsinfrastruktur
Kuala Lumpur Kepong	Malaysia	139.746	Kautschuk, Immobilien
TH Plantations	Malaysia	130.022	Kautschuk, Teak, IT, Contracting, Gesundheitsversorgung
Sampoerna Agro	Indonesien	108.543	Kautschuk, Sago, Tabak
Bakrie	Indonesien	103.638	Kautschuk, Bergbau
Genting Plantations	Malaysia	100.000	Immobilien, Biotechnologie
Sungai Budi Group	Indonesien	99.521	Immobilien, Bergbau, Sicherheit, Industrie, Konsumgüter
Musim Mas	Singapur	82.819	
Ibis Group	Singapur	69.287	Holz, Zucker, Bergbau, Öl und Gas
Sipef	Belgien	52.158	
IJM Group	Malaysia	49.055	Immobilien, Bausektor, Baumaterialien, Infrastruktur
Oriental Holdings	Malaysia	47.637	Automobilindustrie, Immobilien, Gesundheitsversorgung, Plastik, Infrastruktur
Socfin	Indonesien	38.000	Kautschuk
United Plantations	Malaysia	30.000	Kokosnuss, Bananen
IOI Corporation	Malaysia	7.908	Immobilien

* Angaben für das Jahr 2009.

Quelle: Soweit nicht anders angegeben beziehen sich die Zahlen auf das Jahr 2011 bzw. 2012 und wurden den Jahresberichten und Webseiten der Unternehmen entnommen. In den Angaben sind teilweise auch Flächen enthalten, für die es bereits eine Lizenz gibt, die aber noch nicht bepflanzt wurden.

Region bearbeiten, werden in der Kernplantage hauptsächlich ArbeiterInnen aus Java oder Sumatra angestellt, vor allem für qualifizierte Arbeiten (INTB17).[9]
Staatlich kontrollierte Plantagenunternehmen haben seit den 1990er Jahren stark an Bedeutung verloren, heute kontrollieren sie nur mehr 8 Prozent oder 658.398 Hektar der indonesischen Palmölplantagen. Die staatlichen Plantagenunternehmen sind unter dem Namen PT Perkebunan Nusantara (PTPN) und einer fortlaufenden Nummer (z.b. PTPNVI) in unterschiedlichem Ausmaß in der Palmölindustrie aktiv. Das Wachstum der staatlichen Palmölindustrie ist in den letzten zehn Jahren deutlich zurückgegangen, zwischen 2001 und 2010 expandierten die PTPNs lediglich um 8 Prozent, während Smallholder ihre Flächen um 97 Prozent und privatwirtschaftliche Unternehmen um 72 Prozent ausdehnen konnten (IPOB 2008, 2010).

In die Finanzierung der indonesischen Palmölindustrie sind neben privaten Banken (z.B. HSBC oder Rabobank) auch die Weltbankgruppe, in den letzten Jahren vor allem durch die *International Finance Corporation* (IFC), sowie die *Asian Development Bank* (ADB) involviert (INTA8). Während sich die Weltbankgruppe 2009 nach massiven Protesten zivilgesellschaftlicher Organisationen kurzfristig aus der Palmölindustrie zurückzog, nahm sie bereits 2011 ihr Engagement in diesem Bereich wieder auf. Mit der für privatwirtschaftliche Investitionen zuständigen IFC konzentriert sich die Weltbank seitdem hauptsächlich auf die Einbindung von Smallholdern in marktwirtschaftliche Strukturen, auf nachhaltige Praktiken in der Palmölindustrie sowie die selektive Förderung von privatwirtschaftlichen Unternehmen auf unterschiedlichen Ebenen der Wertschöpfungskette, vor allem solchen, die in Multi-Stakeholder-Initiativen wie dem RSPO organisiert sind (World Bank/IFC 2011: 5-8).

Die Interessen der indonesischen Palmölindustrie werden durch die indonesische Palmölvereinigung GAPKI (*Gabungan Pengusaha Kelapa Sawit Indonesia*) vertreten. Die Organisation zählt mehr als 550 staatliche und privatwirtschaftliche Unternehmen, wobei diese bei weitem nicht alle in der indonesischen Palmölindustrie engagierten Unternehmen umfassen. Smallholder werden durch die Organisation nicht vertreten. Eine weitere Interessensvertretung der

---

9   Laut NGOs vor Ort hängt dieser Umstand einerseits damit zusammen, dass die Menschen aus den lokalen Communities oftmals nicht in Arbeitsverhältnisse mit geringer Bezahlung bei anstrengender körperlicher Arbeit gedrängt werden wollen, andererseits werden sie von den Unternehmen meist gar nicht eingestellt, weil sie als weniger gebildet und fleißig angesehen werden als die Arbeitskräfte aus den an Plantagenarbeit gewohnten Teilen Indonesiens, vor allem aus Java und Sumatra (INTB17).

Palmölindustrie ist der *Indonesian Palm Oil Board* (IPOB), der alle Stakeholder der indonesischen Palmölindustrie unter einer Organisation vereint.

Auf staatlicher Ebene werden die Interessen der Palmölindustrie durch das Landwirtschaftsministerium sowie die *Indonesian Palm Oil Commission* (IPOC) als Unterorganisation des Ministeriums vertreten. IPOC setzt sich aus elf Mitgliedern des Privatsektors, drei ExpertInnen und sechs Regierungsmitgliedern aus dem Landwirtschaftsministerium und dem Ministerium für Industrie und Handel zusammen und soll das positive Image der indonesischen Palmölindustrie verbessern. Wichtigste Aufgabe ist die Ausarbeitung von Politikempfehlungen für das Landwirtschaftsministerium. Neben letzterem ist die indonesische Landbehörde BPN (*Badan Pertanahan Nasional*) eine entscheidende staatliche Institution für die indonesische Palmölpolitik. BPN ist für die Verwaltung aller Agrarflächen in Indonesien verantwortlich und vergibt Zertifikate und Landtitel für Palmölplantagen. Das Forstministerium ist im Gegenzug für die Verwaltung der indonesischen Wälder zuständig und administriert die Umwandlung von Wald- in Agrarflächen.

4.2.3. Zur Bedeutung des Palmölsektors

Im Jahr 2013 produzierte Indonesien 26 Millionen Tonnen Palmöl und ist damit eindeutig weltweit größter Produzent (The Jakarta Post 2014). Das Pflanzenöl ist nach Reis Indonesiens zweitwichtigstes landwirtschaftliches Erzeugnis (FAO 2014) und nach Kohle und Erdgas das drittwichtigste Exportprodukt (UN 2014). Nach selektiven Industrialisierungstendenzen in den 1980er und 1990er Jahren zeigt diese Expansion eine Reprimarisierung der Ökonomie in Richtung eines „extractive regime" (Gellert 2010), insbesondere seit der Asienkrise Ende der 1990er Jahre. Die Exporte setzen sich zu 65 Prozent aus natürlichen Ressourcen zusammen, darunter neben Palmöl auch Kohle, Erdgas, Kautschuk und Kupfer (Yulisman 2012).

Das extraktivistische Palmölprojekt ist von einer starken Exportorientierung gekennzeichnet. Zwar konsumiert das 237-Millionen-EinwohnerInnen-Land eine bedeutende Menge an Palmöl selbst, allerdings sind noch immer 16,3 Millionen Tonnen für den Export bestimmt (IPOB 2010: 35). Insbesondere für die Inseln Sumatra, Kalimantan oder Sulawesi ist Palmöl neben Kohle das mit Abstand wichtigste Exportprodukt, weil es dort anders als auf der Insel Java nur wenig verarbeitende Industrie gibt. Der weitaus größte Anteil der indonesischen Rohpalmölexporte, nämlich 47 Prozent, wird nach Indien exportiert, an zweiter Stelle folgt bereits die EU mit 24 Prozent. Auf den Plätzen 3 und 4 folgen mit

14 Prozent und 6 Prozent die beiden Nachbarländer Malaysia und Singapur (IPOB 2010: 33), wodurch die Konzentration der indonesischen Palmölindustrie auf vorgelagerte Industrien der Plantagenwirtschaft unterstrichen wird, während die weiterverarbeitenden Betriebe vielfach in Malaysia und Singapur angesiedelt sind. Die wichtigsten Häfen für den Export von Palmöl liegen auf der Insel Sumatra mit den Städten Dumai (Provinz Riau), Belawan (Provinz Nord-Sumatra) und Padang (Provinz West-Sumatra) (IPOB 2010: 62-66).

Die territoriale Dimension des Palmölprojekts ist enorm. Im Jahr 2010 waren 8,1 Millionen Hektar Land mit Ölpalmen bepflanzt, das entspricht in etwa der Fläche Österreichs. Allein 5,4 Millionen Hektar Palmölplantagen entfallen auf die Insel Sumatra (hauptsächlich auf die Provinzen Riau, Nord-Sumatra, Süd-Sumatra und Jambi), 2,4 Millionen Hektar auf Kalimantan (IPOB 2010: 10). Die größten Expansionsraten in den letzten Jahren sind eindeutig in Kalimantan zu verzeichnen, wo die Palmölindustrie ihre Plantagen zwischen 2005 und 2010 verdoppeln konnte (IPOB 2008: 11, 2010: 10).

In den nächsten Jahren soll die Produktion weiter angekurbelt werden, bis 2020 will Indonesien laut GAPKI 40 Millionen Tonnen Palmöl produzieren und damit die derzeit produzierte Menge noch einmal fast verdoppeln (The Jakarta Post 2014). Dieses Wachstum soll einerseits durch die Errichtung von Palmölplantagen auf bereits genehmigten Konzessionen erreicht werden. Allein auf den Inseln Kalimantan und Sumatra waren 2011 Konzessionen für 11 Millionen Hektar Land vergeben, wobei bisher noch nicht einmal die Hälfte tatsächlich in Plantagen umgewandelt wurde. Andererseits wird auch zusätzliche Expansion angeregt, hauptsächlich auf der Insel Papua. Die autonome Provinz West-Papua ist bisher infrastrukturell wenig erschlossen, die Regenwälder Papuas gehören nach Amazonien und dem Kongobecken zu den drittgrößten noch verbleibenden tropischen Regenwaldgebieten (EIA/Telapak 2009: 2). Laut einem Bericht von CIFOR sind bei der zuständigen Provinzbehörde 2,1 Millionen Hektar Land zur Umwandlung in Palmölplantagen beantragt. Ein Hauptanteil davon entfällt auf das Plantagenprojekt MIFEE, durch das bis 2030 insgesamt 1,2 Millionen Hektar Plantagen – hauptsächlich Ölpalmen, aber auch Zuckerrohr – für die Nahrungsmittel- und Energieversorgung gepflanzt werden sollen (Caroko et al. 2011: 2-3, 13-15).[10]

---

10 Auf das MIFEE-Projekt wird näher in Abschnitt 6.2.2 eingegangen.

4.3. Palmölproduktion in Malaysia

Lange Zeit der weltweit größte Produzent von Palmöl, hat die Produktion des Pflanzenöls in Malaysia eine lange Tradition. Aufgrund der Landknappheit steigt in den letzten Jahren die Expansion von Plantagen in das benachbarte Indonesien sowie die Bedeutung der Weiterverarbeitung von Palmöl.

4.3.1. Historische Entwicklung

Die Geschichte der Palmölproduktion beginnt in Malaysia 1911, als der Franzose Henri Fauconnier durch finanzielle Unterstützung des belgischen Bankers Adrian Hallet die erste Palmölplantage errichtete. Die Samen stammten aus Indonesien, wo zeitgleich mit der kommerziellen Nutzung der Pflanze begonnen wurde. Während die meisten Plantagenunternehmen – vor allem britische und US-amerikanische – in Malaysia zu dieser Zeit auf Kautschuk spezialisiert waren, bereiteten die beiden Europäer mit dem Plantagenunternehmen Socfin den Weg für die großflächige Expansion des Pflanzenöls auf der malaiischen Halbinsel (INTB10).

Zur wesentlichen Expansion der Palmölindustrie kam es ab den 1960er Jahren. Die Exportwirtschaft war bis dahin auf Kautschuk spezialisiert und der Einbruch des Kautschukpreises veranlasste die Regierung in den frühen Jahren der Unabhängigkeit zu einer landwirtschaftlichen Diversifizierungsstrategie und einer sukzessiven Umstellung auf Palmölplantagen. Auch die Weltbank empfahl bei einer Mission nach Malaysia im Jahr 1955 die Förderung von Palmölplantagen (INTB11, Lopez/Laan 2008: 10). Zeitgleich startete die malaysische Regierung die großangelegte Bewirtschaftung und Umverteilung von Land an Smallholder im Rahmen des *Land Distribution Programme* (INTB9). Mithilfe der staatlichen Agenturen FELDA (*Federal Land Development Agency*), FELCRA (*Federal Land Consolidation and Rehabilitation Authority*) und RISDA (*Rubber Industry Smallholder Development Authority*) stellte die Regierung hunderttausende Hektar Land zur Bewirtschaftung mit Exportpflanzen an Smallholder zur Verfügung.

In den späten 1970er Jahren übernahmen im Rahmen der Nationalisierungsstrategie staatliche Plantagenunternehmen zahlreiche koloniale Unternehmen wie beispielsweise Guthrie, Sime Darby oder Harrisons & Crossfield. Ein weiterer wichtiger Schritt war 1980 die Verlegung der Warenbörse für Palmöl von London nach Kuala Lumpur und damit die Verlagerung von Preissetzung und Termingeschäften in die malaysische Hauptstadt (INTB11, Lopez/Laan 2008: 11).

Abbildung 6 zeigt die Expansion der malaysischen Palmölindustrie ab 1965. Vor allem ab den 1980er Jahren zeigten die Anstrengungen der industriellen

Landwirtschaft Wirkung, und die Produktion von Palmöl stieg bis Mitte der 2000er Jahre rasant an. Erst in den letzten Jahren wurden landwirtschaftliche Flächen in Malaysia knapper und die Expansionsraten dadurch abgebremst.

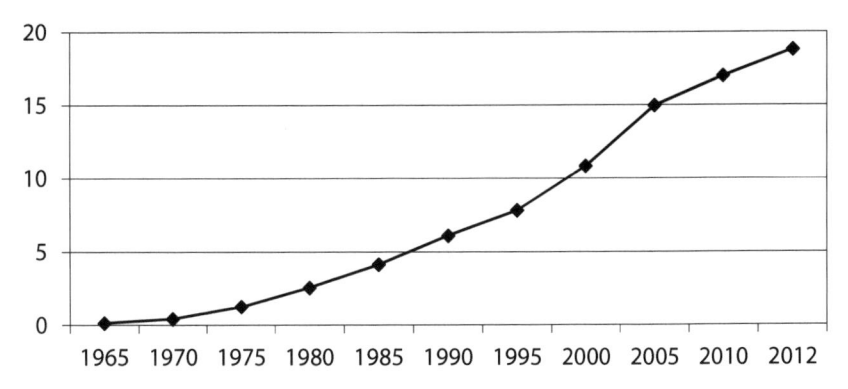

Abbildung 6: Palmölproduktion in Malaysia 1965-2012 (in Millionen Tonnen)
Quelle: FAO 2014

4.3.2. AkteurInnen, Strukturen und Kräfteverhältnisse

Wie in Indonesien ist die Palmölindustrie in Malaysia von großen privatwirtschaftlichen Unternehmen dominiert, die etwa 60 Prozent oder 2,9 Millionen Hektar der gesamten Palmölplantagen kontrollieren (MPOB 2011: 8, PEMANDU 2010: 282). Wichtigster Palmölkonzern in Malaysia ist Sime Darby, der 2007 aus einer Fusion von Golden Plantations, Kumpulan Guthrie und Sime Darby hervorgegangen ist.[11] Mit Plantagen in Malaysia, Indonesien und Liberia produziert das Unternehmen fünf Prozent des globalen Palmöls (Sime Darby Plantation 2013). Tabelle 2 (s. Folgeseite) zeigt weitere wichtige Palmölkonzerne in Malaysia wie beispielsweise IOI Corporation, Kuala Lumpur Kepong oder Genting Plantations, die alle auch Plantagenflächen in Indonesien kontrollieren. Auch der vertikal integrierte Palmölkonzern Wilmar ist in Malaysia aktiv.

Seit der Nationalisierungsstrategie der malaysischen Palmölindustrie Ende der 1970er Jahre konzentriert sich die Industrie mit Hilfe der Regierung auch auf

---

11 Die drei ehemals britischen Plantagenunternehmen wurden im Rahmen der „Nationalisierungsstrategie" der malaysischen Palmölindustrie Ende der 1970er Jahre verstaatlicht. Auch heute noch ist der malaysische Staat mit 70 Prozent der mit Abstand wichtigste Anteilseigner des fusionierten Konzerns Sime Darby (Chin 2011: 3).

Tabelle 2: Wichtige Palmölunternehmen in Malaysia

Konzern	Gelistet in	Plantagenfläche	Zusätzliche Aktivitäten
Sime Darby	Malaysia	359.534	Immobilien, Schwermaschinen, Autohandel, Energieinfrastruktur, Gesundheitsversorgung
IOI Corporation	Malaysia	150.266	Immobilien
Kuala Lumpur Kepong	Malaysia	109.348	Kautschuk, Immobilien
JC Chang Group	Malaysia	100.000	Immobilien, Versicherungen, verarbeitende Industrie
Genting Plantations	Malaysia	59.576	Immobilien, Biotechnologie
Wilmar	Singapur	59.299	Düngemittel, Handel
Kulim	Malaysia	43.890	
TH Group	Malaysia	39.372	Teak, Kautschuk, IT, Contracting, Gesundheitsversorgung
United Plantations	Malaysia	35.795	Kokusnuss, Bananen
Hap Seng Consolidated	Malaysia	25.617	Immobilien, Kreditfinanzierung, Autohandel, Düngemittel, Baumaterialien
IJM Group	Malaysia	25.441	Immobilien, Bausektor, Baumaterialien, Infrastruktur

Quelle: Die Zahlen beziehen sich auf das Jahr 2011 bzw. 2012 und wurden den Jahresberichten und Webseiten der Unternehmen entnommen.

die Weiterverarbeitung von Palmöl, wodurch riesige vertikal integrierte Palmölkonzerne entstanden und die Wertschöpfung im Land gesteigert werden konnte (Hai 2013: 28-29).

Neben privatwirtschaftlichen Konzernen spielen auch Smallholder eine bedeutende Rolle in der malaysischen Palmölindustrie. Insgesamt bewirtschaften sie 26 Prozent der Palmölplantagen und damit deutlich weniger als in Indonesien (MPOB 2011: 8). In Malaysia werden Palmölbauern und -bäuerinnen in organisierte (13 Prozent) und unabhängige Smallholder (13 Prozent) unterteilt (MPOB 2011: 8). Erstere sind den staatlichen Landumverteilungsorganisationen FELDA, FELCRA oder RISDA unterstellt. In Sarawak sind die Organisationen SALCRA (*Sarawak Land Consolidation and Rehabilitation Authority*) oder PELITA (*Land Custody and Development Authority, Sarawak*) für die Palmölbauern und -bäuerinnen verantwortlich. FELDA, FELCRA und RISDA unterstehen wiederum dem Plantagenministerium und kanalisieren die staatlichen Investitionen zur Förderung von ländlicher Entwicklung und Armutsbekämpfung. RISDA leistet in diesem Zusammenhang finanzielle Unterstützung für Kautschukbauern und

-bäuerinnen, die auf die Produktion von Palmöl umsteigen möchten (Simeh/ Ahmad 2001: 5). Im Rahmen der staatlichen Programme bieten die Landumverteilungsorganisationen armen landlosen Bevölkerungsschichten zirka vier Hektar Land pro Person/Familie an und bereiten dieses mit staatlichen Mitteln für die Palmölproduktion vor. Die Palmölbauern und -bäuerinnen bezahlen diese kreditähnlichen Investitionen über mehrere Jahre ab (INTB11) und erhalten im Gegenzug individuelle Landtitel für die von ihnen bestellten Plantagenflächen (INTB14). FELDA ist heute mit 705.575 Hektar Land einer der weltweit größten Plantagenbesitzer im Palmölbereich. Davon entfallen etwas mehr als die Hälfte auf Smallholder, der Rest wird als staatliche Plantagen geführt. Im Gesamten haben staatliche Plantagenunternehmen einen Anteil von 13 Prozent an der malaysischen Palmölindustrie (MPOB 2011: 8).

Ein zentraler Akteur für Investitionen in die malaysische Palmölindustrie ist seit Beginn der Plantagenlandwirtschaft das weltweit operierende Finanzkonglomerat HSBC mit Hauptsitz in London. Neben dem Palmölgeschäft ist die Bank auch im Forstwesen, im Bergbau sowie in der Kautschukindustrie tätig (INTB12).

Die Interessensvertretung der malaysischen Palmölindustrie ist durch drei Zusammenschlüsse geprägt. Die *Malaysian Palm Oil Association* (MPOA) ist eine staatlich geförderte Vereinigung von Plantagenunternehmen, die 1999 durch den Zusammenschluss von mehreren Organisationen der Palmöl- und anderer Plantagenindustrien gegründet wurde. Die MPOA vertritt die Interessen der Palmölindustrie auf nationaler und internationaler Ebene und bietet Service und Unterstützung für ihre Mitglieder. Plantagenunternehmen ab einer Größe von 40 Hektar können in die Organisation eintreten (MPOA 2012). Der *Malaysian Palm Oil Board* (MPOB) ist eine staatliche Organisation, die dem Plantagenministerium unterstellt ist und zu deren wesentlichen Aufgaben die Regulierung der Palmölindustrie (wie z.B. politische Rahmenbedingungen oder Lizenzierung) sowie Forschung und Entwicklung gehören. Im Jahr 2000 wurde der MPOB durch eine Fusion von PORIM (*Palm Oil Research Institute Malaysia*) und PORLA (*Palm Oil Registration & Licensing Authority*) gegründet. Die dritte Organisation, der *Malaysian Palm Oil Council* (MPOC), wurde nach negativen Palmölkampagnen in den USA in den 1980er Jahren im Jahr 1990 von der malaysischen Regierung ins Leben gerufen (Pye 2008: 437) und gilt seither als „Vermarktungsmaschinerie" der Palmölindustrie. VertreterInnen aller wichtigen staatlichen und privatwirtschaftlichen AkteurInnen sind im MPOC versammelt (MPOC 2009). Eines der zentralen Anliegen des MPOC ist ein positives Image der malaysischen Palmölindustrie, das vor allem mit Kampagnen gegen Umwelt-NGOs durch Blogs (MPOC 2009), hauseigene Zeitschriften[12] und Statistiken sowie durch Lobbyreisen auf der ganzen Welt erreicht werden soll. Die drei Organisationen sind sehr eng miteinander verflochten, das zeigt sich nicht zuletzt durch den üblichen Austausch von MitarbeiterInnen in leitenden Positionen untereinander.

4.3.3. Zur Bedeutung des Palmölsektors

Malaysia produzierte im Jahr 2012 knapp 19 Millionen Tonnen Palmöl (FAO 2014) und ist damit nach Indonesien der zweitgrößte Produzent. Die Palmölindustrie ist mit acht Prozent des Bruttonationalprodukts die viertwichtigste Branche der malaysischen Wirtschaft (PEMANDU 2010: 281) und nach elektronischen Geräten und Erdgas das drittwichtigste Exportprodukt (UN 2014). Obwohl Malaysia im Vergleich zu Indonesien eine integriertere Industrie vorweisen kann, ist auch diese hauptsächlich auf Upstream-Aktivitäten fokussiert, d.h. die Produktion und der Export von Rohstoffen stehen im Vordergrund (PEMANDU 2010: 285). Dennoch ist die Bedeutung Malaysias für die weltweite Palmölindustrie unumstritten. Die Börse in Kuala Lumpur fungiert als Preisindex für alle Geschäfte, und die Terminabschlüsse gelten als Orientierung für die globale Palmölbranche (INTA11). Malaysische Palmölkonzerne gehören zu den größten der Welt und expandieren mit globaler Ausrichtung.

Die malaysische Palmölindustrie ist noch stärker als die indonesische auf den Export ausgerichtet. 90,4 Prozent des produzierten Palmöls oder 15,9 Millionen Tonnen werden exportiert. Wichtigste Zielländer sind China (21 Prozent), Pakistan (13 Prozent), die EU (12 Prozent), Indien (7 Prozent) und die USA (6 Prozent) (MPOB 2011: 1-4). Das Exportvolumen stieg im Jahr 2010 um fünf Prozent an, hauptsächlich durch steigende Abnahmen aus Pakistan, Ägypten, den Vereinigten Arabischen Emiraten, der EU und den USA. Exporte in die EU konnten um neun Prozent gesteigert werden (MPOB 2011: 28-29).

Im Jahr 2010 waren in Malaysia 4,9 Millionen Hektar Land mit Ölpalmen bepflanzt. 2,5 Millionen Hektar davon sind auf der malaysischen Halbinsel angesiedelt (hauptsächlich in den Bundesstaaten Johor und Pahang), während auf Sabah 1,4 und auf Sarawak 0,9 Millionen Hektar entfallen (MPOB 2011: 1, 7). Im Gesamten entspricht das etwa 71 Prozent der landwirtschaftlichen

---

[12] Die beiden Zeitschriften des MPOC sind *Global Oils & Fats Business Magazine* und *Malaysian Palm Oil Fortune*.

Anbaufläche (PEMANDU 2010: 283) und 14 Prozent der gesamten Fläche Malaysias (Chin 2011: 3).

Obwohl die Regierung einräumt, dass die Expansionsmöglichkeiten im Inland beschränkt sind, wächst die Plantagenfläche weiter. Laut dem *Economic Transformation Programme* der malaysischen Regierung soll die Palmölindustrie über die nächsten zehn Jahre noch einmal um durchschnittlich sieben Prozent pro Jahr wachsen (PEMANDU 2010: 283). Die nationalen Expansionspläne konzentrieren sich vor allem auf die beiden ostmalaysischen Provinzen Sarawak und Sabah. Im Jahr 2010 wurden die Palmölplantagen in Sarawak um 9,5 Prozent und in Sabah um 3,5 Prozent ausgeweitet (MPOB 2011: 1). In Sarawak sieht die Regierung das größte Potenzial, von 1,3 Millionen Hektar zusätzlichem Flächenpotenzial entfallen allein 1 Million Hektar auf Sarawak (INTB14, PEMANDU 2010: 283). Neben Expansionsplänen im östlichen Malaysia will die Regierung das Wachstum der Palmölindustrie vor allem durch eine Steigerung der Produktivität (höhere Ölextraktionsrate) und den Ausbau von weiterverarbeitenden Industrien (Nahrungsmittelproduktion, Biodiesel, Agrartreibstoffe der zweiten Generation, oleochemische Produkte) sowie durch internationale Expansion erreichen (PEMANDU 2010: 283). Obwohl Indonesien „the natural choice for the expansion of Malaysian plantations" (PEMANDU 2010: 283) bleibt, wird auch die Ausdehnung nach Afrika, Südamerika und in andere Teile Asiens unterstützt. Im Jahr 2009 etwa unterzeichnete Sime Darby mit der liberischen Regierung einen Vertrag über eine Palmölkonzession von 220.000 Hektar für 63 Jahre (Sime Darby Plantation 2013).

4.4. Das Palmölprojekt im Rahmen eines regionalen Akkumulationsregimes

Zusammenfassend lässt sich anhand der aufgezeigten Entwicklungen argumentieren, dass die Palmölindustrie in Malaysia und Indonesien seit Ende der 1990er Jahre zunehmend von einem regionalen Akkumulationsregime geprägt ist. Das bedeutet, dass die Orientierung auf den Export und den Weltmarkt zwar nicht an Bedeutung verloren hat, sondern in dieser Zeit sogar intensiviert wurde, dass diese Entwicklung allerdings zunehmend von nationalen und regionalen Konglomeraten kontrolliert wird, die die Produktion und erste Schritte der Weiterverarbeitung übernehmen.

Eine solche Entwicklung kann insbesondere für die malaysische Palmölindustrie konstatiert werden. Die historische Analyse zeigt bis in die 1970er Jahre eine deutliche Dominanz von ausländischen Plantagenunternehmen, vor allem solche der ehemaligen britischen Kolonialmacht. In den späten 1970er Jahren nationalisierte die Regierung den Großteil dieser Palmölunternehmen und baute gleichzeitig neue malaysische Plantagenunternehmen auf. Nach einer Konsolidierungsphase ist seit Mitte der 1990er Jahre eine stärker regionale Ausrichtung zu beobachten. Malaysische Unternehmen expandieren nach Indonesien (und in andere periphere Staaten) und konzentrieren sich gleichzeitig auf Downstream-Aktivitäten in Europa, den USA und dem Rest Asiens (Hai 2013: 22-33). Während die Nationalisierungsstrategie stark von staatlichen Investitionen getragen wurde, wird die derzeitige Expansion durch privatwirtschaftliche Unternehmen vorangetrieben, wenngleich der Staat weiterhin hohe Anteile an großen Palmölkonzernen hält. Exemplarisch dafür steht die Fusion der staatlichen Palmölunternehmen Sime Darby, Golden Hope und Guthrie zum privatwirtschaftlichen Palmölriesen Sime Darby im Jahr 2007.

Mit Blick auf Indonesien zeigt sich, dass dieses regionale Akkumulationsregime ungleich ausgerichtet ist, auch wenn große indonesische Palmölkonzerne von dieser Strategie profitieren. In Indonesien wurden die Palmölplantagen direkt nach der Unabhängigkeit durch den linksgerichteten Präsidenten Sukarno nationalisiert, im Zuge der Machtübernahme Suhartos allerdings an regierungsnahe privatwirtschaftliche Unternehmen – vielfach mit Verbindungen zur Holzindustrie – übergeben. Auch das Militär entwickelte sich in dieser Zeit zu einem entscheidenden Machtfaktor in der Palmölindustrie. Nach der Asienkrise liberalisierte die Regierung die Landwirtschaft und drängte den Einfluss des Militärs zurück, was insbesondere malaysische Plantagenunternehmen optimal nutzen konnten. Diese Liberalisierung führte auch in Indonesien zu einer zusätzlichen Konzentration von Plantagenflächen bei großen privatwirtschaftlichen Konzernen. Der Anteil von unabhängigen Smallholdern in der Palmölproduktion ist relativ gering, wobei die Einbindung dieser im Rahmen von Vertragslandwirtschaftsprogrammen entscheidend ist. Dieser Fokus ist in Indonesien wichtiger als in Malaysia, weil das Land noch viel stärker agrarisch geprägt ist. Die propagierten Programme zur Integration von Kleinbauern und -bäuerinnen führen in diesem Zusammenhang zu einem Abhängigkeitsverhältnis der Smallholder von den jeweiligen Kernplantagen, die Preise, Kredite, Saatgut und andere Produktionsmittel kontrollieren und die Integration von Smallholdern hauptsächlich als Möglichkeit zur Expansion und Konzentration von Plantagenflächen sehen.

Das Palmölprojekt wird demnach von großen, meist nationalen oder regionalen Konglomeraten kontrolliert. Diese Unternehmen sind einerseits vertikal integriert und investieren andererseits horizontal in Branchen wie Bergbau, Finanzdienstleistungen, Holz, Immobilien, Kautschuk, Papierindustrie oder andere industrielle Güter. In Bezug auf die vertikale Integration konzentrieren sich viele der indonesischen Unternehmen auf den Plantagensektor, während malaysische und singapurische Unternehmen zusätzlich die Weiterverarbeitung von Palmöl zu Nahrungsmitteln, Kosmetika und Biodiesel kontrollieren (Jiwan 2013: 54). Gleichzeitig sind sie zunehmend auch im Handel aktiv. Singapur etablierte sich im letzten Jahrzehnt als regionales Finanzzentrum für die Expansion der Palmölindustrie und übernimmt damit Funktionen, die früher alleine europäischen und US-amerikanischen Unternehmen vorbehalten waren. Einige der größten Palmölkonzerne (z.B. Wilmar oder First Resources) sind in Singapur angesiedelt, und der Stadtstaat spielt außerdem eine wichtige Rolle in der Biodieselproduktion (siehe Abschnitt 5.3).

Charakteristisch für das regionale Akkumulationsregime ist die Exportorientierung, die aufgrund der steigenden Weltmarktpreise für Palmöl weiter an Attraktivität gewinnt. In diesem Zusammenhang ist zwar der Export in die EU und USA weiterhin entscheidend, nehmen allerdings auch andere, insbesondere bevölkerungsreiche Staaten in Asien wie Indien, China oder Pakistan eine wichtige Position ein. Die Förderung von palmölbasierten Agrartreibstoffen in Südostasien baut auf diesem Akkumulationsregime und den damit in Verbindung stehenden gesellschaftlichen Naturverhältnissen auf. Diese Entwicklung wird im folgenden Kapitel nachgezeichnet.

5. Die Förderung von Agrartreibstoffen im Rahmen des Palmölprojekts

In diesem Kapitel wird die Entwicklung des Agrartreibstoffsektors in Südostasien nachgezeichnet. Es wird gefragt, wie sich dieser entwickelte, wie dessen Förderung institutionell abgesichert wird, und welche gesellschaftlichen Kräfte in Indonesien, Malaysia und Singapur ihre Interessen – aufbauend auf dem regionalen Akkumulationsregime der Palmölindustrie – durchsetzen können.

Palmöl stellt den wichtigsten Rohstoff für die kommerzielle Agrartreibstoffproduktion in Südostasien dar. Obwohl es in einigen Ländern Pläne und Testanlagen für Biodiesel aus Jatropha gibt (hauptsächlich in Indonesien, Kambodscha, Laos und Myanmar) (Schott 2009) und sich die Philippinen auf die Produktion von Biodiesel aus Kokosnussöl konzentrieren (Dermawan et al. 2012: 6), fokussieren insbesondere die exportorientierten Strategien auf Palmöl. Aufgrund der dominanten Stellung von Indonesien und Malaysia in der globalen Palmölproduktion wird die Konstitution der Agrartreibstoffpolitik in dieser Region hervorgehoben und zudem die Rolle Singapurs als Finanz- und Handelszentrum in diesem Kapitel nachgezeichnet.

Neben den drei südostasiatischen Ländern ist auch Thailand in der palmölbasierten Biodieselproduktion aktiv. Die Einführung von B5 im Jahr 2011 wurde von der Regierung stark gefördert und soll im Rahmen des *Alternative Energy Development Plan (2012-2021)* auf B7 im Jahr 2014 und B10 im Jahr 2019 ausgeweitet werden (Ng 2013).[1] Im Gegensatz zu Malaysia, Indonesien und Singapur ist allerdings weder die Palmöl- noch die Biodieselproduktion in Thailand auf den Export ausgerichtet, sondern sollen die nationalen Bedürfnisse im Bereich des Nahrungsmittel- und Energiekonsums gedeckt werden (INTB2).[2] Ähnlich

---

1 Die Begriffe B5, B7 und B10 beziehen sich auf eine Mischung von Diesel und Biodiesel, die an der Zapfsäule getankt werden kann. B5 enthält fünf Prozent Biodiesel, B7 sieben Prozent und B10 dementsprechend zehn Prozent.
2 Anders stellt sich die Situation für die thailändische Bioethanolproduktion dar, die auf den Export ausgerichtet ist und derzeit über die größten Kapazitäten in Südostasien verfügt (Dermawan et al. 2012: 8).

wie in Thailand ist auch die Biodieselproduktion auf den Philippinen auf den nationalen Markt ausgerichtet (Dermawan et al. 2012: 6, 8).

5.1. Zur Entwicklung des Agrartreibstoffsektors in Indonesien

Als weltweit größter Produzent von Palmöl war die Euphorie für die Entwicklung einer Agrartreibstoffindustrie in Indonesien ab Mitte der 2000er Jahre groß. Die folgende Analyse zeigt, dass die Erwartungen bisher nur selektiv erfüllt werden und in Verbindung mit dem Palmölprojekt nur bestimmte gesellschaftliche und politische Kräfte profitieren konnten.

5.1.1. Die Anfänge der indonesischen Agrartreibstoffindustrie

Die Anfänge der indonesischen Agrartreibstoffproduktion reichen bis in die 1980er Jahre zurück, auch wenn die tatsächliche Entwicklung eines solchen Sektors inklusive kommerzieller Kapazitäten und politischer Regulierung erst seit 2005 – in Zusammenhang mit dem internationalen Trend – beobachtet werden kann (Ariani/Yuliar 2011: 68, INTA10).[3] Vor allem der Zeitraum zwischen 2005 und Anfang 2007 war von hohen Investitionen bzw. Investitionszusagen und euphorischen Reaktionen geprägt (INTA10). Entscheidend dafür waren einerseits die starken Signale auf internationaler Ebene, vor allem durch die Beimischungsziele in der EU ab 2003, die auf zusätzliche Exportchancen und Einnahmen für die PalmölproduzentInnen in Indonesien hoffen ließen. Der Preis für Rohpalmöl war zu dieser Zeit niedrig und die Weiterverarbeitung zu Biodiesel wurde als lohnendes Geschäft angesehen. Andererseits trug die zunehmende Energieabhängigkeit Indonesiens zu der Förderung von Agrartreibstoffen als Energiediversifizierungsstrategie bei. Das bevölkerungsreiche Land konnte lange Zeit auf große Erdölvorkommen zurückgreifen und war bis 2008 einziges südostasiatisches Mitglied der OPEC. Im Laufe der 2000er Jahre überstieg die Nachfrage nach Erdöl aufgrund erschöpfender Reserven und hohem Bevölkerungswachstum die Produktion und Indonesien wurde zum Nettoimporteur (Pichler 2010: 181). Diese Entwicklung hatte in Kombination mit einem starken Anstieg des Erdölpreises ernsthafte Auswirkungen auf den Staatshaushalt, nicht zuletzt weil Benzin und Diesel hoch subventioniert wurden. Im März 2005

---

3 Ab den frühen 1980er Jahren beschäftigten sich WissenschafterInnen der indonesischen Forschungseinrichtungen BPPT und ITB mit der Nutzung von Agrartreibstoffen (Ariani/Yuliar 2011: 70-72), jedoch ohne kommerzielle Absichten.

senkte die Regierung unter Susilo Bambang Yudhoyono die Subventionen für Treibstoff drastisch. Innerhalb nur weniger Monate stieg der Preis für Treibstoff um mehr als 100 Prozent (Ariani/Yuliar 2011: 70). Der Regierung erschien die Produktion von palmbasiertem Biodiesel als einfache und schnelle Lösung, um einerseits die Energieversorgungsproblematik zu entspannen, andererseits aber auch die hohe Arbeitslosigkeit zu senken sowie die Exporte nach Europa und in die USA weiter anzukurbeln.

Entsprechend der hohen Erwartungen waren die Ankündigungen für Investitionen in den Plantagensektor und den Bau von Biodieselanlagen euphorisch. Im Jahr 2005 unterstützte die Regierung einen Plan, 1 Million Hektar Land in Kalimantan und 1,5 Millionen Hektar in Papua (inklusive einer Freihandelszone) für die Produktion von Palmöl und die Weiterverarbeitung zu Agrartreibstoffen zur Verfügung zu stellen (INTA4). In einem bilateralen Meeting sprachen Indonesien und Malaysia 2006 von 40 Prozent des produzierten Palmöls, das für Agrartreibstoffe verwendet werden könnte (INTA16). Gleichzeitig war ein hohes Engagement von Unternehmen zu beobachten, die in die indonesische Agrartreibstoffindustrie investieren wollten. Viele sogenannte Start-up-Unternehmen ohne eigene Palmölplantagen, die durch den internationalen Boom auf schnelles Geld in der Agrartreibstoffindustrie hofften, investierten in dieser Zeit in Biodieselanlagen in Indonesien (INTA10). Im Jänner 2007 waren bereits 60 Zusagen für Agrartreibstoffprojekte im Wert von USD 12,4 Milliarden unterzeichnet. Zudem erklärten zahlreiche nationale Banken sowie ausländische Finanzinstitutionen – beispielsweise die *Japanese Bank for International Cooperation* (JBIC) oder die französische Entwicklungsbank – Agrartreibstoffprojekte von der Plantage bis zur Anlage zu finanzieren (Focus Reports 2009).

5.1.2. Dominante AkteurInnen und die Absicherung der Agrartreibstoffindustrie

Analog zu den hohen Erwartungen an den Agrartreibstoffsektor forderte der indonesische Präsident in einer Anweisung 2006 die einzelnen Ministerien auf, die Produktion und Verwendung von Agrartreibstoffen als alternative Energiequelle zu fördern (IP 1/2006) und setzte ein nationales Team für die Entwicklung von pflanzlichen Treibstoffen (*Tim Nasional untuk pengembangan Bahan Bakar Nabati*, TimNas BBN) – bestehend aus 45 Mitgliedern aus Regierung, Privatwirtschaft, Universitäten, Forschungsinstitutionen und anderen ExpertInnen – ein (KP 10/2006). Zentrale Aufgabe des Teams war die Ausarbeitung eines konkreten Plans für die Agrartreibstoffentwicklung sowie von diesbezüglichen Politikempfehlungen. Neben dem Energieministerium (zuständig für konkrete Politikempfehlungen) waren unter anderem das Forstministerium (Landplanung), das Finanzministerium (Finanzierung) sowie das staatliche Erdölunternehmen Pertamina (Marketing) involviert (Focus Reports 2009).

In Zusammenhang damit unterzeichnete Yudhoyono im Jahr 2006 eine Verordnung über die nationale Energiepolitik, in der die mittelfristigen Energieziele Indonesiens abgesteckt wurden. Bis 2025 soll der nationale Energiemix aus 33 Prozent Kohle, 30 Prozent Erdgas, 20 Prozent Erdöl sowie 17 Prozent erneuerbaren Energien zusammengesetzt sein. Fünf Prozent dieser erneuerbaren Energien sollen durch Agrartreibstoffe bereitgestellt werden, der Rest durch geothermische Energie, Wasser-, Solar- und Windenergie (§ 2 PP 5/2006).[4] Der beschlossene Energiemix soll durch Unterstützung und Anreize der Regierung bzw. der jeweiligen Ministerien erreicht werden, und das TimNas BBN wurde beauftragt entsprechende Vorschläge einzubringen. Als hauptverantwortliches Ministerium für weitere planerische Maßnahmen wurde das Energieministerium bestimmt (§ 3u4 PP 5/2006), das damit zum wichtigsten staatlichen Akteur in der Agrartreibstoffstrategie aufstieg.[5]

Im Jahr 2008 verabschiedete das Energieministerium eine Regulation zur verpflichtenden Beimischung von Agrartreibstoffen bis 2025 (Permen ESDM 32/2008). Von 2009 bis 2025 soll eine schrittweise Anhebung von 1 Prozent auf 20 Prozent für Biodiesel und 15 Prozent für Bioethanol erreicht werden.[6] Das TimNas BBN errechnete, dass die für diese Beimischungsziele notwendige Produktion von Palmöl, Jatropha und Zuckerrohr in etwa 5,3 Millionen Hektar Land im Jahr 2010 und 10,3 Millionen Hektar im Jahr 2015 beanspruchen wird. Dafür wurden gemeinsam mit dem Landwirtschaftsministerium, der nationalen Landbehörde BPN und dem Forstministerium Daten synchronisiert und die Produktion dieser Rohstoffe auf sogenannten degradierten Waldflächen vor-

---

4 Neben dem Ausbau von erneuerbaren Energien ist wichtig anzumerken, dass auch der Anteil an Kohle von 33 Prozent am nationalen Energiemix eine deutliche Steigerung bis 2025 und damit hohe Investitionen in den Kohlebergbau bedeutet. Dieser ist neben der Plantagenwirtschaft eine zentrale Ursache für Konflikte, vor allem in Kalimantan, Sulawesi und Papua.

5 Konkret ist das *Directorate for Bioenergy*, das dem *Directorate General for New and Renewable Energy* untersteht, für die Entwicklung und Umsetzung der Agrartreibstoffpolitik zuständig.

6 Die Beimischungspflicht von Agrartreibstoffen gilt neben dem Verkehrssektor auch für die Industrie, im Fall von Biodiesel außerdem für Kraftwerke.

geschlagen (Caroko et al. 2011: 4). Die tatsächliche Verfügbarkeit des Landes, vor allem in Bezug auf lokale Besitzansprüche von indigenen Gruppen, wurde nicht berücksichtigt, da es sich hauptsächlich um staatliche Waldflächen handelt (siehe Abschnitt 6.1).

Neben den genannten Ministerien ist auch die Rolle von Pertamina, dem nationalen Erdölunternehmen, für die Agrartreibstoffstrategie in Indonesien zentral. Trotz einiger privatwirtschaftlicher Anbieter kontrolliert Pertamina noch immer etwa 96 Prozent des indonesischen Treibstoffmarktes und ist damit der zentrale Ansprechpartner für die Distribution und den Vertrieb von Biodiesel (INTA6, INTA7). Pertamina startete mit der Beimischung von Agrartreibstoffen auf Basis der Beimischungspflicht im November 2008 und konzentrierte sich dabei auf dicht besiedelte Gebiete in Java und Sumatra, wo gleichzeitig auch der Großteil der Biodieselanlagen angesiedelt ist.

Im Jahr 2010 verfügte Indonesien je nach Quelle über eine Biodieselkapazität von 3,4 bzw. 4,6 Millionen Tonnen. Diese Kapazität verteilt sich auf 21 Biodieselanlagen, hauptsächlich auf den Inseln Sumatra und Java (IPOB 2010: 129, Kementerian Pertanian o.J.).

Tabelle 3 zeigt die wichtigsten AkteurInnen in der indonesischen Biodieselindustrie. Eindeutig größter Investor ist mit sieben Anlagen und einer Kapazität von etwa 2 Millionen Tonnen (inklusive einer Anlage in Malaysia) das singapurische Unternehmen Wilmar, das gleichzeitig auch einer der bedeutendsten Palmölproduzenten im Land ist. Auch andere wichtige Biodieselproduzenten sind zentrale Größen in der Palmölindustrie: So besitzt etwa Musim Mas Biodieselkapazitäten über 420.000 Tonnen, Raja Garuda Mas und Sinar Mas jeweils über 400.000 Tonnen. Über weitere nennenswerte Kapazitäten verfügen das Oleochemieunternehmen Eterindo sowie die vertikal integrierten Palmölkonzerne First Resources, Permata Hijau Group und Darmex Agro. Wichtigster Dachverband für die Interessen der Agrartreibstoffindustrie ist die indonesische Gesellschaft der Biotreibstoffproduzenten APROBI (*Asosiasi Produsen Biofuels Indonesia*).

Trotz der hohen und stetig steigenden Kapazitäten für die Biodieselproduktion zeigt sich, dass diese nicht immer voll genutzt werden bzw. dass einige zentrale Faktoren die tatsächliche Produktion von Biodiesel beeinflussen. Zum einen ist der *Preis* für Palmöl als wichtigstem Rohstoff für die südostasiatische Biodieselproduktion in Kombination mit dem Erdölpreis ein entscheidender Faktor. In den Jahren nach der anfänglichen Agrartreibstoffeuphorie kam es zu starken Preissteigerungen für Palmöl. Zwischen 2005 und 2010 stieg der Preis für Rohpalmöl pro Tonne von IDR 3.699.588 auf IDR 7.897.586 um mehr als

Tabelle 3: Wichtige Biodieselunternehmen in Indonesien

Unternehmen	Kapazität (in Tonnen)	Standort	Zusätzliche Aktivitäten und Verflechtungen
Wilmar Bio Energi Indonesia	1.050.000	Sumatra	Tochter von *Wilmar* (Singapur), vertikal integriertes Palmölunternehmen, Handel mit Palmöl
PT Musim Mas	420.000	Sumatra	vertikal integriertes Palmölunternehmen
PT Cemerlang Energi Perkasa	400.000	Sumatra	Tochter von *Asian Agri/Raja Garuda Mas* (vertikal integriertes Palmölunternehmen, auch in anderen landwirtschaftlichen Bereichen aktiv)
PT Nabati Energi Mas	400.000	Sumatra	Tochter von *Sinar Mas*, die wiederum zu *Golden Agri Resources* (Singapur) gehört, beide vertikal integrierte Palmölunternehmen
PT Eterindo Wahanatama	276.000	Java	spezialisiert auf chemische Produkte (Weichmacher), eigene Palmölplantagen
PT Ciliandra	250.000	Sumatra	Tochter von *First Resources Limited* (Singapur), vertikal integriertes Palmölunternehmen
PT Pelita Agung Agrindustri	200.000	Sumatra	Tochter von *Permata Hijau Group* (spezialisiert auf Verarbeitung von und Handel mit Palmöl)
PT Petro Andalan Nusantara	150.000	Sumatra	Tochter von *Wilmar* (Singapur)
PT Darmex Biofuels	150.000	Java	Tochter von *Darmex Agro* (vertikal integriertes Palmölunternehmen)
PT Damai Sejahtera Sentosa Cooking	120.000	Java	
Bakrie Rekin Bio Energy	100.000	Sumatra	Tochter (70 %) von *Bakrie* (vertikal integriertes Palmölunternehmen) spezialisiert auf Oleochemie (China)
PT Sumi Asih	100.000	Java	
PT Bioenergy Pratama Jaya	66.000	Kalimantan	
PT Indo Biofuels Energy	60.000	Java	
PT Sinar Alam Permai	41.400	Kalimantan	Tochter von *Wilmar* (Singapur)
PT Sintong Abadi	35.000	Sumatra	
PT Primanusa Palma Energi	24.000	Java	
PT Multikimia Intipelangi	14.000	Java	Textilunternehmen
PT Wahana Abdi Tirta Tehnika	13.200	Java	
PT Alia Mada Perkasa	11.000	Java	
PT Energi Alternatif	7.000	Java	Tochter der *Suar Group* (vertikal integriertes Unternehmen)

Quellen: Kementerian Pertanian o.J., Ministry of Industry Republic of Indonesia 2011, Jahresberichte der Unternehmen.

die Hälfte an (IPOB 2010: 29).[7] Diese Entwicklung machte die Weiterverarbeitung von Rohpalmöl zu Biodiesel ökonomisch wenig rentabel und förderte im Gegenteil den Export von unverarbeitetem Palmöl. Gleichzeitig subventionierte die Regierung fossile Treibstoffe weiterhin hoch. Obwohl diese Subventionen seit einigen Jahren kontinuierlich gekürzt werden, bleibt der Treibstoffpreis ein Politikum: „The fuel price is very sensitive in Indonesia as you have seen in the past, so the president at the moment just doesn't want to play around with the fuel policies" (INTB2). Laut Landwirtschaftsministerium belaufen sich die staatlichen Zuschüsse für Benzin und Diesel noch immer auf mehr als 60 Prozent des Treibstoffpreises (INTB24), wodurch die Produktion von palmölbasiertem Treibstoff für den nationalen Markt trotz Subventionen über weite Strecken hinweg wenig rentabel war (INTB24, INTB25).[8] Aufgrund dieser Rahmenbedingungen im Inland ist für viele Unternehmen die Produktion von Agrartreibstoffen für den Export nach Europa und in die USA entscheidend. Durch die allgemeinen Preissteigerungen bei Pflanzenölen in den letzten Jahren ist Palmöl im Vergleich zu Sojaöl (dem Hauptrohstoff zur Herstellung von Biodiesel in den USA und in Lateinamerika) und Rapsöl (dem wichtigsten Rohstoff in der EU) noch immer der billigste Rohstoff zur Produktion von Biodiesel. Die staatlich geförderte Beimischungspflicht in der EU bietet zusätzliche Anreize. Vor allem große Biodieselunternehmen, die sich den hohen finanziellen und bürokratischen Aufwand durch die verpflichtende Zertifizierung von Agrartreibstoffen in der EU leisten können, produzieren Biodiesel beinahe ausschließlich für den Export (INTB2, INTB29) (siehe Abschnitt 7.2).

Als weiterer wichtiger Faktor muss die *vertikale Integration* von Biodieselunternehmen angesehen werden. Das bedeutet, dass hauptsächlich Konglomerate, die sowohl eigene Palmölplantagen und Ölmühlen als auch Biodieselanlagen besitzen, sich bisher erfolgreich in der Biodieselproduktion etablieren konnten. Unternehmen, die über keine eigenen Rohstoffe verfügen, konnten sich nach den Preissteigerungen bei Palmöl nur schwer behaupten, viele der Start-

---

7 Der Zusammenhang zwischen den starken Preissteigerungen bei Nahrungsmitteln und der vermehrten Produktion von Agrartreibstoffen ab 2002 ist umstritten. Während einige Interessensvertretungen den direkten Zusammenhang bestreiten (siehe z.B. Österreichischer Biomasse-Verband 2012), verweisen andere Untersuchungen auf den wesentlichen Beitrag von Agrartreibstoffen auf die Preissteigerungen (siehe z.B. Mitchell 2008).

8 Die Subventionen für Biodiesel wurden seit 2009 kontinuierlich erhöht, von IDR 1.000 pro Liter im Jahr 2009, IDR 2.000 im Jahr 2010, IDR 2.500 im Jahr 2011 auf IDR 2.500-3.000 im Jahr 2012 (Dermawan et al. 2012: 5).

up-Unternehmen der ersten Agrartreibstoffeuphorie 2005 bis 2007 bekamen diese fehlende Integration zu spüren. Eine Beraterin für InvestorInnen in der Biodieselindustrie erklärt dazu: „The majority of the investors that actually came in during that wave of biodiesel investments were just entrepreneurs and start-up companies that probably saw that it's a quick way to get quick money, not realizing the importance of being back integrated towards feedstock" (INTA10). Und ein Biodieselinvestor stellt fest:

> People rushed in and started to build huge biodiesel processing plants but they forgot that Indonesia is an archipelago of over 7000 islands, there is a huge logistics problem and they are building plants here but no one thought of how they are going to get the feedstock to the plant and I think some of them have never been opened. (INTB22)

Diese Bedeutung der Rohstoffkontrolle lässt sich durch einen Blick auf die großen Biodieselproduzenten in Indonesien verifizieren. Wilmar, Musim Mas, Asian Agri, Sinar Mas oder First Resources Limited, sie alle sind Giganten der Palmölindustrie und haben ihr Betätigungsfeld um einen weiteren Verarbeitungsbereich erweitert. Bei günstiger Preislage können sie Biodiesel für den indonesischen Markt produzieren, ansonsten können sie ihre Exporte nach Europa und in die USA umleiten und je nach Bedarf Nahrungsmittel oder Energieträger liefern.

5.1.3. Von Diversifizierungsambitionen zur Förderung der Palmölindustrie

Die bisherige Analyse der indonesischen Agrartreibstoffindustrie zeigt deutlich eine Verschiebung der gesellschaftlichen Kräfteverhältnisse. Die Agrartreibstoffpolitik war zu Beginn sehr breit angelegt und von einem internationalen Trend einerseits und der Notwendigkeit zur Energiediversifizierung im Inland andererseits angetrieben. Neben Palmöl sollten auch Jatropha (Biodiesel) sowie Zuckerrohr und Maniok/Cassava (Bioethanol) als wichtige Rohstoffe produziert und durch sogenannte *Energy Self Sufficient Villages* in dezentrale Energiestrategien investiert werden. Nach der ersten Euphorie zeigte sich allerdings, dass die Rohstoffpreise auf den zunehmenden Druck auf die weltweiten Landflächen – nicht zuletzt durch die Produktion von Agrartreibstoffen – mit starken Steigerungen reagierten und Palmöl als billigster Rohstoff für die Herstellung von Biodiesel zunehmend teurer wurde. Trotzdem blieb das Pflanzenöl aufgrund der großflächigen Plantagenindustrie und der ausgebauten Infrastruktur der einzig wichtige Rohstoff für die Produktion von Agrartreibstoffen; seit 2010 wurde kein Treibstoff aus Zuckerrohr oder Cassava produziert (Dermawan et al. 2012: 7-8) und auch die Pflanzung von Jatropha für die Biodieselproduktion blieb weit hinter den Erwartungen zurück (INTB22). Von den Preissteigerungen profitierten vor allem etablierte Palmölunternehmen, die einerseits über eigene Plantagen verfügen und andererseits jahrelange Erfahrungen im Handel mit und Verbindungen nach Europa und in die USA haben. Sie stiegen in den letzten Jahren zu den zentralen AkteurInnen der indonesischen Agrartreibstoffindustrie auf. Die angekündigten Investitionen in ländliche Entwicklung und Armutsbekämpfung beschränken sich auf großflächige Plantagenprojekte, die Konflikte um Land und gerechte Ressourcenverteilung anheizen und mit Negativschlagzeilen rund um die Abholzung von Regenwald und den Verlust von Biodiversität aufhorchen lassen.

5.2. Zur Entwicklung des Agrartreibstoffsektors in Malaysia

Anders als in Indonesien konzentriert sich die malaysische Agrartreibstoffpolitik seit Beginn exklusiv auf die Förderung von palmbasiertem Biodiesel und versucht dadurch die strategische Rolle der Palmölindustrie weiter zu fördern. Auch wenn die Produktion bisher hinter den Erwartungen zurückblieb, wird durch die fallenden Palmölpreise seit Ende 2012 mit einer Ankurbelung der Produktion gerechnet.

5.2.1. Die Anfänge der malaysischen Agrartreibstoffindustrie

Auch in Malaysia gehen die Anfänge der Agrartreibstoffindustrie bis in die 1980er Jahre zurück. Ab 1982 wurden unter der Leitung des MPOB Forschungen zu Biodiesel aus Palmöl finanziert und Testanlagen gebaut (MPOB 2009: 4). Seit Beginn konzentriert sich die Branche exklusiv auf die Produktion von palmbasiertem Treibstoff und spiegelt die Spezialisierung der malaysischen Landwirtschaft auf diesen Rohstoff wider. Nach zahlreichen Pilotprojekten, Tests und Patentierungen eröffnete das vertikal integrierte Palmölunternehmen Carotino (Tochter der JC Chang Group) gemeinsam mit dem MPOB im Jahr 2006 die erste kommerzielle Biodieselanlage mit einer Kapazität von 60.000 Tonnen (MPOB 2009: 4-8).

Anders als in Indonesien spielte die Energieknappheit bzw. -diversifizierung keine vordergründige Rolle für die malaysische Biodieselpolitik. Der 28 Millionen EinwohnerInnen zählende Staat ist noch immer Nettoexporteur von Erdöl, auch wenn das Land aufgrund seiner geringen Exportmengen nie OPEC-Mitglied war und die nationalen Reserven in den nächsten Jahrzehnten zu Ende gehen werden. Laut dem staatlichen Erdölunternehmen Petronas werden die Vorkommen bei gleichbleibenden Extraktionsraten und ohne den Fund neuer Ölfelder noch 20

Jahre reichen (Lopez/Laan 2008: 21). Dennoch kann die Energiesituation, auch aufgrund der geringen Bevölkerungszahl Malaysias, nicht annähernd mit jener Indonesiens verglichen werden. Mit der Forschung rund um die Produktion von Biodiesel wurde weniger eine Diversifizierung des Energiemixes, sondern vielmehr eine Diversifizierung der Weiterverarbeitungsmöglichkeiten von Palmöl angestrebt. Führende Palmölunternehmen des Landes sollen in enger Kooperation mit und Unterstützung durch den Staat die vertikale Integration ihrer Produktion vorantreiben und die Wertschöpfung im Land erhöhen (PEMANDU 2010: 283). Zudem soll die nationale Förderung von Biodiesel zur Preisstabilität von Palmöl beitragen (INTB7, INTB10), indem der Preis für das Pflanzenöl als einem der wichtigsten Exportgüter Malaysias durch die zusätzliche Nachfrage hochgehalten wird:

> So that is the model we are looking at from the economic front. The government should encourage, take away 500.000 [tonnes of palm oil] from the stock levels by consuming it ourselves, encourage the biodiesel industry in this country, give some incentives [...]. By doing that you are creating a higher value for the palm oil and as a result you collect a higher revenue in terms of tax, part of that can go to subsidize biodiesel within the country. That's the equation. (INTB10)

Gleichzeitig setzt auch Malaysia auf den Export von Biodiesel und ließ mit ambitionierten Plänen aufhorchen, wonach das Land gemeinsam mit Indonesien 6 Millionen Tonnen Palmöl zur Herstellung von Biodiesel zur Verfügung stellen möchte (MPOB 2009: 16).

5.2.2. Dominante AkteurInnen und die Absicherung der Agrartreibstoffindustrie

Mitte der 2000er Jahre wurde im Einklang mit dem internationalen Trend auch in Malaysia über eine Beimischungspflicht für Agrartreibstoffe verhandelt. Anders als in Indonesien und anderen südostasiatischen Ländern beschränkt sich diese Beimischung allerdings exklusiv auf palmbasierten Biodiesel. Bioethanol oder andere Pflanzenöle zur Herstellung von Biodiesel spielen keine Rolle. Im März 2006 unterzeichnete der Premierminister die *National Biofuel Policy* mit fünf strategischen Zielen für die Biodieselpolitik (MPIC 2006, MPOB 2009: 7):

- Biofuel for Transport: Im Verkehrsbereich sollen fünf Prozent raffiniertes Palmöl dem verwendeten Diesel beigemischt werden (B5) und dieser Treibstoff im ganzen Land zugänglich gemacht werden.
- Biofuel for Industry: Auch im Industriesektor soll B5, beispielsweise zur Stromerzeugung, eingesetzt werden.

- Biofuel Technologies: Forschung und Entwicklung für palmölbasierten Biodiesel sollen weiter gefördert werden.
- Biofuel for Export: Im Einklang mit dem international steigenden Bedarf an Agrartreibstoffen ist der Export von Biodiesel ein wesentliches Ziel.
- Biofuel for Cleaner Environment: Durch die Verwendung von Biodiesel sollen die Umwelt geschont und CO_2-Emissionen minimiert werden.

Ein Jahr später wurde die Biodieselindustrie mit dem *Malaysian Biofuel Industry Act 2007* reguliert. Im Gesetz wurde eine verpflichtende Beimischung von palmbasiertem Biodiesel beschlossen und die Zuständigkeit für die Lizenzierung von Biodieselanlagen und die konkrete Beimischungsmenge sowie der Beginn der Beimischung an das Plantagenministerium übertragen (MBIA 2007). Aufgrund von hohen Palmölpreisen, hohen Subventionen für Diesel und wenig Unterstützung für die Produktion von Biodiesel wurde die Einführung von B5 allerdings aufgeschoben.[9]

Nach zahlreichen Verzögerungen beschloss das Plantagenministerium im Juni 2011 die Implementierung der Beimischungspflicht, die im November desselben Jahres in Kraft trat. Diese wurde zunächst auf die Bundesstaaten Selangor, Malacca, Negeri Sembilan, Kuala Lumpur und Putrajaya beschränkt (MBIR 2011), sollte aber bis Anfang 2013 auf die gesamte Nation ausgedehnt werden. In Kuala Lumpur und Umgebung wurden 2011 rund 150.000 Tonnen Biodiesel abgesetzt (INTB10), für eine flächendeckende Einführung von B5 benötigt die Biodieselindustrie bei einem Verbrauch von etwa 10 Millionen Tonnen Diesel pro Jahr (für den Verkehr, für Fischerboote und für die Stromerzeugung, letzteres vor allem in Sabah und Sarawak) etwa 500.000 Tonnen Palmöl (Borneo Post Online 2011).

Ende 2010 verfügte Malaysia über 30 Biodieselanlagen mit einer Kapazität von 3,4 Millionen Tonnen. Weitere 31 Anlagen mit einer zusätzlichen Kapazität von 3,4 Millionen Tonnen waren bereits im Rahmen des Malaysian Biofuel Industry Act genehmigt und in der Planungs- oder Bauphase (MPOB 2011: 17-18). Der Großteil davon ist auf Festland-Malaysia angesiedelt, allerdings wird auch in Sabah und Sarawak expandiert (PEMANDU 2010: 282).

Tabelle 4 gibt einen Überblick über die wichtigsten Biodieselunternehmen in Malaysia. Die Auflistung zeigt, dass viele der Unternehmen ihren Hauptsitz in Singapur oder Australien haben und im Durchschnitt über weniger Kapazitäten als die Unternehmen in Indonesien verfügen. Zwar sind viele der Biodieselun-

---

9 Mitte 2011 hatten die Subventionen einen Anteil von etwa 20 Prozent am Dieselpreis (INTB10).

Tabelle 4: Wichtige Biodieselunternehmen in Malaysia

Unternehmen	Kapazität (in Tonnen)	Standort	Zusätzliche Aktivitäten und Verflechtungen
Mission Biofuels	350.000	Pahang	australisches Unternehmen, zusätzlich Jatrophaplantagen
Gomedic	250.000	Selangor	
Himpunan Sari	250.000	Terengganu	Tochter von *Markmore Biofuels* (Malaysia/Bahrain)
Carotino	210.000	Johor	Tochter von *JC Chang Group* (Palmöl, Immobilien, Versicherungen, verarbeitende Industrie etc.)
Vance Bioenergy	150.000	Johor	Tochter von *Vance Group* (Singapur), Weiterverarbeitung von und Handel mit Palmöl
Senari Biofuels	120.000	Sarawak	Kooperation mit *Assar Senari Group* (Palmöl, Bergbau, Fischerei)
YPJ Palm International	120.000	Johor	Tochter von *YPJ Holdings* (Palmöl)
KLK Bioenergy	100.000	Selangor	Tochter von *Kuala Lumpur Kepong* (Palmöl)
Malaysia Vegetable Oil Refinery	100.000	Johor	
PGEO Bioproducts	100.000	Johor	Tochter von *Wilmar* (Singapur) (Palmöl)
Plant Biofuels Corporation	100.000	Pahang	
SPC Biodiesel	100.000	Sabah	Tochter von *Sterling Biofuels* (Australien), Anteile an Palmölplantagen
Nexsol	100.000	Johor	Tochter von *Kulim* (Palmöl)
Carotech	93.000	Perak	Oleochemie
Fima Biodiesel	90.000	Selangor	Tochter von *Kumpulan Fima* (Palmöl, Ananas, Handel, Immobilien, verarbeitende Industrie)
Sime Darby Biodiesel	90.000	Selangor	Tochter von *Sime Darby* (Palmöl), zusätzlich 200.000 Tonnen Kapazitäten in den Niederlanden
Lereno	60.000	Perak	
AM Biofuels	57.000	Johor	

Quelle: Webseiten und Jahresberichte der Unternehmen.

ternehmen Tochtergesellschaften von vertikal integrierten Palmölkonzernen, allerdings finden sich auch viele spezialisierte Biodieselanlagen, die über keine eigenen Plantagen verfügen, in der Tabelle. Neben der gesamten staatlichen und privatwirtschaftlichen Palmölmaschinerie Malaysias (MPIC, MPOA, MPOB, MPOC), die die Biodieselindustrie des Landes reguliert, unterstützt und nach außen bewirbt, fungiert die *Malaysian Biodiesel Association* (MBA) als zusätzliche Interessensvertretung der Biodieselindustrie.

Wie bereits erwähnt liegt der Fokus der malaysischen Biodieselpolitik auf der Preisstabilisierung von Palmöl, ein Modell, das vor allem von der Palmölindustrie vorangetrieben wird:

> We have to have our local biofuel industry active enough to make sure that if there is a glut in supply, the demand from the local can be enhanced and therefore there is no possibility of the price crashing down because we have our means to increase our own local consumption. But if it means that we have to subsidize, which means that the price is not so low, then we would encourage palm oil to be exported to other countries, where the demand is still very good at that price [...]. So we can still make it viable to export our biofuel to Europe when it is no longer viable or affordable here. (INTB7)

Die hohen Palmölpreise in den letzten Jahren verhinderten dementsprechend die Etablierung einer starken Biodieselindustrie, trotz hoher Kapazitäten. Während VertreterInnen der malaysischen Palmölindustrie diese Entwicklung aufgrund der unterschiedlichen Möglichkeiten für PalmölproduzentInnen gelassen sehen und die Biodieselindustrie als Hobby bezeichnen, das sich eine Regierung bei guter Wirtschaftslage leisten kann (INTB11), setzen sich insbesondere die MBA und andere Biodieselunternehmen, die über keine Plantagen oder alternativen Weiterverarbeitungsmöglichkeiten verfügen, für eine Subventionierung der Industrie ein (Adnan 2010, 2011, Chin 2011: 20). Denn ohne Subventionen ist auch der Export von Biodiesel – der aufgrund der hohen Kapazitäten von derzeit 3,4 Millionen Tonnen eindeutig angestrebt wird – nicht rentabel. Während andere Exportländer ihre Agrartreibstoffindustrie steuerlich begünstigen, so beispielsweise der direkte Konkurrent Indonesien, ist Malaysia bei hohen Palmölpreisen nicht konkurrenzfähig. Im Jahr 2012 konnten nur knapp 29.000 Tonnen Biodiesel exportiert werden, 2009 waren es noch 227.457 Tonnen (Adnan 2013). Seit Ende 2012 fällt der globale Palmölpreis allerdings wieder und die malaysische Biodieselindustrie könnte sich erholen.

5.2.3. Die Förderung der Palmölindustrie als Hauptmotiv

Die Analyse der malaysischen Agrartreibstoffpolitik zeigt eine exklusive Konzentration auf Palmöl. Die Biodieselproduktion soll eine Preisstabilisierungsfunktion einnehmen und verdeutlicht gleichzeitig die dominanten Kräfteverhältnisse in der Agrartreibstoffpolitik. Anders als in Indonesien, wo die Förderung von Agrartreibstoffen zumindest in der Theorie breiter angelegt ist – sowohl was die Rohstoffe als auch die zuständigen staatlichen und privatwirtschaftlichen AkteurInnen betrifft – sind alle entsprechenden Entscheidungen in Malaysia im Plantagenministerium angesiedelt. Der MPOB, der dem Plantagenministerium unterstellt ist, übernimmt alle zentralen Aufgaben, von der Planung und Implementierung der Beimischungsziele bis zur Ausgabe der Lizenzen für den Bau von Biodieselanlagen. Die Biodieselpolitik stärkt das Plantagenministerium und die nachgelagerten Interessensvertretungen der Palmölindustrie, während das Umwelt- oder das Energieministerium weder Kompetenzen noch Mitspracherecht haben. Trotz dieser asymmetrischen Kräfteverhältnisse konnte sich die malaysische Biodieselindustrie bisher nicht als wichtiger Sektor etablieren. Während diese Entwicklung in Bezug auf den nationalen Markt durch den hohen Palmölpreis durchaus im Plan liegt, ist auch der Export von Biodiesel – trotz hoher Kapazitäten – in den letzten Jahren zurückgegangen. Das liegt vor allem daran, dass die malaysische Regierung die Biodieselindustrie wenig bis gar nicht subventioniert und das Land dadurch mit dem direkten Nachbarn Indonesien nur schwer konkurrieren kann.

Der Fokus auf Palmöl und die Preisstabilisierung des Pflanzenöls spiegelt die Interessen der malaysischen Palmölindustrie wider, insbesondere vertikal integrierte Konzerne mit eigenen Plantagen profitieren von dieser Politik und können bei niedrigen Palmölpreisen mit der Produktion von Biodiesel gegensteuern und sich bei hohen Preisen auf die Weiterverarbeitung von Palmöl im Nahrungsmittel- und Kosmetikbereich oder auf den Export von Rohpalmöl konzentrieren. Problematisch ist die Situation – wie auch in Indonesien – für Biodieselunternehmen, die über keine eigenen Palmölplantagen verfügen und für die die Produktion von Biodiesel die Haupteinnahmequelle darstellt. Sie lobbyieren für die Subventionierung der Biodieselindustrie, ohne die sie gegenüber ihrem direkten Konkurrenten Indonesien auf den internationalen Märkten nicht konkurrenzfähig sind.

5.3. Singapur in der Agrartreibstoffproduktion

Obwohl Singapur über keine eigenen Palmölplantagen verfügt, spielt das Land in der südostasiatischen Agrartreibstoffproduktion eine entscheidende Rolle und nutzt – wie auch in der Palmölindustrie – seine Position als Finanz-, Technologie- und Handelszentrum der Region. Die Regierung fördert die Agrartreibstoffindustrie zwar nicht explizit – beispielsweise durch eine Beimischungspflicht – der Stadtstaat kontrolliert allerdings insbesondere den Export nach Europa und in die USA.

5.3.1. Die Rolle Singapurs in der südostasiatischen Agrartreibstoffindustrie

Singapur ist mit einer Fläche von etwa 700 km² und einer Bevölkerung von 5 Millionen EinwohnerInnen das kleinste Land in Südostasien und verfügt über keine eigenen Flächen zur landwirtschaftlichen Produktion. Dennoch gilt der Stadtstaat als wichtiger Player in der Palmöl- und Agrartreibstoffindustrie. Das hat mehrere Gründe:

Erstens liegt Singapur geostrategisch zentral zwischen Malaysia und Indonesien, die die weltweite Palmölproduktion kontrollieren und bedeutende Produzenten von palmölbasiertem Biodiesel sind. Diese strategisch wichtige Position wird von der politischen Elite bewusst genutzt und Singapur konnte sich innerhalb nur weniger Jahrzehnte seit der Unabhängigkeit von Malaysia im Jahr 1965 als eines der wichtigsten Handelszentren in Asien positionieren. Der Handel mit landwirtschaftlichen Erzeugnissen sowie die Weiterverarbeitung dieser ist dabei ein wesentlicher Bereich, wie der stellvertretende Premierminister erklärt: „Singapore's strategic location in the heart of Southeast Asia, a region of diverse and abundant biorenewable feedstock, promises exciting opportunities" (Teo 2011).

Zweitens nimmt Singapur eine entscheidende Rolle in der Raffination und im Handel mit Erdöl ein. Trotz fehlender eigener Erdölvorkommen ist Singapur innerhalb der letzten Jahrzehnte nach Rotterdam und Houston zum drittgrößten Erdölraffinationsstandort der Welt aufgestiegen (INTB3, MTI 2007). Für die Produktion von Agrartreibstoffen ist diese Ausgangslage ideal, da diese in beliebiger Menge mit fossilen Treibstoffen gemischt und durch die perfekt ausgebaute Handelsinfrastruktur um die ganze Welt transportiert werden können.

Drittens ist die Industrie Singapurs auf die Bereiche Hightech und Forschung spezialisiert. Die – vielfach multinationalen – Unternehmen in der Stadt konzentrieren sich auf die Weiterverarbeitung von importierten Rohstoffen sowie auf Forschung und Entwicklung in der Biotechnologie, beides Faktoren, die für die Agrartreibstoffproduktion, insbesondere für die sogenannte zweite Generation, entscheidend sind (INTB3, INTB4).

5.3.2. Dominante AkteurInnen und politische Regulierung

Anders als in Malaysia und Indonesien gibt es in Singapur derzeit keine Beimischungspflicht für Agrartreibstoffe, und die Aktivitäten konzentrieren sich auf Forschung und Entwicklung sowie die Produktion von hochwertigen Agrartreibstoffen für den Export. Den Marktkräften soll dabei freier Lauf gelassen werden:

> Singapore does not adopt any special policies regarding the development and adoption of biofuels. As a competitive energy market, the adoption of fuel options and energy technologies is a decision that is left to the market and guided by commercial considerations. (Email-Kommunikation, Energy Market Authority, 08.06.2011)

Das Land weiß um die gute Infrastruktur für den Handel mit Biodiesel und seine geostrategisch bedeutende Lage zwischen den rohstoffreichen Ländern Malaysia und Indonesien und nutzt diese auch als Standortvorteil für die Anwerbung von neuen InvestorInnen: „In fact, biofuel companies have chosen Singapore to hub their activities here to leverage on our close proximity to neighboring countries that supply raw materials, as well as our well-connected shipping routes and free trade agreements" (Email-Kommunikation, Energy Market Authority, 08.06.2011).

Während die freie Marktwirtschaft als zentraler Eckpfeiler betont wird, unterstützt die singapurische Regierung auch aktiv die Positionierung des Landes als „major processing and trading biofuels hub in Asia" (APEC 2008). Zentraler Akteur auf staatlicher Ebene ist der *Economic Development Board* (EDB), der als strategische Regierungsstelle für die Ausrichtung Singapurs als globales Businesszentrum zuständig ist. Mit Bezug auf Agrartreibstoffe wirbt der EDB gezielt Unternehmen an, die in die singapurische Biodieselindustrie investieren möchten und gewährt diesen finanzielle Anreize. Zudem finanziert die Regierungsstelle zahlreiche Forschungsprojekte in diesem Bereich (INTB1, INTB3, INTB4). Neben dem EDB spielen die *Energy Market Authority* (EMA) sowie die *National Environment Agency* (NEA) eine Rolle für die Planung und Positionierung der singapurischen Agrartreibstoffindustrie. Letztere beschäftigt sich mit Umweltaspekten von Energielösungen, unter anderem mit der Umwandlung von Abfall in Biodiesel (INTB3). Insgesamt sind die Anliegen der Agrartreibstoffindustrie, vor allem in Bezug auf Großprojekte und Exportinteressen, im Handels- und Industrieministerium angesiedelt, das die Energiepolitik des Landes koordiniert (MTI 2007).

Neben der Anwerbung von GroßinvestorInnen, die durch den EDB gefördert wird, ist Forschung und Entwicklung ein wesentlicher Fokus, wie beispielsweise die *Bioenergy Society of Singapore* (BESS), ein Zusammenschluss aus Industrie und

Forschungseinrichtungen, bestätigt (INTB3). Auch ein anderes Unternehmen an der Schnittstelle zwischen Industrie und Forschung, das sich auf Agrartreibstoffe der zweiten Generation aus Jatropha und Zuckerhirse spezialisiert hat, bestätigt die Rolle Singapurs für den Technologietransfer in der Region:

> Basically, we are focusing on R&D because Singapore sees itself as a potential player in that area. Singapore is rather small, we don't have any land to play around with [...] but what we can do is help neighboring countries like Malaysia or some other countries in Southeast Asia to come up with R&D or new techniques. (INTB4)

Die Kombination aus finanziellen Investitionsanreizen und Knowhow neuester Technologie ist der ideale Spielplatz für Unternehmen und Konzerne aus aller Welt. Größter und wichtigster privatwirtschaftlicher Akteur ist das finnische Raffinerieunternehmen Neste Oil, das in Singapur die weltgrößte Biodieselanlage mit 800.000 Tonnen Kapazität betreibt. Als Rohstoffe verwendet Neste Oil Palmöl aus Indonesien und Malaysia sowie Tierfette aus Australien und Neuseeland.[10] Wichtigster Palmöllieferant ist derzeit das malaysische Unternehmen IOI Corporation. Der produzierte Biodiesel wird nach Europa und in die USA exportiert, Asien ist derzeit kein Absatzmarkt (INTB19, Neste Oil Corporation 2011a: 15, 18, 2011b). Das Unternehmen begründet die strategische Entscheidung, sich in Singapur niederzulassen, nicht zuletzt mit den lukrativen Angeboten der singapurischen Regierung:

> My boss and the expert team, they actually went to Indonesia, Malaysia, and Singapore but looking at that time, the best offer we got was from the Singaporean government. They gave us easy access to the ports, they were offering all good raw materials available and of course other facilities and permits, everything was more attractive than what Indonesia and Malaysia could offer at that time. (INTB2)

Auch der Geschäftsführer von Neste Oil betonte im Rahmen der Eröffnung der Anlage, dass „the government of Singpore has played an important role in promoting Neste Oil's investment, and the Singapore Economic Development Board has assisted Neste Oil at every stage of the project" (Neste Oil Corporation 2011b). Eine weitere Biodieselanlage mit 400.000 Tonnen Kapazität wurde von der Ibris Group in Singapur errichtet. Der Konzern mit Palmöl-, Zucker- und Holzplantagen sowie Aktivitäten im Bergbau-, Öl- und Gassektor in Indonesien gehört der indonesischen Risjadson Invement & Holdings und erweitert seine Produktpalette durch die Produktion von Biodiesel (Ibris Holdings Pte Ltd.

---

10 Tierfette fallen als Abfallprodukte in Schlachthäusern an und werden von Australien und Neuseeland zur Verarbeitung zu Biodiesel nach Singapur transportiert (INTB2).

2011). Auch andere Palmöl- und Agrartreibstoffkonzerne aus der Region sind in Singapur registriert und nutzen das unternehmensfreundliche Investitionsklima als Hauptgeschäftssitz für ihre Plantagen und Biodieselanlagen in Malaysia und Indonesien. Wilmar International ist der größte Biodieselproduzent Indonesiens und Asiens führender Agrarindustriekonzern. Die Geschäftsaktivitäten von Wilmar reichen von Palmölplantagen über Palmölmühlen und Raffinerien bis zur Herstellung von oleochemischen Produkten. Zudem produziert und vertreibt der Konzern Düngemittel und besitzt eine eigene Schiffsflotte. In diesem Zusammenhang ist die Produktion von Biodiesel ein „natürlicher Schritt", um zur Erreichung der globalen Beimischungsziele beizutragen (INTB29). Golden Agri Resources ist der in Singapur ansässige Mutterkonzern von Sinar Mas, dem führenden Palmölunternehmen in Indonesien und auch First Resources Limited verwaltet seine Plantagen in Indonesien von seinem Hauptgeschäftssitz in Singapur. Zudem ist Singapur eine strategisch bedeutende Stadt für den internationalen Handel mit verarbeiteten Erdöl- und Pflanzenölprodukten und schafft damit Synergien zwischen großen Palmölkonzernen, Biodieselunternehmen und international tätigen Handelsunternehmen: „One advantage for Singapore in developing biofuels trading is that our production capacity is geared for overseas markets", meint dazu etwa das Industrie- und Handelsministerium (MTI 2007: 59). Beispielhaft und für den Export von Biodiesel nach Europa entscheidend sind in diesem Zusammenhang Inter-Continental Oils & Fats (Singapur, Tochter von Musim Mas), Louis Dreyfus Commodities (Niederlande), Golden Agri International (Singapur), Asian Agri Trading (Indonesien, Tochter von Raja Garuda Mas) oder Cargill International Trading (USA) (ISCC System GmbH 2013).

5.3.3. Technologie- und Handelszentrum für das regionale Akkumulationsregime

Zusammenfassend werden Agrartreibstoffe in Singapur eindeutig als willkommene Diversifizierung der verarbeitenden Industrie gesehen und die Synergieeffekte durch die ideale Position des Stadtstaates im internationalen Handel mit Pflanzen- und Erdölprodukten optimal genutzt. Obwohl Singapur über keine eigenen Plantagen verfügt, haben einige der führenden Palmölunternehmen der Region ihren Hauptsitz in das Handelszentrum verlagert und nutzen das liberale Investitionsklima für die Verwaltung ihrer Plantagen, hauptsächlich in Indonesien. Das Land ist demnach in entscheidender Weise in das regionale Akkumulationsregime zur Produktion von Palmöl und Agrartreibstoffen eingebunden und übernimmt zunehmend Aufgaben, die früher den Kolonialmächten und anderen westlichen Unternehmen vorbehalten waren. Strategisch konzentriert sich Singapur auf die Weiterverarbeitung von Rohstoffen und möchte durch die Forschung an und die Entwicklung von neuen Technologien zur Produktion von Agrartreibstoffen der zweiten Generation (vor allem aus Abfallprodukten der Palmölindustrie sowie aus Jatropha und Speiseölabfällen) seine Position als führender Hightech-Standort in Südostasien weiter festigen. Überlegungen zu einer inländischen Nutzung von Agrartreibstoffen spielen eine untergeordnete Rolle, derzeit ist die gesamte Produktion auf den Export ausgerichtet und die Regierung plant keine Beimischungsverpflichtung.

5.4. Vertiefung des Palmölprojekts durch die Agrartreibstoffproduktion

Die Analyse der Agrartreibstoffindustrie und -politik in Indonesien, Malaysia und Singapur zeigt, dass den hohen und teilweise euphorischen Erwartungen zu Beginn der 2000er Jahre mittlerweile realistische Entwicklungen gefolgt sind. Die Politiken und staatlichen Strategien unterstützen – trotz einer insbesondere in Indonesien anfangs sehr breit angelegten Agrartreibstoffpolitik – das exportorientierte Palmölprojekt, von dem insbesondere große und vertikal integrierte Palmölunternehmen profitieren.

Die drei behandelten Länder sind dabei unterschiedlich in das regionale Akkumulationsregime eingebunden. Während die Agrartreibstoffindustrie in Indonesien neben dem zusätzlichen Absatz für Palmöl auch auf eine Energiediversifizierung abzielt und potenziell auch Jatropha und Zuckerrohr in die Entwicklungsstrategie einschließt, steht in Malaysia die Preisstabilisierung von Palmöl im Vordergrund. Die flexible Verwendung von palmölbasiertem Biodiesel im Inland spielt ebenso wie der Export eines weiteren oleochemischen Produkts eine zentrale Rolle. Singapur wird vor allem seiner Rolle als Finanz- und Handelszentrum gerecht und beherbergt neben der größten Biodieselanlage der Welt auch zahlreiche Handels- und Technologieunternehmen. Im Einklang mit der Exportorienterung des Landes spielt eine lokale Nutzung von Agrartreibstoffen keine Rolle.

Diese unterschiedlichen Zielsetzungen, Kräfteverhältnisse und Strategien spiegeln sich auch in der staatlichen Förderung und Kontrolle der Agrartreibstoffindustrie wider. Während in Indonesien das Energieministerium durch die Koordination mit anderen Ministerien eine umfassende Strategie forcieren soll, ist in Malaysia das Plantagenministerium der zentrale Ansprechpartner, der im

Interesse der Palmölindustrie die Agrartreibstoffpolitik als Preisstabilisierungsmechanismus koordiniert. In Singapur hebt das Handels- und Industrieministerium den Fokus auf Weiterverarbeitung, Handel und Export von Palmöl- und Agrartreibstoffen hervor.

Trotz unterschiedlicher Ziele und Strategien profitiert derzeit im gesamten südostasiatischen Raum vor allem die Palmölindustrie von dem Agrartreibstoffboom. Viele der Palmölunternehmen in der Region gehören zu den größten Agrarkonzernen der Welt und sehen in der Produktion von Biodiesel eine zusätzliche Expansionsmöglichkeit. Obwohl – ausgehend von der EU – viel von dezentralen Energielösungen, der Förderung von ländlicher Entwicklung oder der Einsparung von CO_2-Emissionen gesprochen wird, ziehen vor allem vertikal integrierte Palmölkonzerne einen Vorteil aus der Förderung der Agrartreibstoffindustrie. Denn aufgrund der volatilen Preise für Palm- und Erdöl ist Flexibilität entscheidend. Viele Start-up-Biodieselunternehmen ohne Erfahrung und eigene Palmölplantagen haben sich von dem Agrartreibstoffboom das schnelle Geld erhofft, konnten von den Rahmenbedingungen allerdings nicht profitieren. Die Produktion von Biodiesel erfordert hohe Investitionen in Technologie und Infrastruktur, wehalb dezentrale Strategien bisher nicht forciert wurden. Die großen Palmölkonzerne in der Region hingegen sind vertikal integriert und haben Exporterfahrung mit Europa und den USA. Biodiesel ist ein zusätzliches Produkt, das bei richtiger Vermarktung zudem als umweltfreundlich und nachhaltig verkauft werden kann. Funktioniert die Biodieselproduktion aufgrund von Preisschwankungen vorübergehend nicht, bleiben die Produktion und der Export von Palmöl für die Nahrungsmittel- oder Kosmetikindustrie weiterhin ein lukratives Geschäft.

Entsprechend dem regionalen Akkumulationsregime in der Palmölindustrie kommen den drei Ländern unterschiedliche Rollen in der Produktion von Biodiesel für den Export zu. Indonesien nimmt eine entscheidende Rolle als Rohstofflieferant in der Region ein, malaysische und singapurische Agrarkonzerne investieren seit einigen Jahren massiv in die Plantagenwirtschaft des Landes. Der Inselstaat bietet produktives und scheinbar unendliches Land, billige Arbeitskräfte und damit schnelle und garantierte Profite für die benachbarten Konzerne. Obwohl sich auch viele indonesische Unternehmen zu riesigen Agrarkonzernen entwickelt haben, sind malaysische und singapurische Unternehmen zentrale InvestorInnen und kontrollieren vor allem die Weiterverarbeitung des Rohpalmöls und den Handel. Durch die Subventionen für die Biodieselproduktion im Inland profitieren allerdings auch indonesische Konglomerate von der nationalen Agrartreibstoffpolitik und konnten sich in den letzten Jahren insbesondere im Export von Biodiesel etablieren. Die malaysische Biodieselindustrie konnte bisher wenig Fuß fassen, die Palmölunternehmen profitieren allerdings von einer Biodieselpolitik, die die Palmölindustrie stabilisiert und somit hohe Profite sichert. Internationale Unternehmen siedeln sich hauptsächlich in Singapur an, wo sie unternehmensfreundliche Rahmenbedingungen vorfinden und die gute Infrastruktur für Handelsbeziehungen in alle Welt nutzen. Bestes Beispiel dafür ist das finnische Biodieselunternehmen Neste Oil, durch das der südostasiatische Stadtstaat seiner Vision einer Drehscheibe für den regionalen Agrartreibstoffhandel ein entscheidendes Stück näher gekommen ist.

Entsprechend dieser Ausführungen ist die Produktion von Agrartreibstoffen eng mit dem Palmölprojekt verbunden, das auf monokultureller und exportorientierter Landwirtschaft in einem liberalisierten Handelssystem basiert. Die globalen Machtverhältnisse sind dabei nicht mehr auf „traditionelle" Nord-Süd-Verhältnisse beschränkt, sondern drücken sich zunehmend auch in regionalem Maßstab und einer forcierten Süd-Süd-Kooperation aus, wodurch Konflikte innerhalb der jeweiligen Länder und Regionen verstärkt werden.

In den folgenden beiden Kapiteln werden zwei dieser Konfliktfelder näher beleuchtet, zum einen der Konflikt um die Kontrolle und Aneignung von Land, der mit Blick auf Indonesien untersucht wird, und zum anderen der Konflikt um die europäische Beimischungspflicht und Zertifizierung von Agrartreibstoffen als transnationales Konfliktfeld. Durch die Analyse dieser Konfliktfelder werden die staatlichen Strategien, die das Palmölprojekt absichern, deutlich und können gleichzeitig die Selektivitäten dieser Strategien herausgearbeitet werden.

6. Konflikte um die Kontrolle und Aneignung von Land

Während die Hoffnungen der EU, Agrartreibstoffe als klima- und umweltfreundliche Alternative zu fossilen Treibstoffen zu positionieren durch NGO-Kampagnen und wissenschaftliche Studien zumindest gedämpft wurden, haben die sozialen und politökonomischen Aspekte der großflächigen Agrartreibstoffproduktion aus Cash Crops in der EU bisher weniger Politisierung erreicht. Dabei sind gerade der Zugang zu Land bzw. Landbesitzverhältnisse zentrale Konfliktfelder einer zunehmenden Expansion des Palmölprojekts, vor allem in Gebieten mit hoher indigener und kleinbäuerlicher Bevölkerung (Gerber 2011). In Konflikten um die Kontrolle von Land manifestieren sich die Auseinandersetzungen zwischen staatlichen Institutionen, nationalen und transnationalen Unternehmen und marginalisierten Bevölkerungsgruppen – beispielsweise Kleinbauern und -bäuerinnen, Menschen mit unsicheren Landbesitzverhältnissen bzw. fehlenden Landtiteln oder Indigene – besonders deutlich. Für die betroffenen gesellschaftlichen Gruppen steht dabei weniger die spezifische Produktion von Palmöl für Agrartreibstoffe, sondern die Veränderung von Landbesitzverhältnissen durch die allgemeine Expansion agrarindustrieller Landwirtschaft, die durch den Agrartreibstoffboom beschleunigt wird, im Zentrum des Konflikts:

> To local populations and direct producers, the specific destination of the crop (oil palm, sugarcane, maize, jatropha) as fuel, food, cosmetics or other final uses in faraway places is probably of less interest than the forms of (direct or indirect) appropriation of their land and the forms of their insertion or exclusion as producers in global commodity chains. (White/Dasgupta 2010: 594)

In den Kämpfen um Land nehmen der Staat bzw. politisch-institutionelle Verhältnisse eine besondere Rolle ein, weil sich die im Staat verdichteten Strategien zur Aneignung von Natur (wie z.B. die Kodifizierung von Eigentumsrechten oder die Konzentration von Landbesitz) entscheidend auf die Handlungsmöglichkeiten von Menschen und die Strategien unterschiedlicher gesellschaftlicher und politischer Kräfte auswirken. Der Staat ist demnach nicht nur ein Akteur unter vielen, sondern stellt ein spezifisches Terrain dar, auf dem die gesellschaftlichen Kämpfe um die Kontrolle von Land ausgetragen werden.

Im folgenden Kapitel steht der indonesische Kontext im Mittelpunkt der Analyse. Zwar sind Landkonflikte auch in Malaysia, insbesondere in den Provinzen Sarawak und Sabah zentral, sie haben allerdings vergleichsweise weniger Politisierung erreicht. In Indonesien korreliert der Beginn des internationalen Agrartreibstoffbooms mit dem Sturz des autoritären Regimes von Präsident Suharto im Jahr 1998 und einer anschließenden Öffnung und Liberalisierung des Landes. Diese neue Konstellation wirkt sich auch auf die gesellschaftlichen Kräfteverhältnisse und deren Verdichtung im Staat in Bezug auf die Ausrichtung der Landwirtschaft, die Rolle von Land- und Eigentumsrechten sowie die generelle Kontrolle von Territorium und Inwertsetzung von Natur aus. Der Sturz Suhartos ermöglichte neue Interventionsfelder und Politisierungsmöglichkeiten für unterschiedliche gesellschaftliche Kräfte, sowohl für exportorientierte Konzerne aus der Region als auch für Indigene, um nur zwei zentrale Kräfte zu nennen. Zudem wurde unter starkem Druck von internationalen Finanzinstitutionen[1] ein Dezentralisierungsprozess eingeleitet, der entscheidende Veränderungen für die Möglichkeiten der Inwertsetzung von Land und natürlichen Ressourcen auf unterschiedlichen politischen Ebenen hervorbrachte und nicht nur die Möglichkeiten der Kontrolle von Land, sondern auch die räumlichen Scales zur Austragung von Konflikten neu politisierte.

Dieses Kapitel behandelt die zentralen Konflikte um die Kontrolle von Land und natürlichen Ressourcen in der Palmöl- und Agrartreibstoffproduktion in Indonesien und analysiert die Rolle des Staates in diesem Zusammenhang. Es wird gefragt, welche staatlichen Strategien zur Aneignung und Kontrolle von Land das Palmölprojekt absichern, welche strukturellen, strategischen und räumlichen Selektivitäten sich in diesen Strategien widerspiegeln und zu einer Privilegierung oder Marginalisierung von bestimmten gesellschaftlichen und politischen Kräften führen, und welche Rolle widerständige Praktiken dabei spielen.

Die Förderung des Palmölprojekts wird durch ein komplexes Zusammenspiel an Strategien abgesichert, das die Kapitalakkumulation aus der Aneignung von Natur erst ermöglicht (Eigentumsformen, Ausbau von Infrastruktur (Straßen, Palmölmühlen, Biodieselanlagen, Häfen), Verfügbarkeit von Arbeitskräften etc.). Ausgehend von den empirischen Forschungsergebnissen fokussiert dieses Kapitel auf drei zentrale Konfliktfelder, nämlich Eigentumsverhältnisse an Land, die Konzentration von Landbesitz sowie den Dezentralisierungsprozess als Reskalierung von Inwertsetzungskapazitäten.

---

1 Zentral sind hier vor allem die Strukturanpassungsprogramme und Auflagen des IWF nach der Asienkrise 1997/98.

6.1. Konflikte um Eigentumsverhältnisse an Land

Eine wesentliche staatliche Strategie und Voraussetzung für die Förderung eines exportorientierten Landwirtschaftsmodells sind kodifizierte und einheitliche Eigentumsrechte an Land. Vor allem in Staaten mit pluralen Landbesitzverhältnissen, in denen nicht das gesamte Territorium in individuelle Eigentumstitel parzelliert ist, führt die Expansion von monokultureller Plantagenwirtschaft vielfach zu Konflikten um die dominante Form der landwirtschaftlichen Produktion und Kontrolle von Land. Eigentumsverhältnisse können als Netzwerke von Beziehungen zwischen staatlichen Institutionen und der Gesellschaft angesehen werden, die in entscheidender Wechselwirkung mit der landwirtschaftlichen Produktion stehen. Als solche begünstigen bestimmte Landbesitzverhältnisse jeweils spezifische landwirtschaftliche Produktionsformen, anders gesagt, erleichtern versachlichte und kodifizierte Landbesitzverhältnisse die agrarindustrielle Plantagenwirtschaft und damit die Produktion von Agrartreibstoffen für den Export: „Institutions of land ownership rights interact with the kinds of production strategies needed for different biofuel feedstocks, and shape economic opportunities and outcomes" (Dauvergne/Neville 2010: 644).

In Indonesien ist in dieser Hinsicht der Konflikt zwischen kodifizierten und gewohnheitsrechtlichen Landbesitzverhältnissen – letztere werden unter dem Begriff *adat* zusammengefasst – zentral. Der Staat ist in diesem Zusammenhang einerseits ein entscheidender und privilegierter Akteur, der die dominante Form der Kontrolle von Land festlegt und exekutiert, andererseits aber auch ein Terrain, wo politische Kräfte um ebendiese dominanten Eigentumsformen kämpfen.

6.1.1. Indigene Gemeinschaften und adat

Zum besseren Verständnis der Diskussion um Landrechte in Indonesien ist eine Auseinandersetzung mit dem Begriff *adat* entscheidend, muss aber auch der internationale Diskurs um die Rechte indigener Völker im indonesischen Kontext begriffen werden. Als *adat* wird in Indonesien, aber auch in einigen anderen islamischen und hinduistischen Kulturen Asiens (z.B. in Malaysia), das mündlich überlieferte Gewohnheitsrecht bzw. traditionelle Rechtssystem indigener Bevölkerungsgruppen bezeichnet. In einer umfangreichen Auslegung umfasst *adat* gesellschaftliche Normen, politische Entscheidungsprozesse, Bräuche und Zeremonien, aber auch Besitzverhältnisse, vor allem in Bezug auf Land. *Adat* ist dabei kein universales Rechtssystem, sondern je nach lokaler Ausprägung unterschiedlich geregelt (Tyson 2010: 1).

Während das umfassende und traditionelle Konzept von *adat* das gesamte gesellschaftliche Leben der indigenen Gemeinschaften Indonesiens regelt, hat die Revitalisierung von *adat* seit dem Sturz Suhartos eine eindeutig politische Dimension und fokussiert hauptsächlich auf Landrechte bzw. die Sicherung von gewohnheitsrechtlichem Landbesitz (*hak ulayat*) sowie auf die selbstbestimmte Nutzung natürlicher Ressourcen (Tyson 2010: 12). Diese Selbstbestimmung wurde den vielen gewohnheitsrechtlich geprägten Gemeinschaften (*masyarakat adat*) unter der Diktatur Suhartos verwehrt. Die Regierung betrachtete deren Lebensweise als „unterentwickelt" und sah die Bindung zu ihrem Land als Hindernis für nationale Entwicklungsprojekte an. Entsprechend wurden sie nicht als *masyarakat adat*, sondern als *masyarakat terasing*, als „geografisch isoliert lebende Gruppe", definiert (Safitri/Bosko 2002: 3-8). Laut einer Verordnung des Sozialministers aus dem Jahr 1994 wurden mit diesem Begriff Bevölkerungsgruppen bezeichnet, „who live or are nomadic in geographically remote and isolated areas and are socially and culturally alienated and/or still underdeveloped compared to other Indonesian communities in general" (zitiert nach Safitri/Bosko 2002: 4). Die Regierung nutzte die Beschreibung als geografisch isoliert und unterentwickelt in der Folge als Legitimation für die politische, bürokratische und wirtschaftliche Integration dieser Gemeinschaften sowie als Ausgangspunkt für großangelegte Umsiedlungen. Indem die Behörden die zuvor relativ autonomen Gebiete als unfreiwillig unterentwickelt beschrieben, rechtfertigten staatliche Autoritäten die Ausweitung ihres politischen Einflusses auf diese Gemeinschaften. Die Möglichkeit einer Freiwilligkeit oder gar politischen Wahl des Rückzugs in abgelegene Gebiete, um sich staatlichen Regulierungen zu entziehen, wurde ausgeschlossen (Benjamin 2002: 17, Scott 2009: xi-xii).

Während der Begriff *masyarakat adat* sinngemäß wohl am besten mit indigenen Gemeinschaften übersetzt werden kann, ist dieser Terminus für den indonesischen Kontext problematisch. Laut Regierung sind alle IndonesierInnen – mit Ausnahme der ChinesInnen im Land – indigen, da sie bereits vor der Gründung des Nationalstaates und auch vor der Kolonialisierung auf heute indonesischem Territorium gelebt hatten (Safitri/Bosko 2002: 3). Deshalb hat sich nach dem Sturz Suhartos und der anschließenden Revitalisierung des Gewohnheitsrechts der Begriff der *adat*-Gemeinschaften durchgesetzt, der in engem Zusammenhang mit dem internationalen Kampf für Indigenenrechte steht. Die Allianz indigener Völker des Archipels AMAN (*Aliansi Masyarakat Adat Nusantara*) definiert *masyarakat adat* als

> Gruppen, die basierend auf der Abstammung ihrer Vorfahren auf einem bestimmten Gebiet leben, die Souveränität über das Land und die natürlichen Ressourcen

besitzen, und in einem soziokulturellen System leben, das durch gewohnheitsmäßige Rechte und Institutionen geregelt ist, die dauerhaft das Leben der Gemeinschaft organisieren. (AMAN 2012, eigene Übersetzung)

Die derzeitige Situation und Politisierung von gewohnheitsrechtlichen Ansprüchen auf Land ist ohne deren historische Genese nicht nachvollziehbar. Im Folgenden wird anhand von ausgewählten rechtlichen und institutionellen Verhältnissen der historische Konflikt um Landrechte nachgezeichnet, um das heutige Spannungsverhältnis zwischen privaten, staatlichen und gewohnheitsrechtlichen Eigentumsansprüchen zu verstehen.

6.1.2. Historische Genese des Konflikts um Eigentumsverhältnisse

Die Ursprünge für die aktuellen Konflikte um Land reichen bis in die Kolonialzeit von zirka 1600 bis 1945 zurück. Die niederländische Kolonialregierung praktizierte einen juristischen Dualismus, der zwischen EuropäerInnen, Einheimischen und anderen „OrientalInnen" (hauptsächlich ChinesInnen) unterschied und geschriebenes über ungeschriebenem Recht privilegierte (Fitzpatrick 2007: 133). Diese Praxis stand im Einklang mit der üblichen Strategie kolonialer Mächte in Südostasien, die Bevölkerung in Gruppen mit individuellem Eigentum (KolonialistInnen) und solche mit kollektivem Eigentum (Kolonialisierte) zu teilen. Letztere sollten damit nicht zuletzt vor der Integration in den Markt geschützt werden (Li 2010: 389-391). Die multiplen Eigentumsformen des vorkolonialen Archipels, die teilweise auf individuellen und teilweise auf kollektiven Eigentumsformen basierten, wurden damit homogenisiert und in dualistischer Weise den Rechten individueller EigentümerInnen gegenübergestellt (Li 2010: 392). Im Jahr 1870 deklarierte die Kolonialregierung im Zuge einer landwirtschaftlichen Bestimmung (*Agrarische Wet*) alle Ländereien, die nicht unter europäisches Eigentum fielen, als staatliches Land. Zusätzlich wurde eine Unterscheidung in freies und nichtfreies Land eingeführt, die bis heute zentrale Bedeutung hat. Als freies Land wurde jenes Territorium definiert, das nicht permanent genutzt wurde (Regenwald und andere Gebiete in gemeinschaftlichem Besitz), während bebautes und bewohntes Land (inklusive der teilweisen Anerkennung von kollektiven Ansprüchen) als nichtfreies Land deklariert wurde (Fitzpatrick 2007: 133). Grundsätzlich wurde damit Territorium, auf das niemand aktiv Anspruch erhob, dem Staat zugesprochen, was vor allem auf Waldflächen zutraf: „The Dutch excluded forests and fallows from the category of village land, leaving farmers with no room to expand cultivation and legitimating state appropriation of vast areas of land to be allocated to European-owned plantations or reserved as forests" (Li 2010: 392). Dieser entscheidende Machtgewinn des Staates ist für die Konflikte um die Kontrolle von natürlichen Ressourcen bis heute entscheidend. Der koloniale Staat beschränkte die Anerkennung von *masyarakat adat* und deren kollektive Landbesitzverhältnisse auf Gebiete, die zu dieser Zeit bewohnt waren, berücksichtigte allerdings in keiner Weise die extensive Nutzung von Land und natürlichen Ressourcen der lokalen Bevölkerung.

In der Verfassung von 1945 erkannte die Unabhängigkeitsbewegung indigene Gemeinschaften und deren Rechte in Anlehnung an diese koloniale Definition an (§ 18 UUD 1945/2002). In der Erklärung zum Artikel 18 hieß es dazu:

> In Indonesian territory, there are ± 254 *Zelfbesturende Landschappen* and *Volksgemeenschappen* such as villages in Java and Bali, *Nagari* in Minangkabau, *Kampung* and *Marga* in Palembang and so forth. These regions retain their original institutions and are thereby considered as special regions. The National Republic of Indonesia respects the existence of these regions and all these regions' regulations that relate to their original rights. (zitiert nach Colchester et al. 2007: 46)

Die teilweise Anerkennung aber auch Abgrenzung dieser Gemeinschaften bezog sich hauptsächlich auf ethnische Gruppen auf Java, Sumatra und Bali und war keine generelle Anerkennung von kollektivem oder gewohnheitsrechtlichem Landbesitz auf anderen Inseln oder von kleineren indigenen Bevölkerungsgruppen. Zudem schränkte die indonesische Verfassung *adat* insofern ein, als sie dem Staat beinahe uneingeschränkte Verfügungsgewalt über natürliche Ressourcen zuerkannte, wenn Aktivitäten im Interesse der nationalen Entwicklung passieren. Die Verfassung unterstützt damit die Aneignung und Inwertsetzung von Land für staatliche und privatwirtschaftliche Nutzung, wenn dies dem nationalen Entwicklungsplan Indonesiens entspricht (Colchester et al. 2007: 13-14).

Zentral für die Frage der Vereinheitlichung von Eigentumsrechten ist das Landwirtschaftsgesetz von 1960 (UUPA 5/1960), das bis heute gültig ist. Verabschiedet unter dem ersten Präsidenten Indonesiens, Sukarno, sollte die duale Struktur des kolonialen landwirtschaftlichen Rechts aufgehoben und nicht zuletzt die Umverteilung von kolonialem Plantagenland ermöglicht werden (Li 2001: 654). In diesem Kontext wurde *adat* als Rechtsgrundlage für die landwirtschaftliche Entwicklung eingeführt: „Das landwirtschaftliche Recht, das auf das Land, das Wasser und den Raum angewendet wird, ist *adat*, vorausgesetzt es widerspricht nicht dem nationalen Interesse und dem Interesse des Staates" (§ 5 UUPA 5/1960, eigene Übersetzung). Damit ordneten die nationalistisch-kommunistisch orientierten Kräfte nach der Unabhängigkeit *adat* zwar dem nationalen Interesse unter, hoben allerdings das dualistische Kolonialrecht auf. Während indigene Ländereien in der Kolonialzeit im Gegensatz zu individuellen

Eigentumstiteln als unveräußerlich galten,[2] wurde diese Teilung durch das Landwirtschaftsgesetz abgeschafft und ein Recht auf Bewirtschaftung (*Hak Guna-Usaha* – HGU) eingeführt, das als zentrale Voraussetzung für die Etablierung von Palmölplantagen gilt. Demnach müssen Unternehmen, die Land bewirtschaften möchten, ein HGU für staatliches Land beantragen, das auf höchstens 60 Jahre gewährt wird (§ 16 UUPA 5/1960).

War das Landwirtschaftsgesetz noch auf der grundsätzlichen Anerkennung von *adat* aufgebaut, änderte sich diese Politik mit dem Militärputsch im Jahr 1965. Die sogenannte Neue Ordnung (*orde baru*) unter General Suharto, der von 1967 bis 1998 als Staatschef an der Spitze Indonesiens stand, war geprägt von einem autoritären Entwicklungsmodell unter Einfluss des Militärs und einer zentralisierten Bürokratie, der Unterdrückung von lokalen Differenzen und einer Standardisierung von dörflichen und regionalen Strukturen, was zu einem Rückgang traditioneller und lokaler Formen des Regierens führte (Tyson 2010: 9). *Masyarakat adat* wurden in diesem System als Gefahr für die nationale Einheit angesehen und bekämpft. Das Thema anzusprechen war gleichbedeutend mit einer Gefährdung der Nation und einer Infragestellung von Entwicklung (Safitri/Bosko 2002: 5). Eines der wichtigsten Gesetze unter Suharto, dessen Auswirkungen die Konflikte um Land bis heute beeinflussen, war das Forstgesetz von 1967 (UUPK 5/1967), das die Anerkennung von *adat* völlig ignorierte. Das Gesetz unterteilte den indonesischen Wald in staatliche und proprietäre Flächen. *Adat*-Wälder fielen unter staatliches Eigentum und konnten ohne vorherige Konsultation der dort lebenden Gemeinschaften an Plantagen- oder Holzgewinnungsunternehmen vergeben werden (Safitri/Bosko 2002: 17). Unter Fortführung der kolonialen Unterscheidung zwischen freiem und nichtfreiem Land wurde dem Staat die alleinige Verfügungsgewalt über die Wälder übertragen:

> This notion of the state's right of control provides the greatest source of dispossession in modern Indonesia [...]. This has entailed severe restrictions or prohibitions on local forest use practices; and allowed the granting of logging rights without any legal requirement to compensate or consult with affected local communities. (Fitzpatrick 2007: 138)

Je nach Angabe fielen 65 bis 75 Prozent des indonesischen Territoriums direkt in die Hände des Staates (Fitzpatrick 2007: 138, Li 2001: 654). Diese Inwertsetzung bzw. Akkumulation durch Enteignung kann als wichtige Voraussetzung für

---

2 Diese Bestimmung entsprach den eigenen Regelungen vieler lokaler Bevölkerungsgruppen, während andere Gesellschaften individuellen Grundbesitz (inklusive des Rechts auf Verkauf des Landes) hatten (Li 2010: 392).

die Etablierung der Plantagenindustrie analysiert werden und bedeutete eine enorme Machtkonzentration im Forstministerium, das Anfang der 1980er Jahre geschaffen wurde.

Mit dem Sturz Suhartos im Zuge der Asienkrise 1997/98 wurde erstmals eine Politisierung von Minderheiten- und Indigenenrechten möglich. Gleichzeitig wurden Prozesse der Akkumulation durch Enteignung und damit die Vertreibung von lokalen ländlichen Bevölkerungsgruppen vorangetrieben, da durch die Liberalisierungsauflagen des IWF verstärkt auf Exporte und damit auf eine Expansion der Plantagenwirtschaft gesetzt wurde (Li 2001: 655). Eine allgemeine Revitalisierung von *adat* (Henly/Davidson 2007, Tyson 2010) sowie die Gründung von AMAN im Jahr 1999 mit Rückenwind einer internationalen Indigenenbewegung können demnach als Antwort auf ein autoritäres Entwicklungsmodell und die jahrzehntelange Unterdrückung jeglicher lokaler Differenzen gesehen werden. Indigenität wird vor allem mit dem Besitz von Land in Verbindung gebracht und kann sehr viel stärker auf ungleiche sozioökonomische Verhältnisse als auf den Wunsch nach einer allgemeinen Revitalisierung von Tradition zurückgeführt werden:

> Masyarakat adat assert what the New Order denied: the intrinsic value of diverse cultural forms, the capacity of villagers to organize themselves and garner livelihoods from existing resources without state direction or 'development', attachments to place which cannot be compensated by two-hectare allocations in new settlement schemes, and a vision of nature which resists its reduction to the monotones of timber or oil-palm and highlights various, sustainable, local uses. (Li 2001: 655)

Die ersten politischen Rahmenbedingungen, die die Übergangsregierung im Geist dieser neuen Zeit beschloss, waren zwei Gesetze zur Dezentralisierung im Jahr 1999, die eine umfassende Verlagerung von Entscheidungen auf die Bezirksebene einleiteten (Holtzappel 2009: 2). Diese Regelungen verdeutlichen eine Materialisierung der politischen Kräfteverhältnisse in dieser ersten Zeit der Reformperiode (*reformasi*): Der Dezentralisierungsprozess spiegelt einerseits die wirtschaftspolitischen Konditionen von IWF und Weltbank im Rahmen des Washington Consensus wider, wurde aber andererseits auch von nationalen Kräften unterstützt, die eine Destabilisierung des Landes nach dem Sturz Suhartos fürchteten. Für viele Indigene war damit die Hoffnung verbunden, verstärkte Kontrolle über natürliche Ressourcen zu erlangen und eine andere Ausrichtung der Landwirtschaft durchzusetzen. Tatsächlich wurde mit den neuen Gesetzen die Entscheidungsmacht der Bezirke entscheidend aufgewertet, allerdings blieben wichtige strategische und planerische Entscheidungen, beispielsweise in Bezug auf die Kontrolle von Wäldern, der Zentralregierung vorbehalten.[3] Trotz dieser zentralen Widersprüchlichkeiten ist es seit dem Sturz Suhartos zumindest zu einer Politisierung von Indigenenrechten gekommen, nicht zuletzt wurde im Zuge der Verfassungsreform im Jahr 2000 festgeschrieben, dass der Staat Gewohnheitsrechte anerkennt und respektiert, nähere Bestimmungen dazu bleiben allerdings einfachen Gesetzen vorbehalten (§ 18 Abs 2 UUD 1945/2002). Auf internationaler Ebene waren vor allem die Verabschiedung der *Indigenous and Tribal Peoples Convention* (C169 1989) sowie der *UN Declaration on the Rights of Indigenous Peoples* (A/RES/61/295) wichtige Bezugspunkte für die Indigenenbewegung in Indonesien.

Nach dieser historischen Genese werden im Folgenden zentrale staatliche Selektivitäten in Bezug auf Landbesitzverhältnisse und *adat* analysiert und gezeigt, wie diese eine exportorientierte Palmöl- und Agrartreibstoffproduktion vorantreiben. Es wird gezeigt, dass die Strategien von indigenen Bevölkerungsgruppen weiterhin in entscheidender Weise durch staatliche bzw. rechtliche Institutionen eingeschränkt werden, auch wenn Mobilisierungsversuche zunehmend Erfolge zeigen und Handlungsmöglichkeiten erweitern.

6.1.3. Privilegierung von kodifizierten Eigentumsrechten

Die Privilegierung von kodifizierten Eigentumsrechten ist eine zentrale staatliche Strategie zur Förderung einer exportorientierten Palmöl- und Agrartreibstoffproduktion. Die Indigenenbewegung, die auf nationaler Ebene durch AMAN vertreten wird, konnte zwar Teilerfolge in der Anerkennung von Gewohnheitsrechten erzielen, diese sind bisher allerdings nur unzureichend institutionell abgesichert bzw. implementiert und müssen von Fall zu Fall neu erkämpft werden (Rachman/Siscawati 2013). Mit anderen Worten ist die staatlich durchgesetzte Kodifizierung von Eigentumsrechten zur Kontrolle von Land strukturell und strategisch selektiv, d.h. sie marginalisiert Interessen, Handlungen und Strategien gesellschaftlicher und politischer Kräfte mit gewohnheitsrechtlichen und kollektiven Landansprüchen. Vor allem in den Land- und Forstwirtschaftsgesetzen, die als Grundlage für die Expansion von Palmölplantagen dienen, gibt es zahlreiche Beispiele für die Privilegierung von kodifiziertem Recht. Zwar werden gewohn-

---

3 Vor allem das Forstgesetz 41/1999 widersprach in seinen Ausführungen den im gleichen Jahr und nur wenige Monate zuvor verabschiedeten Dezentralisierungsgesetzen. Die Prozesse von Dezentralisierung und Rezentralisierung werden ausführlicher im Abschnitt 6.3 besprochen.

heitsrechtliche Landansprüche in beiden Gesetzen grundsätzlich anerkannt, allerdings nur mit Einschränkungen. Die zwei wichtigsten Einschränkungen beziehen sich auf die Voraussetzung, dass diese Rechte mit dem nationalen Interesse vereinbar sind und dass die *adat*-Gemeinschaften tatsächlich existieren. Beide Bedingungen führen zu einer faktischen Willkür des Staates bei der Vergabe von Konzessionen für Palmölplantagen.

Die Konstruktion eines nationalen Interesses und die tatsächliche Existenz von indigenen Gemeinschaften

Das *nationale Interesse* ist in allen Gesetzen Indonesiens nach der Kolonialzeit ein entscheidendes Element. Die homogenisierende und einheitsstiftende Funktion des Nationalen ist einerseits für den unabhängigen Nationalstaat an sich konstitutiv, spielt aber für das Inselarchipel eine besondere Rolle, da das Land vor der Kolonialisierung keine gemeinsame politische Geschichte hatte. Erst durch den Kampf gegen die niederländische Kolonialmacht wurde eine nationale Einheit geschaffen und in der Folge politisch und kulturell geformt. Auch sozioökonomisch war das nationale Interesse essenziell für den starken Entwicklungsstaat, der in Indonesien und in vielen anderen Ländern des globalen Südens nach der Unabhängigkeit die Ausbeutung von natürlichen Ressourcen im Interesse von Modernisierung und nachholender Entwicklung propagierte. Alternative Lebens- und Arbeitsformen (insbesondere traditionelle Wirtschaftssysteme) wurden in diesem Zusammenhang als Gefahr angesehen und sollten im Interesse der nationalen Einheit und Modernisierung zurückgedrängt werden. In diesem Sinne wird im Landwirtschaftsgesetz von 1960, das bis heute gilt, bekräftigt:

> It is also not acceptable for customary law communities to use their ulayat rights to oppose development projects, for example opposing forest clearing for generating local income or resettlement programs. Indeed, in many regions, development programs are often hampered because of ulayat rights [...]. The interests of customary law communities should be subordinated to national and State interests and the exercise of ulayat rights should also conform to the wider interest. (Erklärung zu § 5 UUPA 5/1960, zitiert nach Colchester et al. 2007: 50)

Während im Landwirtschaftsgesetz zumindest eine grundsätzliche Anerkennung von *adat* gegeben ist, werden gewohnheitsrechtliche Landansprüche im Forstgesetz von 1999 systematisch ignoriert. Das Forstgesetz, das in der Umbruchzeit der Reformära beschlossen wurde, beruft sich im Wesentlichen auf die Forstpolitik der Neuen Ordnung, indem die koloniale Unterscheidung zwischen staatlichem und proprietärem Wald bekräftigt wird. Wald, der von *adat*-Gemeinschaften bewohnt und bewirtschaftet wird, gilt demnach automatisch als staatlicher

Wald (*hutan negara*): „Staatlicher Wald bedeutet Wald auf Land ohne Eigentumsrecht [...]. Adat-Wald bedeutet staatlicher Wald, der sich in Gebieten von adat-Gemeinschaften befindet" (§ 1 Abs 4u6 UU 41/1999, eigene Übersetzung und Hervorhebung). Auch wenn in späterer Folge betont wird, dass der Staat die traditionellen Landrechte respektieren sollte – vorausgesetzt sie widersprechen dem nationalen Interesse nicht (§ 4 Abs 3 UU 41/1999) – wird bereits durch die Unterordnung von *adat* unter staatlichen Wald die strukturelle Selektivität der rechtlichen Rahmenbedingungen klar. Das Forstgesetz führt zu einer faktischen Aufhebung von Gewohnheitsrechten auf Land, da diese nicht nur dem nationalen Interesse untergeordnet sind, sondern zudem ohnehin als staatliches Eigentum betrachtet werden. Diese Einteilung ist besonders entscheidend, wenn es um die Expansion von Palmölplantagen in Waldgebiete und die Befugnisse der Regierung in diesem Zusammenhang geht:

> Die Kontrolle des Staates über den Wald [...] gibt der Regierung die Befugnis a. alle Aspekte, die den Wald, die Waldfläche und die forstwirtschaftlichen Produkte betreffen, zu regulieren und zu verwalten; b. den Status von bestimmten Gebieten als Wald oder als kein Wald festzulegen; und c. rechtliche Beziehungen zwischen den Menschen und dem Wald festzulegen. (§ 4 Abs 2 UU 41/1999, eigene Übersetzung)

Entscheidend ist diese Regelung auch für Ländereien, die gar nicht bewaldet sind, denen allerdings klare, d.h. individuelle und kodifizierte Eigentumsrechte fehlen, worunter beispielsweise Brachland fällt (Peluso/Harwell 2001: 95). Da sich die beschränkte Anerkennung von *hak ulayat* lediglich auf bewohntes Gebiet bzw. permanent genutzte Flächen bezieht, fallen Wälder und Brachflächen – Ländereien, die im Besonderen für die Expansion von Palmölplantagen verwendet werden – in die direkte Kontrolle des Staates. Das Interesse der Nation, das in den jeweils historisch-spezifischen Situationen mit den Entwicklungsstrategien einer bestimmten Regierung zusammenfällt, wird durch diese Auslegung mit dem staatlichen Interesse gleichgesetzt und als Strategie herangezogen, eine exportorientierte Palmölproduktion zu fördern.

Trotz dieser Selektivitäten zeigt die verstärkte Mobilisierung der Indigenen- und Agrarbewegung seit den 2000er Jahren Wirkung. Nach jahrelangem Lobbying und Kampagnisierung von AMAN und ihren UnterstützerInnen beurteilte der indonesische Verfassungsgerichtshof im Mai 2013 in einer wegweisenden Entscheidung die Unterordnung von *adat*-Wald unter staatlichen Wald als verfassungswidrig (Rachman/Siscawati 2013: 7). Dieser Beschluss stellt einen großen Erfolg für die indonesische Indigenenbewegung dar, auch wenn die Implementierung derzeit noch völlig unklar ist: „We have observed that no high official nor any government elite has committed to assuming or creating an official government position to administer the process in formally recognizing the status of masyarakat adat as rights-bearing subjects" (Rachman/Siscawati 2013: 8).

Eine weitere notwendige, wenn auch vielfach äußerst schwer zu „beweisende" Voraussetzung für die Anerkennung von *hak ulayat* ist die *tatsächliche Existenz* von *adat*-Gemeinschaften. Im Forstgesetz heißt es dazu: „Staatliche Kontrolle über den Wald soll das Recht von *adat*-Gemeinschaften berücksichtigen, vorausgesetzt dass es noch existiert und anerkannt wird" (§ 4 Abs 3 UU 41/1999, eigene Übersetzung). Ähnliches gilt auch für das Landwirtschaftsgesetz (§ 3 UUPA 5/1960). Die Entscheidung darüber, ob eine *adat*-Gemeinschaft existiert oder nicht, obliegt letztendlich dem Staat, und für eine solche Anerkennung müssen zahlreiche Kriterien erfüllt sein. Laut einem Leitfaden zur Anerkennung von gewohnheitsrechtlichen Landansprüchen aus dem Jahr 1999 müssen nachweisbar *adat*-Institutionen vorhanden sein, die *adat*-Gesetzgebung muss sich auf ein bestimmtes Territorium beziehen, und die Gemeinschaft muss zu ihrem täglichen Überleben von Forstprodukten abhängig sein (§ 2 PERMEN 5/1999).[4] Zwar kann *adat* in diesem Fall auch den Status von Eigentumsrecht haben, die einwandfreie Klärung der geforderten Kriterien ist allerdings problematisch. Ein Experte aus Indonesien meint dazu: „Customary law is respected only if it still exists in reality [...] and it can be proved that it is still dominant in regulating the life of the community. It is very easy to get proof of the other side, that it is not dominant any more, that it has already eroded" (INTB20). Die Notwendigkeit eines einwandfreien Beweises über die tatsächliche Existenz einer *adat*-Gemeinschaft impliziert einerseits eine statische Vorstellung von Indigenität, die in den meisten lokalen Kontexten nicht der Realität entspricht und schließt zum anderen Menschen und Gruppen aus, die ihre Indigenität zwar nicht beweisen können, aber bereits seit einigen Generationen auf und von bestimmten Ländereien leben. Ländliche Bevölkerungsgruppen wie beispielsweise Kleinbauern und -bäuerinnen, SaisonarbeiterInnen, aber auch Indigene, die nicht nach den imaginierten und seit der Kolonialzeit zementierten Vorstellungen von *adat* leben und trotzdem keine individuellen Landtitel nachweisen können, werden dadurch von einem gesicherten Zugang zu Land ausgeschlossen:

---

4   Ansprüche auf *hak ulayat* sind zudem nicht zulässig, wenn die betroffenen Ländereien bereits in individuellem Besitz sind, sich auf Flächen beziehen, deren Rechte sich aus dem Landwirtschaftsgesetz ableiten lassen, oder wenn die Flächen von der Regierung oder von individuellen bzw. juristischen Personen erworben wurden und weiterhin Gültigkeit haben (§ 3 PERMEN 5/1999), wodurch beispielsweise HGUs für Palmölplantagen ausgenommen sind.

You cannot expect that people or communities still have their indigenousness completely and can prove that they are indigenous in all aspects of life, this is impossible. So if you use this argument, you lose ground because nobody can prove that they are indigenous at the moment. Communities become very differentiated socially, become plural, migrants come in, transmigrants, it becomes very complex [...]. So I like more to talk about local. Even if they are not indigenous, they are people that have to build their living and in our country – which is still very poor [...] – land-based activities are still very important. (INTB20)

Die tatsächliche Anerkennung von Landrechten und damit einhergehend der Schutz vor Enteignung von Landflächen für Plantagenprojekte ist demnach mit der notwendigen Anerkennung eines statischen Bildes von Indigenität verbunden, das die Möglichkeit eines Aufbaus alternativer landwirtschaftlicher Praxen jenseits einer reinen Subsistenzwirtschaft erschwert. Dementsprechend wird im besten Fall eine *Koexistenz* zwischen zwei absolut getrennten Rechtssystemen ermöglicht (s. S. 59), die keine Weiterentwicklung auf Basis von Veränderungen beider Rechtssysteme zulässt und weiterhin eine klare Hierarchisierung in Bezug auf kodifizierte Eigentumsverhältnisse impliziert.

Diese Selektivitäten in Bezug auf die Anerkennung von gewohnheitsrechtlichen Landansprüchen werden zusätzlich durch die *Kriminalisierung von Widerstand* gegen die Expansion von Palmölplantagen abgesichert. Das kann exemplarisch an zwei Bestimmungen im Plantagengesetz verdeutlicht werden, die in enger Abstimmung mit der Weltbank im Jahr 2004 durchgesetzt wurden (INTA3). In Artikel 21 heißt es darin: „Jeder Person ist es verboten, Aktivitäten durchzuführen, die zu einem Schaden der Plantage und/oder anderer Vermögenswerte führen, unerlaubt Plantagenflächen zu nutzen und/oder andere Aktivitäten aufzunehmen, die zu einer Störung der Plantagenaktivitäten führen" (§ 21 UU18/2004, eigene Übersetzung). Gleichzeitig wurden die Befugnisse im Umgang mit Widerstand erheblich ausgeweitet:

> Jede/r, der/die vorsätzlich gegen das Verbot Aktionen setzt, die die Zerstörung der Plantage und/oder anderer Vermögenswerte zur Folge haben, unerlaubt Plantagenflächen nutzt und/oder andere Aktivitäten aufnimmt, die zu einer Störung der Plantagenaktivitäten führen, wie im Artikel 21 angeführt, muss eine maximale Gefängnisstrafe von 5 Jahren verbüßen und eine maximale Geldstrafe von 5 Milliarden Rupien zahlen. (§ 47 Abs 1 UU18/2004, eigene Übersetzung)

In der Praxis führten diese beiden Bestimmungen zu einer einfachen Kriminalisierung von Widerstand, d.h. Bevölkerungsgruppen, die sich gegen Palmölplantagenprojekte zur Wehr setzten und dazu Methoden des alltäglichen Widerstands wie beispielsweise Sabotage, Straßenblockaden oder die Besetzung von Land zur Verhinderung der Freilegung des Geländes benutzten, weil ihnen andere

Strategien verwehrt blieben, konnten juristisch verfolgt werden. Den Plantagenunternehmen wurde dadurch die Sicherheit gewährt, ihre Geschäfte in einem störungsfreien Bereich abwickeln zu können.

Im September 2011 konnten betroffene Bauern und Bäuerinnen in einem kleinen Schritt ihre Interessen durch eine Klage beim Verfassungsgericht durchsetzen, der die beiden Artikel als diskriminierend gegenüber den Rechten indigener Gemeinschaften und deshalb für verfassungswidrig erklärte (Haryanto 2011). Auch wenn diverse NGOs und soziale Bewegungen, beispielsweise der nationale NGO-Zusammenschluss Sawit Watch,[5] die Aufhebung der diskriminierenden Paragraphen explizit begrüßen, liegt die Herausforderung darin, bereits gefällte Entscheidungen auf dieser neuen Basis rückgängig zu machen (Email-Kommunikation mit Sawit Watch, 11.12.2011). Das zeigt deutlich, dass die strategischen Selektivitäten des Staates in Bezug auf die Privilegierung von Plantagenunternehmen gegenüber Indigenen und Kleinbauern/-bäuerinnen die Bezugspunkte ebendieser stark einschränken, wenn auch nicht verunmöglichen. Das Beispiel veranschaulicht aber auch, dass die Durchsetzung von Interessen für von Enteignung Betroffene nur durch die formalisierten Spielregeln des juristischen Systems möglich ist. Für viele lokale Communities bedeutet das, dass die Verteidigung ihrer Rechte von der Hilfe durch NGOs abhängt, die den Betroffenen AnwältInnen zur Verfügung stellen und die Fälle einzeln vor Gericht bringen (INTB15, INTB18, INTB28).

Partizipative Kartierung (participatory mapping) als strategischer Bezug
Tatsächlich hat erst die Politisierung durch Bewegungen wie AMAN auf die strukturellen und strategischen Selektivitäten des Staates in Bezug auf gewohnheitsrechtliche und kollektive Eigentumsrechte hingewiesen. Während durch den autoritären und zentralisierten Entwicklungsstaat der Neuen Ordnung die Differenzen im Land sowie die unterschiedlichen Lebensrealitäten auf lokaler Ebene negiert und mitunter militärisch bekämpft wurden, haben sich Indigenenorganisationen seit Beginn der 2000er Jahre politische Räume erkämpft, um Rechte marginalisierter ländlicher Bevölkerungsgruppen durchzusetzen. Wie bereits weiter oben dargestellt, fokussieren IndigenenvertreterInnen und ihre

---

5 Sawit Watch (deutsch: Palmöl beobachten) ist ein indonesisches NGO-Netzwerk, das zu Palmölfragen aus einer sozial-ökologischen Perspektive arbeitet. Der Schwerpunkt der Arbeit liegt auf Landkonflikten in Zusammenhang mit der Palmölproduktion, und Sawit Watch arbeitet dabei vor allem mit Indigenen und lokalen Communities, mit Palmölkleinbauern/-bäuerinnen und mit PlantagenarbeiterInnen zusammen.

UnterstützerInnen dabei in den wenigsten Fällen auf eine radikale Transformation des Staates. Vielmehr entwickeln sie ihre Strategien in einem wechselseitigen Verhältnis mit dem „materiellen Gerüst" des Staates (Poulantzas 1978: 121), d.h. den historisch gewordenen politisch-institutionellen Handlungekorridoren. In diesem Zusammenhang haben AktivistInnen die partizipative Kartierung (*participatory mapping*) als zentrale Strategie zur Verhinderung von Enteignungen der indigenen Bevölkerung entwickelt (INTB18, INTB20). Gemeinsam mit den DorfbewohnerInnen definieren sie die Grenzen von Dorfgebiet, Wald oder historisch wichtigen bzw. sakralen Orten, wodurch lokale Landbesitzansprüche abgesteckt und dokumentiert werden sollen, erklärt ein Vertreter der lokalen NGO PPSDAK, die sich in West-Kalimantan auf partizipative Kartierung spezialisiert hat: „What we exactly do with the mapping is to document the people's rights to their lands, secondly, their existence in the area and thirdly, [...] the boundaries of their territory" (INTB18). Die partizipative Kartierung bezieht sich damit eindeutig auf die rechtliche Situation zur Anerkennung von *hak ulayat*. Aus dem bereits oben angesprochenen Leitfaden geht die Notwendigkeit einer Dokumentation der tatsächlichen Existenz der *adat*-Gemeinschaften zur Anerkennung ihrer Rechte – inklusive der Erstellung einer Landkarte zur Abgrenzung des Territoriums – deutlich hervor (§ 5 PERMEN 5/1999). Dementsprechend ist die Kartierung und Einhegung von Territorium eine entscheidende Aneignungsbedingung – auch für kollektive und/oder gewohnheitsrechtliche Ansprüche auf Land – geworden.

Durch diese paradoxe Situation einer Anpassung gewohnheitsrechtlicher Landansprüche an die Vorgaben eines kodifizierten Rechtssystems auf der einen Seite und der absoluten Trennung der Rechtssysteme durch die Notwendigkeit einer angestammten Verbindung von Indigenen zu ihrem Land auf der anderen Seite werden politische Strategien, die auf eine ethnische Politisierung von Landrechten abzielen, bestärkt: „In many cases, the only properly indigenous person is a person embedded in a group and a place" (Li 2010: 395). Von Enteignung bedrohte lokale Bevölkerungsgruppen müssen ihre Indigenität nachweisen, um politische Handlungsmöglichkeiten zu erlangen, weil landwirtschaftliche Produktionsweisen jenseits von traditioneller Subsistenzwirtschaft und Plantagenwirtschaft für den Export nahezu verunmöglicht werden.

Im Hinblick auf die rasante Expansion der Palmölplantagen scheint die Praxis der partizipativen Kartierung dennoch ein entscheidendes Mittel gegen Enteignungen darzustellen. Der gemeinsame Diskussionsprozess über die Grenzen des indigenen Territoriums führt in den meisten Fällen zu mehr Selbstvertrauen für die betroffenen Bevölkerungsgruppen und einer besseren Position dieser in Verhandlungen mit den Unternehmen (INTB18). Zudem wird eine kollektive Basis geschaffen, um die Landansprüche auf unterschiedlichen politischen Ebenen besser abzusichern: „The idea is then, if all the branches of this movement have completed their registrations of land, then the idea is that they have a kind of mapping of indigenous land and they can fight on a higher political level" (INTB20). Diese Absicherung von indigenen Landrechten auf höheren politischen Ebenen wird beispielsweise von Sawit Watch vorangetrieben. Das Netzwerk versucht einerseits die Rechte von Indigenen in Gesetzen auf Bezirks- und Provinzebene zu verankern, andererseits die Landbesitzansprüche von der Dorfebene auf die Bezirksebene zu übertragen und damit konsistente Karten zu erstellen, die in Verhandlungen mit RegierungsvertreterInnen und Unternehmen um Plantagenkonzessionen genutzt werden können (INTB28).

Letztendlich wird die Bedeutung von Landkarten als Form der Legitimation von Aneignungs- und Enteignungsstrategien auch durch die Umkämpftheit der Karten selbst deutlich. Laut PPSDAK ist es üblich, dass Regierungen auf unterschiedlichen Ebenen (Bezirks-, Provinz- und Zentralregierung), Unternehmen sowie NGOs und AktivistInnen unterschiedliche Karten nutzen und auch in Auftrag geben. Von der Regierung werden die partizipativ erstellten Karten vielfach nicht anerkannt „because the indigenous areas seem to be full" (INTB18), d.h. die scheinbar brachliegenden und degradierten Flächen und leeren Wälder sind bei näherer Betrachtung meist in lokalem Besitz und können bei Anerkennung dieser gewohnheitsrechtlichen Landbesitzverhältnisse nicht mehr für die Expansion von Palmölplantagen zur Verfügung gestellt werden: „There is a disadvantage to detailed maps, from a government perspective. They diminish the power of officials to assign vast concessions to capitalist interests on the basis of vague land classifications, or to resolve conflicts expediently, according to their own priorities" (Li 2001: 665).

6.1.4. Zwischenfazit

Die aktuellen Regelungen in Bezug auf gewohnheitsrechtliche und kollektive Landansprüche führen zu einer selektiven Anerkennung von Landrechten lokaler Bevölkerungsgruppen. Die Einschränkung der Anerkennung von *hak ulayat* mit dem Hinweis auf das nationale Interesse bzw. die staatliche Kontrolle über Waldflächen, die nicht in individuellem Besitz sind, beschreiben das was Litowitz (2000: 545) als *Exklusivität des Rechts* definiert. Der Staat sichert sich über das Monopol zum Erlass und zur Durchsetzung von Recht die Kontrolle über das Land, und die Anerkennung von alternativen Rechtssystemen ist nur in angepasster Form möglich. Während die Neue Ordnung von staatlicher Gewalt und Unterdrückung jeglicher Differenzen geprägt war, haben sich indigene Gemeinschaften seit Beginn der 2000er Jahre zumindest selektiv Anerkennungsräume erkämpft. Diese gehen jedoch über eine *Koexistenz* der beiden Rechtssysteme nicht hinaus. *Masyarakat adat* können nur anerkannt werden, wenn diese Gemeinschaften in einem von der „modernen" Gesellschaft abgetrennten Bereich in statisch traditioneller Weise leben, nicht allerdings wenn sie das exportorientierte agrarindustrielle Landwirtschaftsmodell zwar ablehnen, aber durchaus an der (kommerziellen) Nutzung von natürlichen Ressourcen interessiert sind. Dementsprechend erfolgt die Anerkennung von gewohnheitsrechtlichen Landansprüchen in asymmetrischer und an das kodifizierte Rechtssystem angepassten Form, nicht zuletzt weil letzteres eine zentrale Voraussetzung für das Palmölprojekt darstellt.

Diese Handlungskorridore beeinflussen in erheblichem Ausmaß die politische Kanalisierung von Widerstand durch den Staat sowie die alternativen Strategien und Kämpfe von IndigenenvertreterInnen und ihren UnterstützerInnen: „Because subaltern subjectivities are formed within hegemonic relations, the process of ideological struggle seldom involves a 'whole new alternative set of terms' but proceeds rather through the attempt to 'win some new set of meanings for an existing term or category" (Hall 1985, 1996, zitiert in Li 2001: 650-651). Weil die Anerkennung von *hak ulayat* einen Nachweis der tatsächlichen Existenz einer indigenen Gemeinschaft erfordert, fokussieren viele Indigene in Zusammenarbeit mit lokalen NGOs auf die Dokumentation und Kartierung von gewohnheitsrechtlichen Ansprüchen auf Land; nur dadurch ist die rechtliche Absicherung ihrer Ländereien möglich. Gleichzeitig wird dadurch ein statisches Bild von Indigenität, das in den wenigsten Fällen der Realität entspricht, reproduziert und der Aufbau von Alternativen jenseits von traditioneller Subsistenzwirtschaft und exportorientierter Plantagenwirtschaft erschwert.

6.2. Konflikte um die Konzentration und Umverteilung von Land

> We are not talking about economic democracy at all, we are talking about political democracy and in an economically very undemocratic system, an economy that is dominated by large capital – national and international – political democracy will be taken as hostage by the strongest people with the strongest economic and political ties. (INTB20)

In enger Verbindung mit Konflikten um Eigentumsverhältnisse an Land ist die Konzentration von Landbesitz und damit die Ungleichheit in der Verteilung von Land ein entscheidendes Konfliktverhältnis, das die Expansion der Palmölindustrie begleitet. Als Voraussetzung für die Produktion von Palmöl und Agrartreibstoffen für den Weltmarkt sind sowohl exklusive Eigentumsrechte an Land als auch die Konzentration von Landbesitz entscheidende Mechanismen einer Inwertsetzung von Natur und damit einer Integration von peripheren Räumen in den kapitalistischen Akkumulationsprozess. Dieser Fokus richtet den Blick neben der Anerkennung von Landrechten indigener Gemeinschaften auf die Kämpfe von Kleinbauern und -bäuerinnen, Landlosen, PlantagenarbeiterInnen oder SaisonarbeiterInnen und vereint „struggles against dispossession" mit „struggle[s] for land (re)possession". (Borras/Franco 2012: 53-54). Weil staatliche Institutionen Indigenität auf die Abhängigkeit von Waldressourcen und den vererbten Bezug zu Land reduzieren und die Frage nach gleichberechtigtem Zugang zu land- und forstwirtschaftlichen Ressourcen ausklammern, verschleiert der Kampf um die Anerkennung von *adat* vielfach auch die generelle ökonomische Ungleichheit in der Landwirtschaft Indonesiens.

Eine monokulturelle und exportorientierte Palmölproduktion ist per se von einer Konzentration von Land abhängig. Diese Konzentrationsprozesse müssen durch staatliche Politiken und Institutionen ermöglicht werden und wirken sich strukturell, räumlich und strategisch selektiv auf unterschiedliche gesellschaftliche Kräfte aus. Im Folgenden werden die historischen Konflikte um die Konzentration und Umverteilung von Land in Indonesien nachgezeichnet, um in der Folge aktuelle staatliche Strategien diesbezüglich zu analysieren. Es wird gezeigt, wie diese institutionellen Arrangements selektiv auf unterschiedliche gesellschaftliche Kräfte wirken, und wie diese versuchen, darauf zu reagieren bzw. diese ungleichen Landbesitzverhältnisse zu politisieren.

6.2.1. Historische Genese der Landfrage

Konflikte um die ungleiche Verteilung von Land in Zusammenhang mit der Expansion der Plantagenwirtschaft gehen bis in die Kolonialzeit zurück. Ungleicher Landbesitz und die Kontrolle von Plantagen und natürlichen Ressourcen durch die niederländische Kolonialmacht waren ein zentrales Konfliktfeld während des indonesischen Unabhängigkeitskampfes seit Beginn des 20. Jahrhunderts. Im Zuge der Mobilisierung der Bevölkerung im Namen des Volkes (*rakyat*)[6] machten Bauern- und Bäuerinnenorganisationen die Umverteilung von Land zu einem

---

6   *Rakyat* steht in engem Zusammenhang mit der politischen Mobilisierung anhand eines nationalen Klassenbewusstseins während des Unabhängigkeitskampfes und nach der Unabhängigkeit unter Präsident Sukarno bis 1965. Gegen Ende der Neuen

wesentlichen Politikum in der frühen Phase der Unabhängigkeit (Lane 2008: 56, Utrecht 1969). Ein Meilenstein in der Politisierung von Agrarfragen in der jungen Republik war das Landwirtschaftsgesetz aus dem Jahr 1960. Dieses legte den Grundstein für eine umfassende Agrarreform, durch die koloniales Plantagenland an die Menschen in Indonesien zurückgegeben werden sollte. Die Regierung unter Sukarno schränkte die maximale Landfläche, die eine Familie oder ein Unternehmen bewirtschaften darf, ein, und „Landflächen, die über die maximale Landfläche hinausgehen [...] [wurden] von der Regierung gegen Entschädigung übernommen und in der Folge an Menschen verteilt, die laut Regierungsverordnung Land benötigen" (§ 17 Abs 3 UUPA 5/1960, eigene Übersetzung). Die entsprechende Regierungsverordnung 56/1960 legte die maximale Landfläche auf 5 bis 20 Hektar – je nach Dichte der Besiedlung und Beschaffenheit des Landes – für eine Person bzw. eine Familie fest. Einschränkungen – und das ist insbesondere für den Plantagensektor zentral – waren für landwirtschaftliche Flächen mit HGU und für juristische Personen vorgesehen (§ 1 PERPU 56/1960). Im Rahmen einer weiteren Regierungsverordnung wurden die Voraussetzungen für die Agrarreform festgelegt. Das über die maximale Fläche hinausgehende Land sollte verteilt und bis zu diesem Zeitpunkt selbstverwaltetes Land in einem einheitlichen Rechtssystem zusammengefasst werden (§ 1 PP 224/1961). Vor allem die Indonesische Bauernfront BTI (*Barisan Tani Indonesia*), die eng mit der Kommunistischen Partei Indonesiens PKI (*Partai Komunis Indonesia*) verbunden war, versuchte die Agrarreform in der Folge durch Landbesetzungen zu implementieren und gegen Militäreliten und regionale GrundbesitzerInnen durchzusetzen (Hadiz 2006: 560, Lane 2008: 56).

Die Bemühungen einer umfassenden Landreform wurden 1965/66, nach dem Militärputsch und der Machtübernahme durch General Suharto, abrupt gestoppt (ANGOC 2009: 131, Li 2001: 654). Alle Organisationen, die aktiv für eine Landreform gekämpft hatten, wurden verboten und hunderttausende Bauern und Bäuerinnen ermordet (Peluso et al. 2008: 381). Ab 1970 schloss die Regierung unter Suharto die Landreformgerichte, die zur Lösung von Landkonflikten etabliert worden waren, ebenso wie die Landreformkomitees, die für die Festlegung des zu verteilenden Landes zuständig waren (ANGOC 2009: 95). Das Militär gewann durch die gewaltvolle Vertreibung, Ermordung oder Verhaftung von landwirtschaftlichen AktivistInnen die Kontrolle über weite Teile des zuvor umverteilten Landes wieder, das als zentrale Basis für die Expansion

---

Ordnung wurde dieser Begriff wieder politisiert und als Gegenstück zum Begriff *elit* oder *elit politik* verwendet (Lane 2008: 255).

der Plantagenwirtschaft genutzt wurde (Farid 2005: 10). Neben dem Militär, dessen Befehlsstruktur bis in einzelne Dörfer hinunter reichte, war vor allem die landbesitzende Klasse eine wesentliche Verbündete der Neuen Ordnung (Lane 2008: 56). Trotz dieser Verschiebung der Kräfteverhältnisse wurde das Landwirtschaftsgesetz nie abgeschafft, sondern selektiv und damit den Interessen der neuen Führung entsprechend implementiert: „A key component of the law was to be national land reform. The Suharto government, however, had implemented the law selectively, favouring the articles supporting the state's right to acquire land for development projects 'in the national interest'" (Peluso et al. 2008: 387). Mit dieser Politik wurde die koloniale Aneignung von Landbesitz im postkolonialen Staat weitergeführt, wenn auch vielfach durch andere Kapitalfraktionen. Mit Unterstützung des Militärs, nationaler GroßgrundbesitzerInnen und anderer Eliten sowie ausländischer Unternehmen trieb Suharto die Inwertsetzung von Land durch die Enteignung von lokalen LandbesitzerInnen und die entsprechende Konzentration von Landbesitz voran und schuf damit die Vorbedingung für die großangelegte Ausbeutung von natürlichen Ressourcen, vor allem im Erdöl-, Bergbau-, Landwirtschafts- und Forstsektor: „Agrarian transformations during the New Order generally meant large-scale land dispossession by central state institutions and their corporate or capitalist cronies" (Peluso et al. 2008: 381).

Eine entscheidende Rolle für die Konzentration von Landbesitz im Palmölsektor spielte außerdem die Integration von Bauern und Bäuerinnen im Rahmen der Vertragslandwirtschaft. Durch die PIR- und PIR-trans-Modelle (siehe Abschnitt 4.2.1) wurden lokale LandbesitzerInnen angehalten Landflächen in die Plantagenökonomie einzubringen, die von staatlichen und in späterer Folge (ab Mitte der 1980er Jahre) von privatwirtschaftlichen Palmölunternehmen bepflanzt wurden. Im Gegenzug wurden 80 Prozent der bepflanzten Fläche an die Smallholder zur Bewirtschaftung zurückgegeben, 20 Prozent wurden vom Unternehmen bestellt (McCarthy/Cramb 2009: 115-116). In Bezug auf die Konzentration von Landbesitz ist zentral, dass alle diese Flächen als HGUs geführt werden und das Land dementsprechend nach Ablauf der Plantagenkonzession an den Staat übergeht.

Diese Akkumulation durch Enteignung wurde nicht nur durch die Vertragslandwirtschaft sowie eine faktische Aufhebung der Landreform und Zerschlagung ihrer populären Basis ermöglicht, sondern auch durch die Verabschiedung des Forstgesetzes im Jahr 1967, durch das etwa 70 Prozent des indonesischen Territoriums unter staatliche Kontrolle gebracht wurde (Barr et al. 2006: 23, Peluso et al. 2008: 382). Diese einzigartige Landnahme von 143 Millionen Hektar Waldfläche (Barr et al. 2006: 23) ist entscheidend für die großflächige Extraktion von Holzressourcen und eine wichtige Vorbedingung für die Expansion der Palmölproduktion, weil viele der Forstkonzessionen aufgrund der exzessiven Nutzung in den 1990er Jahren in Palmölplantagen umgewandelt wurden. Die Macht von staatlichen Institutionen über die natürlichen Ressourcen des Landes wurde durch den „military-bureaucratic-authoritarian state" (Peluso et al. 2008: 381) abgesichert und machte in dieser Zeit politische Mobilisierung in ländlichen Gebieten fast unmöglich. Die BTI wurde verboten und durch die staatlich kontrollierte Indonesische Assoziation bäuerlicher Harmonie HKTI *(Himpunan Kerukunan Tani Indonesia)* ersetzt. Während die Umweltbewegung seit Ende der 1980er Jahre – unterstützt von transnationalen Umweltschutzorganisationen – aufgrund ihres vermeintlichen und teilweise auch realen apolitischen Charakters langsam Fuß fassen konnte,[7] wurde die politische Mobilisierung von Agrarfragen kriminalisiert und war nur im Untergrund möglich (Peluso et al. 2008: 382-384).

Erst nach dem Sturz von Suharto und dem Beginn der Reformperiode wurde eine solche Politisierung – wenn auch aufgrund der jahrzehntelangen Repression nur zögerlich – wieder in Gang gesetzt. Eine zentrale Konfliktlinie, die als Unterschied zu vielen anderen Landkonflikten im internationalen Vergleich gewertet werden kann, ist der Kampf gegen den Staat als größten Landeigentümer (Peluso et al. 2008: 389). Vor allem das Forstministerium, das noch immer zwei Drittel des Landes kontrolliert, aber auch die Nationale Landbehörde BPN wurden zum zentralen Bezugspunkt für die Kämpfe um eine gerechtere Verteilung von Land (INTB23). Seitdem haben sich auch einige Bauern- und Bäuerinnenorganisationen mit nationaler Reichweite organisiert, zu den bekanntesten zählen beispielsweise der nationale Zusammenschluss für Agrarreform KPA *(Konsorsium Pembaruan Agraria)* oder die Föderation indonesischer Bauern- und Bäuerinnenvereinigungen FSPI *(Federasi Serikat Petani Indonesia)*. Erstere lobbyiert insbesondere auf nationaler Ebene für eine umfassende Agrarreform. Im Jahr 2001 verabschiedete das indonesische Parlament auf Drängen von KPA, WALHI[8] und AMAN einen Bescheid über Agrarreform und natürliches Ressourcenmanagement, um eine umfassende Revision von zentralen Gesetzen in

---

7 Ein Zeichen dafür ist beispielsweise die Gründung des Umweltministeriums in den 1980er Jahren, durch das strategische Zugeständnisse an die sich formierende Umweltbewegung gemacht wurden, ohne die Macht des Forstministeriums zu brechen (Peluso et al. 2008: 384).

8 WALHI *(Wahana Lingkungan Hidup Indonesia* – Umweltforum Indonesien) ist die größte Umweltorganisation in Indonesien und arbeitet an der Schnittstelle zwischen Umweltproblemen und sozialer Gerechtigkeit. WALHI ist international mit

Bezug auf Landfragen und natürliches Ressourcenmanagement anzukurbeln (IX/MPR/2001). Zum ersten Mal wurde damit auf staatlicher Ebene eine Allianz zwischen Indigenen-, Agrar- und Umweltbewegungen erreicht. Im Jahr 2006 kündigte der indonesische Präsident die Implementierung der Landreform an, wonach 8,2 Millionen Hektar staatliches Land, in der Hand von Forstministerium und BPN, zur Umverteilung bereitgestellt werden sollten (Peluso et al. 2008: 399). Wie dringend notwendig eine solche Umverteilung von Land ist, zeigen einige offizielle Zahlen von BPN. Demnach bearbeiten mehr als die Hälfte der rund 25 Millionen bäuerlichen Haushalte in Indonesien weniger als 0,5 Hektar Land. Im Jahr 2007 registrierte BPN 7.491 Landkonflikte, die über eine Landfläche von 608.000 Hektar ausgetragen wurden (Winoto 2009: 2-3).

Während die Mobilisierung von Interessen auf einer breiten Basis mit dem Ziel einer umfassenden Landreform während der Neuen Ordnung brutal unterdrückt wurde, haben sich seit dem Sturz Suhartos die politischen Mobilisierungsmöglichkeiten verändert. Vor allem die Kooperation mit Umwelt- und Indigenenbewegungen schafft neue Politisierungsmöglichkeiten, um gegen die fortschreitende Konzentration von Landbesitz zu mobilisieren. Im Folgenden wird gezeigt, wie diese Kämpfe für eine Agrarreform durch Konzentrationstendenzen in der Landwirtschaft herausgefordert werden, und wie die Expansion von Palmölplantagen durch den Staat abgesichert wird.

6.2.2. Konzentration von Landbesitz

Die historische Entwicklung in der Landwirtschaft Indonesiens zeigt seit der Neuen Ordnung die Konzentration von Landbesitz in den Händen von großen staatlichen und privatwirtschaftlichen Unternehmen als zentrale staatliche Strategie im Rahmen einer exportorientierten Plantagenwirtschaft. Trotz zunehmender Mobilisierung von Umwelt-, Agrar- und Indigenenorganisationen verweist die Geschwindigkeit der Palmölexpansion seit dem Sturz Suhartos diesbezüglich auf klare Kontinuitäten. Nicht nur die Gesetze der Suharto-Ära, sondern auch die staatlichen Politiken der *reformasi* unterstützen eine Konzentration von Landbesitz, die die Interessen von Kleinbauern und -bäuerinnen marginalisiert und jene von Unternehmen mit Exportinteressen privilegiert. Während die Rolle von staatlichen Palmölunternehmen in den letzten Jahren deutlich zurückgeht, wächst vor allem die Bedeutung des privatwirtschaftlichen Sektors. Staatliche

---

Friends of the Earth vernetzt und in Indonesien mit 479 Mitgliederorganisationen in 27 Provinzen aktiv.

Politiken und Gesetze der Reformära sichern diese Entwicklung ab und verhindern bzw. widersprechen der Implementierung einer umfassenden Landreform, auch wenn die Mobilisierung landwirtschaftlicher Bewegungen für eine solche zunimmt.

Ausdehnung der maximalen Plantagenfläche
Ein wichtiger Indikator für die Konzentration von Landbesitz ist die maximale Plantagenfläche, die ein Unternehmen zur Bewirtschaftung beantragen kann. Seit der Liberalisierung des Plantagensektors im Zuge der Strukturanpassungsprogramme nach der Asienkrise wurde diese maximale Plantagenfläche enorm ausgeweitet und in Verbindung damit eine Verlängerung der HGUs durchgesetzt. Ein HGU gilt als Voraussetzung für die Etablierung von Palmölplantagen und ist von der grundlegenden Beschränkung von Landbesitz im Landwirtschaftsgesetz ausgenommen. Im Jahr 2007 wurde die maximale Plantagenfläche für ein Palmölunternehmen von 20.000 auf 100.000 Hektar und 200.000 Hektar in der autonomen Provinz Papua (§ 12 Abs 1u3 Permentan 26/2007, Marti 2008: 30) ausgedehnt. In der Praxis wird diese Konzentration von Landbesitz sogar noch verschärft. Viele der großen Agrarkonzerne in Indonesien haben die erlaubten 100.000 Hektar Palmölplantagen durch die Gründung von Tochterunternehmen bereits weit überschritten und teilweise verdoppelt bis vervierfacht (siehe Tabelle 1).

Die Ausdehnung der maximalen Plantagenfläche ist wohl nicht unabhängig von dem internationalen Agrartreibstoffboom zu sehen, der ab Mitte der 2000er Jahre in Indonesien durch zahlreiche wegweisende Gesetze zur Förderung von Biodiesel und Bioethanol auf den Weg gebracht wurde. Die Konzentration von Landbesitz ist für die Produktion von Agrartreibstoffen entscheidend, wenn sie profitabel auf internationalen Märkten gehandelt werden sollen (Eide 2008: 17). Die oben genannte Verordnung, in der die Ausdehnung der Plantagenfläche festgelegt ist, bezieht sich explizit auf die Verordnung des Präsidenten aus dem Jahr 2006, die eine Erhöhung des Agrartreibstoffanteils am indonesischen Energiemix auf fünf Prozent bis 2025 vorsieht, sowie auf eine Anweisung des Präsidenten aus dem gleichen Jahr, mit der Agrartreibstoffe als lohnende Alternative für fossile Energieträger gefördert werden sollen.

Die Ausgabe von HGUs in Verbindung mit der Ausweitung der erlaubten Fläche für Plantagenbesitz pro Unternehmen bedeuten eine Konzentration von Land bei großen Palmölkonzernen und eine faktische Enteignung von lokalen LandbesitzerInnen. Neben der Tatsache, dass das Land nach Jahrzehnten monokultureller und intensiver Landwirtschaft mit Ölpalmen ohnehin für alternative landwirtschaftliche Praktiken unbrauchbar ist, fällt das Land nach dem Auslaufen der Konzession an den Staat, der über die weitere Verwendung entscheidet, da es sich bei HGUs rechtlich um Pachtverträge mit dem Staat handelt (Colchester et al. 2007: 56, Marti 2008: 33).

In der Praxis wirken sich diese politischen Rahmenbedingungen strategisch selektiv aus. Die großflächigen Palmölplantagen sind nur für vertikal integrierte Agrarkonzerne bearbeitbar, und Bauern und Bäuerinnen sind in diesem System benachteiligt, weil sie keine *Economies of Scale* ausschöpfen können. Große Unternehmen haben aufgrund der Konzentrationsprozesse enorme Vorteile bei Verhandlungen mit der Regierung sowie günstigeren Zugang zu Krediten, Technologie und Saatgut (INTA13, INTB28). Nicht nur unabhängige kleine PalmölproduzentInnen, sondern auch vertraglich an die Plantagen gebundene Smallholder profitieren von diesen günstigen Konditionen kaum, weil sie in das Plantagenmanagement nicht eingebunden sind (Li 2011: 290-291). Zudem werden auch die Strategien von Kleinbauern und -bäuerinnen, die nicht im Palmölsektor tätig sind, sondern deren Produktion vielfach auf den lokalen Markt und die Ernährungssicherheit vor Ort ausgerichtet ist, durch diese Konzentration von Landbesitz und Produktion für den Weltmarkt zunehmend an den Rand gedrängt.

Gründung von Sonderwirtschaftszonen

Eine weitere politische Entscheidung in Richtung einer Konzentration von Landbesitz sind Sonderwirtschaftszonen. In Gebieten mit wenig Infrastruktur und unklaren Eigentumsverhältnissen sind sie ein geeignetes Mittel, um große Landflächen unter staatliche Kontrolle zu bringen, von privatwirtschaftlichen Unternehmen bewirtschaften zu lassen und eine exportorientierte und industrialisierte Landwirtschaft durch die Konzentration von Land und die Vergabe von exklusiven Eigentumsrechten durchzusetzen.

Um die Produktion von Rohstoffen für Agrartreibstoffe in großem Stil voranzutreiben, schlug das nationale Team zur Entwicklung von pflanzlichen Treibstoffen die Einrichtung von zwölf sogenannten *Special Biofuel Zones* (SBZ) in Form von *Special Economic Zones* (SEZ) vor. Diese Sonderwirtschaftszonen, die im Investmentgesetz 25/2007 und im Gesetz 39/2009 über Sonderwirtschaftszonen geregelt wurden, sollen gezielt ausländisches Kapital ins Land bringen. Die Landnutzungsrechte für Plantagen gelten in solchen SBZ länger als in anderen landwirtschaftlichen Gebieten und die Größe einer SBZ muss auf Java mindestens 10.000 Hektar und auf den übrigen indonesischen Inseln mindestens 100.000 Hektar betragen (Tim Nasional Pengembangan BBN 2006: 30). Sonderwirtschaftszonen für Agrartreibstoffe sollen auf vier Rohstoffe spezialisiert sein, nämlich Palmöl, Cassava, Jatropha und Zuckerrohr. Geeignete Flächen für die Schaffung solcher Gebiete sollen von der Bezirksregierung vorgeschlagen, das Management allerdings dann von einer Sonderinstitution übernommen werden (Tim Nasional Pengembangan BBN 2007: 101-105).

Ein Beispiel für eine solche Sonderwirtschaftszone wird derzeit im Rahmen des *Merauke Integrated Food and Energy Estate* (MIFEE) in West-Papua entwickelt (Caroko et al. 2011: 15). Das Projekt war zu Beginn als Reisprojekt geplant,[9] wurde allerdings im Einklang mit den Plänen von Präsident Yudhoyono in Richtung exportorientierter Landwirtschaft und der Produktion von Rohstoffen für Agrartreibstoffe transformiert und soll zur Hälfte Nahrungsmittel und zur anderen Hälfte Rohstoffe für Biodiesel und Ethanol liefern. Anhand der derzeit vergebenen Genehmigungen ist ein Fokus auf den Energiesektor zu beobachten, bis auf wenige Ausnahmen beschränken sich diese auf Palmöl, Zuckerrohr und industrielle Forstwirtschaft bzw. Hackschnitzel (Ito et al. 2014: 36-37). Während in den Anfängen des Projekts ausländische InvestorInnen reges Interesse zeigten, beschränken sich die derzeitigen Investitionen hauptsächlich auf indonesische Konzerne und regionale südostasiatische Konglomerate, viele davon mit guten Beziehungen zum Militär und der exportorientierten Elite unter Suharto (Ginting/Pye 2013: 162-163).

Obwohl die Entwicklung von Sonderwirtschaftszonen für Agrartreibstoffe noch in den Anfängen steht und derzeit nicht abzusehen ist, inwieweit die Regierung ihre ambitionierten Pläne durchsetzen kann, spiegeln die politisch-institutionellen Verhältnisse die Interessen von exportorientierten Kräften in extraktiven Sektoren wider. Gleichzeitig wird am Beispiel von MIFEE deutlich, wie Politiken zur Landkonzentration im Plantagenbereich zunehmend in Konflikt mit Umweltschutzpolitiken geraten. Als zentrale Umweltschutzmaßnahme hat die indonesische Regierung in den letzten Jahren die Implementierung des UN-Mechanismus REDD+ (*Reducing Emissions from Deforestation and Forest Degradation*) vorangetrieben. Basierend auf einer Vereinbarung zwischen Norwegen und Indonesien (LoI 2010), wonach erstere USD 1 Milliarde für die Bemühungen zur Implementierung von REDD+ in Indonesien zur Verfügung stellen, unterzeichnete Präsident Yudhoyono im Mai 2011 ein zweijähriges Moratorium

---

9 Im Vorgängerprojekt *Merakue Integrated Rice Estate* (MIRE) sollte auf einer Fläche von 500.000 Hektar – hauptsächlich vom saudischen Investor Bin Laden Group – Reis angepflanzt werden. Als sich dieser Investor zurückzog wurden die Pläne erweitert und mit den in dieser Zeit entstandenen Agrartreibstoffplänen kombiniert (Moran 2012).

für die Ausgabe von neuen Plantagenkonzessionen (IP 10/2011), das 2013 für weitere zwei Jahre verlängert wurde (REDD-Monitor 2013). Dementsprechend werden zumindest bis 2015 keine neuen Genehmigungen in Primär- und Torfwäldern ausgegeben. Die betreffenden Gebiete werden auf einer Moratoriumslandkarte festgehalten, die alle sechs Monate vom Forstministerium adaptiert wird. Die massive Expansion von Palmölplantagen gilt als einer der zentralen Gründe für das Moratorium, doch viele Umweltbewegungen bezweifeln, dass die Regelung tatsächlich zu geringeren Entwaldungsraten beitragen wird. Das liegt einerseits daran, dass sich das Moratorium nur auf Primärwälder und Torfwälder bezieht. Laut dem Direktor der NGO *Save Our Borneo* ist diese Regelung völlig unzureichend, weil „primary or virgin forests only account for around 3 percent [of all forests]. The rest is what we call 'logged areas', or forest areas that have been managed before" (Satriastanti 2011). Zudem sind die meisten dieser Ländereien ohnehin bereits rechtlich geschützt, weshalb es keine wirklichen Neuerungen durch das Moratorium gibt. Wichtiger wäre deshalb, auch bereits vergebene Genehmigungen unter die Lupe zu nehmen, diese sind allerdings von dem Moratorium ausgenommen (INTB19). In Bezug auf MIFEE gibt es konkrete Anschuldigungen, dass mehr als 400.000 Hektar Land, die in der ersten Moratoriumslandkarte vom Juni 2011 aufschienen, in der zweiten Karte sechs Monate später einfach herausgenommen und zur Entwicklung von Plantagen freigegeben wurden (Susanto 2012). Zwar gibt es im Moratorium eine Ausnahme für geothermale Projekte, Erdöl-, Erdgas- und Elektrizitätsvorhaben sowie Reisanbau und Zuckerrohrplantagen[10] (Kedua b IP 10/2011), die betroffenen Ländereien sind allerdings für die Entwicklung von Palmölplantagen vorgesehen (Susanto 2012). Interessant ist in diesem Zusammenhang, dass nicht nur landwirtschaftliche Politiken auf Landkonzentration fokussieren, sondern auch die umweltpolitischen Bestrebungen im Rahmen von REDD zunehmend kritisiert werden, weil sie die Einhegung von Waldflächen im Namen des Umweltschutzes vorantreiben und die Enteignung fortsetzen (Ginting/Pye 2013: 174-175).

---

10 Es ist besonders interessant, dass ausgerechnet die Entwicklung von Zuckerrohrplantagen aus dem Moratorium für neue Genehmigungen ausgenommen ist. Neben der Produktion von Palmöl für Biodiesel ist Zuckerrohr der wichtigste Rohstoff für die Herstellung von Bioethanol und wird erst in den letzten Jahren – nachdem Indonesien zu Beginn des 20. Jahrhunderts einer der führenden Zuckerexporteure der Welt war – wieder intensiv gefördert. In diesem Zusammenhang könnte argumentiert werden, dass die Ausgabe von neuen Konzessionen für die Zuckerindustrie derzeit zentral ist, während sich die Palmölindustrie vielfach auf die Etablierung bereits genehmigter Plantagen konzentriert.

Agrarreform und gewerkschaftliche Organisierung

Das Konfliktpotenzial wird durch diese Prozesse der Akkumulation durch Enteignung verschärft. Dementsprechend haben seit dem Sturz Suhartos nicht nur die Konzentrationstendenzen und Expansionsraten in der Palmölindustrie zugenommen, sondern auch die Forderungen nach einer umfassenden Agrarreform neue Politisierung erreicht. Viele dieser Bewegungen beziehen sich noch immer strategisch auf das Landwirtschaftsgesetz aus dem Jahr 1960, in dem eine Agrarreform explizit angelegt ist. Das Netzwerk KPA, eine der wichtigsten Initiativen für Agrarfragen auf nationaler Ebene, meint dazu etwa: „Actually, agrarian reform in Indonesia, on a law level, I think it's established. The problem is the government still doesn't want to do that, they don't want to implement" (INTB23). Diese Problematik zeigt, dass staatliche Institutionen bestimmte Anliegen systematisch ignorieren und durch Nichtentscheidungen die Umsetzung von politischen Reformen verhindern. In Bezug auf Agrarreformen ist diese systematische Verschleppung nicht nur durch die entgegenwirkenden Gesetze zur Konzentration von Landbesitz zu erklären, sondern auch mit der historischen Erfahrung landwirtschaftlicher Mobilisierung und der blutigen Niederschlagung dieser Bewegung in den 1960er Jahren. Die Ermordung von hunderttausenden Bauern und Bäuerinnen, die sich im Umfeld der PKI engagiert hatten oder zumindest dafür beschuldigt wurden, sowie die Unterdrückung jeglicher unabhängiger Mobilisierung und Politisierung von landwirtschaftlichen Fragen während der Neuen Ordnung ist wichtiger Teil des kollektiven Gedächtnisses (Farid 2005, Lounela 2012: 219) und beeinflusst bis heute politische Aushandlungsprozesse und Mobilisierungsversuche.

Dennoch versuchen KPA und andere landwirtschaftliche Organisationen seit dem Fall von Suharto nicht nur im Untergrund zu mobilisieren, sondern auch auf formal-politischer Ebene die Implementierung der Agrarreform voranzutreiben. Wesentlich dafür ist die Zusammenarbeit mit lokalen Regierungen, BPN sowie dem Forstministerium (INTB23). Aufgrund der Landkonzentration in den Händen des Forstministeriums bildet dieses einen wesentlichen Bezugsrahmen für die Strategien: „KPA tries to influence the Minister of Forestry to distribute the land because there are 28,000 villages in forest areas. If the Minister of Forestry releases these 28,000 villages [...], so that they are not in the forest area any more, it's a big reform" (INTB23). Demnach ist vor allem die Umverteilung von staatlichem Besitz und konkreter die Schwächung der ökonomischen und politischen Macht des Forstministeriums eine zentrale Strategie im Kampf für gerechtere Landbesitzverhältnisse. Als zentrales Terrain der Auseinandersetzung können in diesem Zusammenhang die Verhandlungen um das *National Agrarian*

Reform Program (NARP) analysiert werden, das 2006 von Joyo Winoto, dem neuen Leiter von BPN unter Yudhoyono, ausgerufen wurde. In enger Zusammenarbeit mit KPA und anderen sozialen Bewegungen versuchte Winoto das politisierte Thema einer umfassenden Agrarreform auf nationalstaatlicher Ebene durchzusetzen, was insbesondere bei Forst- und Landwirtschaftsministerium auf erheblichen Widerstand stieß. Als Ausdruck dieser politischen Kräfteverhältnisse veränderte Winoto 2008 seine Strategie von einer umfassenden Agrarreform, die nicht nur eine Umverteilung von Land, sondern auch die Unterstützung für eine bäuerliche Restrukturierung der Landwirtschaft unter Aspekten der sozialen Gerechtigkeit beinhaltet, zu einer Legalisierung von Landtiteln im Einklang mit den marktbasierten Landmanagementprogrammen der Weltbank. Er hob die zentrale Rolle von legalisierten Landtiteln und den Aufbau eines Landmarktes für ökonomisches Wachstum hervor und konnte diese Strategie auch gegen den anfänglichen Widerstand in den Reihen von BPN durchsetzen (Rachman 2011: 66-96). Eine Richtungsänderung hin zu einer umfassenden Agrarreform wurde hingegen nicht nur durch die fehlende Unterstützung des Landwirtschafts- und Forstministeriums, die um ihren politischen und ökonomischen Einfluss fürchteten, sondern auch durch die neoliberale Agenda der internationalen Finanzinstitutionen erschwert (Rachman 2011: 140-141). Dementsprechend griff die Legalisierung von Landtiteln zwar einige Forderungen der Agrarbewegung auf, passte sie jedoch an die institutionalisierten Handlungskorridore und politischen Kräfteverhältnisse an, ohne die Interessen zur Fortführung des Palmölprojekts in Frage zu stellen.

Im Gegensatz dazu ist die Forderung nach einer umfassenden Agrarreform wesentlich weiter gefasst und steht in engem Zusammenhang mit dem Aufbau von landwirtschaftlichen Kooperativen (GPB1, INTB23, INTB28), um die Entscheidungsmacht von bäuerlichen AkteurInnen zu stärken. Neben dieser ökonomischen Stärkung der Smallholder betont Sawit Watch allerdings auch die Stärkung der *politischen* Vertretung, um mit den Plantagenunternehmen konkurrieren zu können:

> The legal institution that is possible on the economic side of the smallholders or communities in the field in Indonesia is a cooperative [...]. [But] the cooperative is not enough, they need also the other institutions for bringing in their positions, for example, the policy influence on the spatial planning. A cooperative is not a vehicle for the smallholders to intervene but related to dealing with the companies, access to financial institutions and also how to deal with the pricing system [...]. But it's not enough because everything, the pricing system, access to fertilizer, access to financial institutions, that's also related to politics. [...] It's more on how they are influencing the Ministry of Agriculture, how they are influencing the governors to

make sure that they get the same access with the smallholders on this. So that's our argument why a cooperative is not enough but on the other side, the government is happier with only the cooperative because it's less political intervention, less political pressure. (INTB28)

Während die Etablierung von landwirtschaftlichen Kooperativen insbesondere für den formalen Zugang zu Kapital und produktiven Ressourcen (Maschinen, Saatgut, Düngemittel etc.) entscheidend ist, wird dieser Zugang durch Machtasymmetrien zwischen Plantagenunternehmen und Kooperativen erschwert, weshalb Lobbying und politischer Druck notwendig sind. Ein Vertreter von Sawit Watch erklärt das beispielsweise in Bezug auf den Zugang zu Düngemitteln: „The company is also occupying, for example, the access to fertilizer. Some smallholders said we have money but there is no fertilizer because it's already bought by the companies because they have more access, because they can deal with the fertilizer factory in Jakarta or in Java and they sign long-term contracts" (INTB28). Ein Palmölkleinbauer aus dem Bezirk Rokan Hulu in der Provinz Riau, Sumatra, weist auf ähnliche Probleme in Bezug auf die Preisbildung von Rohpalmöl hin:

> For instance, in price determination, if the government wants to determine the exact price they only invite representatives from big companies but not the communities. I would say that the communities have a weak bargaining position in this pricing process, they don't have power. The power is adjusted to the need of the companies. (INTA13)

Um diesem Problem entgegenzuwirken, hat Sawit Watch gemeinsam mit anderen lokalen NGOs und Bewegungen in den letzten Jahren aktiv den Aufbau einer unabhängigen politischen Organisation für Palmölkleinbauern und -bäuerinnen unterstützt. Unter dem Namen SPKS (*Serikat Petani Kelapa Sawit* – Vereinigung von Palmölbauern und -bäuerinnen) organisiert die Vereinigung derzeit rund 10.000 Mitglieder in sechs Provinzen. Im Vergleich zu rund 2 Millionen Smallholder, die in der Palmölindustrie tätig sind, ist das erst ein Anfang (INTB28). Zwar gab es bereits vor SPKS zwei Organisationen, die für die Interessen von Palmölbauern und -bäuerinnen zuständig waren – ASPEK PIR (*Asosiasi Petani Kelapa Sawit Perkebunan Inti Rakyat*) und APKASINDO (*Asosiasi Petani Kelapa Sawit Indonesia*) – diese wurden jedoch von der Regierung aufgebaut und vertreten hauptsächlich die Interessen von Vertragsbauern und -bäuerinnen (INTB28). Dementsprechend konzentriert sich SPKS im Wesentlichen auf die Organisierung von unabhängigen Palmölkleinbauern und -bäuerinnen, steht aber auch Vertragsbauern und -bäuerinnen offen, weil diese vielfach mit ähnlichen Problemen konfrontiert sind:

At the beginning, SPKS members only consisted or dominantly consisted of independent farmers but later on they also got members from plasma farmers because they feel the same problems that are faced by the private farmers. For instance, the companies promised them that after eight years they would be able to own the land, they would be able to cultivate the land but in fact after eight years they didn't pay the promise. (INTA13)

Auch wenn die Organisierung langsam voranschreitet und unter schwierigen Ausgangsbedingungen passiert, sehen viele NGOs und soziale Bewegungen diese als Notwendigkeit, um die Lebensbedingungen von Menschen in der Landwirtschaft dauerhaft zu verbessern und den Plantagenunternehmen auf Augenhöhe zu begegnen.

Einbindung von Kleinbauern und -bäuerinnen als passive Revolution

Diese Entwicklungen zeigen, dass die Politisierung von Landfragen entsprechend der enormen Expansion der Palmölproduktion seit der Jahrtausendwende zugenommen hat. Bäuerliche AkteurInnen organisieren sich zunehmend und fordern Mitsprache und die Integration ihrer Interessen und Forderungen in die Landwirtschaftspolitik. Die Veränderungen in der Vertragslandwirtschaft stellen in diesem Zusammenhang einen Indikator für die Rolle des Staates im Umgang mit diesen Landkonflikten dar und zeigen eine selektive Integration von bäuerlichen Interessen, ohne die Konzentrationstendenzen um Land und das Palmölprojekt zu gefährden. Die Konzentration des Landbesitzes wird dementsprechend nicht nur über die Ausweitung der Plantagenfläche und die Gründung von Sonderwirtschaftszonen, sondern auch über die Einbindung von Kleinbauern und -bäuerinnen vorangetrieben, die als Strategie der Kompromissfindung und Entschärfung von Konflikten auch als passive Revolution im Sinne Gramscis verstanden werden kann.

Während der Staat bis Ende der 1990er Jahre eine entscheidende Rolle in der Unterstützung der Vertragslandwirtschaft einnahm, kam es seit Ende der 1990er Jahre zu entscheidenden Veränderungen. In den PIR- und PIR-trans-Systemen bewirtschafteten Kleinbauern und -bäuerinnen etwa 70 Prozent der Palmölkonzessionen, die von staatlichen und später privatwirtschaftlichen Unternehmen vorbereitet wurden. Internationale Finanzinstitutionen und andere multilaterale Geberinstitutionen kritisierten diese staatlich unterstützten Vertragslandwirtschaftssysteme im Zuge der neoliberalen Wende und seit Ende der 1980er Jahre zog sich der Staat sukzessive aus der Unterstützung zurück (McCarthy et al. 2012: 557). Im Jahr 1999 wurden sogenannte Partnerschaftsmodelle eingeführt, die weniger bewirtschaftete Flächen für Smallholder und stattdessen die Auszahlung einer Gewinnbeteilung als Kompensation für das eingebrachte Land vorsahen. Die Regelungen waren allerdings vage und ohne staatliche Unterstützung in Form von Krediten hatten privatwirtschaftliche Palmölunternehmen kaum Anreize Kleinbauern und -bäuerinnen in die Plantagenindustrie zu integrieren (McCarthy/Cramb 2009: 117). Nicht zuletzt aufgrund der Konflikte um lokale Landansprüche im Zuge der Konzentration von Landbesitz beteiligt sich der Staat seit Mitte der 2000er Jahre durch die Vergabe von Krediten wieder an der Einbindung von Smallholdern (McCarthy/Cramb 2009: 117). Die Bedingungen dafür haben sich allerdings verändert. Im Rahmen des Partnerschaftsmodells bepflanzt das Palmölunternehmen weiterhin die Plantagenkonzession mit Ölpalmen, verteilt anschließend allerdings nur mehr 20 Prozent der Fläche an Kleinbauern und -bäuerinnen (§ 11 Permentan 26/2007). Dementsprechend bringen die lokalen LandbesitzerInnen weiterhin Landflächen für die großflächige Produktion von Palmöl im Gegenzug für die Integration in die Plantagenindustrie ein, bis zu 80 Prozent dieser Fläche wird anschließend allerdings von der Kernplantage bewirtschaftet. Diese übernimmt das Management der Plantagenfläche und eine Gewinnbeteiligung soll die ehemaligen LandbesitzerInnen für den Verlust ihres Landes kompensieren:

> Under this scheme, smallholders place their land in the plantation pool to be managed as a single block. The planters' rationale is efficiency: they argue that smallholders cannot be relied upon to apply fertilizer at the recommended rate, or to manage their holdings in a uniform and 'professional' manner. [...] Although in theory the dividend should compensate them for the value of the land, their weak bargaining position means that this is seldom the case. (Li 2011: 290-291)

Nach Auslaufen des Bewirtschaftungsrechts fällt das Land nicht an die Smallholder, sondern an den Staat zurück und befördert die langfristige Enteignung von landwirtschaftlichen ProduzentInnen, die als Saison- und GelegenheitsarbeiterInnen in das Plantagensystem reintegriert werden. Das Unternehmen hat durch die Einbindung der Smallholder Zugang zu Plantagenflächen, die davor unter lokaler Kontrolle waren, und kann durch versprochene oder tatsächliche materielle Zugeständnisse zumindest kurzfristig die Konflikte und Proteste um die Expansion der Palmölproduktion entschärfen.

6.2.3. Zwischenfazit

Die Konzentration von Landbesitz ist für das Palmölprojekt – inklusive der exportorientierten Produktion von Agrartreibstoffen – eine entscheidende Voraussetzung. Diese Konzentration hat in Indonesien seit Beginn des 21. Jahrhunderts in den Händen von nationalen und regionalen Palmölunternehmen neue Maßstäbe erreicht – insbesondere durch die Ausdehnung der maximalen Plantagenfläche sowie die Gründung von *Special Biofuel Zones* im Zuge des Agrartreibstoffbooms. In Zusammenhang mit hohen Weltmarktpreisen für Palmöl und dementsprechenden staatlichen Einnahmen sowie einem Fokus auf Liberalisierung und Exportorientierung im Rahmen neoliberaler Umstrukturierungen konnten Palmölkonzerne ihre Interessen, insbesondere im Landwirtschaftsministerium, ausbauen. Gleichzeitig haben sich auch soziale Bewegungen und NGOs mit ihren Forderungen nach einer umfassenden Agrarreform Verhandlungen mit staatlichen Institutionen erkämpft, eine Entwicklung, die während der Neuen Ordnung nicht denkbar gewesen wäre. Insbesondere die Verhandlungen um das nationale Agrarreformprogramm mit BPN zeigen allerdings, dass die aktuellen politischen Kräfteverhältnisse die Handlungskorridore für eine Transformation des Landwirtschaftsmodells stark einschränken und dementsprechend die Forderung nach einer umfassenden Agrarreform in eine Strategie zur Legalisierung von Landtiteln transferiert wurde.

Dennoch wird – insbesondere auf lokaler Ebene – die Organisierung von Palmölbauern und -bäuerinnen vorangetrieben, und mit der Gründung der unabhängigen Gewerkschaft SPKS wurde ein erster Schritt zur Erweiterung ihres Handlungsspielraumes gesetzt. Das neue Selbstbewusstsein der Agrarbewegung und die enttäuschten Hoffnungen auf eine umfassende Umverteilung von Land entladen sich zunehmend in Konflikten. Die Einbindung von Smallholdern im Rahmen der Vertragslandwirtschaft ist in diesem Zusammenhang entscheidend, um selektiv Forderungen von bäuerlichen AkteurInnen zu integrieren, ohne das Palmölprojekt grundsätzlich in Frage zu stellen. Denn trotz teilweiser materieller Zugeständnisse in Form von Gewinnbeteiligungen oder Abnahmegarantien für die Palmölfrüchte begünstigen die Veränderungen der Vertragslandwirtschaft seit Mitte der 2000er Jahre die Konzentration von Landbesitz und die Enteignung von lokalen LandbesitzerInnen.

6.3. Konflikte um Inwertsetzungskapazitäten auf unterschiedlichen Scales

Der kapitalistische Staat ist für sein Funktionieren grundsätzlich auf Steuereinnahmen angewiesen (Hirsch 2005: 33-34), und die Inwertsetzung von Natur durch das Palmölprojekt ist ein zentrales Mittel zur Lukrierung dieser Einnahmen. Die skalare Strukturiertheit des Staates impliziert allerdings, dass solche Strategien räumlich selektiv auf die Partizipationsmöglichkeiten unterschiedlicher politischer und gesellschaftlicher Kräfte wirken, d.h. diese haben auf staatlich-institutionellen Ebenen unterschiedlichen Zugang zu den Einnahmen aus der Inwertsetzung von Natur. Diese in historisch-spezifischen Kontexten zwar stabilisierten räumlichen Verhältnisse sind umkämpft. In Indonesien manifestiert sich diese Umkämpftheit insbesondere im 1999 eingeleiteten Dezentralisierungsprozess. Seitdem werden die Kontrolle und das Management von natürlichen Ressourcen neu verhandelt und dabei unterschiedliche Scales politisiert und (re)produziert.

Im Folgenden wird der historische Konflikt um Zentralisierung, Dezentralisierung und Rezentralisierung in Bezug auf die Palmölindustrie dargestellt und geklärt, wie sich dadurch (räumliche) Kräfteverhältnisse verschoben haben. Mit der Dezentralisierung von Entscheidungskompetenzen war für viele UmweltaktivistInnen und WissenschafterInnen die Hoffnung verbunden, dass durch die räumliche Nähe von Entscheidungsstrukturen an direkt Betroffenen die Entwaldungsraten zurückgehen und sich eine nachhaltigere Form der Ressourcennutzung einstellen würde. Nach den ersten Erfahrungen wurden diese Hoffnungen enttäuscht und die Abholzung von Regenwald sowie die Expansion von Palmölplantagen stieg weiter dramatisch an (Bullinger/Haug 2012: 244, Resosudarmo 2004: 112-113). In diesem Abschnitt wird deshalb der Dezentralisierungsprozess mit der zentralen Funktion der Natur in kapitalistischen Gesellschaften in Verbindung gebracht und die Inwertsetzung von Natur als Aneignungsstrategie und Einkommensgenerierung für den Staat analysiert. Dadurch kann erklärt werden, dass die Reskalierung von Staatlichkeit zwar mit einer Restrukturierung der gesellschaftlichen Kräfteverhältnisse einhergeht, d.h. andere AkteurInnen von den Einnahmen aus der Aneignung von Natur profitieren, damit allerdings nicht zwingend eine nachhaltigere Form gesellschaftlicher Naturverhältnisse verbunden ist.

6.3.1. Historische Genese der Reskalierung von Inwertsetzungskapazitäten

Der postkoloniale Staatsapparat Indonesiens war seit der Machtübernahme von General Suharto von einer enormen Machtkonzentration auf nationalstaatlicher Ebene gekennzeichnet. Auch wenn bereits unter niederländischer Kolonialherrschaft zentralistische Strukturen eingeführt wurden, konnte erst durch die nationale Unabhängigkeitsbewegung und die Ausrufung eines souveränen Staates der Aufbau einer nationalen Identität, für die insbesondere die Integration der „äußeren Inseln" entscheidend war,[11] vorangetrieben werden. Nach Experimen-

---

11 Der Begriff „äußere Inseln" wird vor allem im angloamerikanischen Sprachgebrauch (*Outer Islands*) verwendet und beschreibt die indonesischen Inseln abseits

ten mit der Umverteilung von Land unter Sukarno baute die Regierung unter Suharto eine zentralisierte Kontrolle und Verwaltung von natürlichen Ressourcen (Bergbau, Erdöl, Plantagenland, Wald etc.) auf, die in den 1970er Jahren für die großflächige kapitalistische Verwertung geöffnet wurden (Barr et al. 2006: 23-24). Suharto konnte sich auf hohe Einnahmen durch Erdölexporte verlassen und förderte damit hauptsächlich eine urbane Mittelschicht in Java. Ländliche ArbeiterInnen galten als Pool für billige Arbeitskräfte, gleichzeitig waren viele ländliche Gebiete nur zu einem geringen Teil in die formale Wirtschaft und damit in Lohnarbeit integriert, sondern lebten von Subsistenzwirtschaft und dem Verkauf ihrer Produkte auf lokalen Märkten (Holtzappel 2009: 4-5).[12] In Bezug auf die Land- und Forstwirtschaft war in dieser Zeit vor allem die Ausgabe von Holzkonzessionen und später (ab etwa Ende der 1980er Jahre) Palmölkonzessionen eine entscheidende Einnahmequelle für die Bürokratie in Jakarta. Rechtlich ermöglicht wurde die großflächige Kontrolle des Landes vor allem durch die bereits erwähnte Transformation aller indonesischen Wälder in staatliches Eigentum durch das Forstgesetz von 1967 (UUPK 5/1967) sowie die Gleichsetzung von nationalem Interesse – das sowohl im Forst- als auch im Landwirtschaftsgesetz als Voraussetzung für die Ignoranz möglicher anderer Besitzverhältnisse festgelegt wurde – mit dem Staat. Nachdem Sukarno die Plantagen nach der Unabhängigkeit nationalisiert hatte, fielen viele dieser Unternehmen unter Suharto an die ursprünglichen Eigentümer zurück oder wurden vom Militär übernommen (Anderson 1983: 484-489). Die Einnahmen wurden zentral von Jakarta aus verwaltet, während vor allem die dünn besiedelten Gebiete der äußeren Inseln für Plantagen – erst Holz, später Palmöl – geöffnet wurden. Das großzügige Investitionsklima für ausländische Konzerne und die damit verbundenen Finanzhilfen der internationalen Gemeinschaft,[13] die sich in einigen Jahren auf 50 Prozent der Kosten aller Importe beliefen, führten zu einer zusätzlichen Zentralisierung und Dominanz des Zentrums über die Peripherie, weil das Geld direkt nach Jakarta floss (Anderson 1983: 489).

---

der Hauptinseln Java und Bali, die eine bedeutend geringere Bevölkerungsdichte aufweisen und zur Zeit Suhartos wenig politischen Einfluss hatten.

12 Noch im Jahr 2007 machte die Lohnarbeit in ländlichen Gebieten nur 30 Prozent aller Arbeitsplätze aus (Holtzappel 2009: 5).

13 Die internationalen Geldflüsse wurden von der *Inter-Governmental Group on Indonesia* (IGGI) koordiniert, der neben Staaten auch internationale Organisationen wie IWF, ADB, Weltbank und das Entwicklungsprogramm der Vereinten Nationen (UNDP) angehörten.

In Zusammenhang mit dieser Problematik der strukturellen Vernachlässigung der ländlichen Räume während der Suharto-Regierung und einem internationalen Trend zur Dezentralisierung, der vor allem von der Hoffnung einer zunehmenden Markteffizienz durch institutionelle Reformen getrieben war (McCarthy 2004: 1201-1203), wurde unter den Nachwehen der Asienkrise ein umfangreicher Dezentralisierungsprozess eingeleitet. In diesem Zusammenhang konzipierte das Team 7 (*Tim Tujuh*) – ein Zusammenschluss von in den USA ausgebildeten PolitikwissenschafterInnen – im Auftrag des Innenministeriums zwei Dezentralisierungsgesetze, die die Übergangsregierung unter Bacharuddin Jusuf Habibie 1999 beschloss (McCarthy 2004: 1203). Mit den Gesetzen 22/1999 bezüglich regionaler Autonomie und 25/1999 bezüglich des fiskalischen Ausgleichs zwischen Zentral- und Regionalregierungen wurden wichtige Entscheidungen auf die Bezirksebene verlagert. Team 7 umging dabei aus Angst vor separatistischen Bewegungen – vor allem durch die Erfahrungen in Aceh und Papua – bewusst die Provinzebene und politisierte mit der Übertragung von wichtigen Managementaufgaben an die Bezirksregierung eine Scale mit schwachen institutionellen Kapazitäten und ohne administrative Tradition (Duncan 2007, McCarthy 2004: 1203, Ribot et al. 2006: 1872). Die herrschende Elite, die in der Übergangsregierung von Habibie noch wesentlich aus den Kräften der Suharto-Partei Golkar bestand, reagierte damit einerseits auf Befürchtungen einer weiteren Destabilisierung der Nation und stellte andererseits die internationalen Geber und Finanzinstitutionen zufrieden. Viele KritikerInnen befürchteten bereits zu diesem Zeitpunkt „that the reforms would fail to achieve their objectives because powerful local elites would capture the opportunities that regional autonomy would create" (Barr et al. 2006: 36).

Die Dezentralisierungsgesetze gaben zentrale Bereiche wie Bildung, Gesundheit, öffentliche Bauvorhaben, Umwelt, Arbeit, Landwirtschaft und Landangelegenheiten, Investitionen, Industrie und Handel sowie das Management von natürlichen Ressourcen an die Bezirksregierungen ab, die dafür auch ein eigenes Budget erstellen mussten. Lediglich die Bereiche Außenpolitik, Verteidigung und Sicherheit, Geldwesen, Justiz und Religion verblieben unter zentraler Kontrolle (§ 7u11 UU 22/1999). Die Kontrolle über natürliche Ressourcen und Naturschutz blieb grundsätzlich bei der Zentralregierung, wichtige Managementaufgaben wurden allerdings dezentralisiert. Demzufolge waren planerische Aspekte wie Kriterien- und Standardsetzung den staatlichen Institutionen in Jakarta vorbehalten, während laufende Geschäfte wie beispielsweise die Ausgabe von Genehmigungen für Palmölplantagen an die Bezirksregierungen übertragen wurden (Barr et al. 2006: 38-41). Die internationale Gemeinschaft erhoffte sich dadurch nicht zuletzt ein nachhaltigeres Management von natürlichen Ressourcen, indem viele Implementierungen dort verhandelt werden, wo die Betroffenen leben. Dezentralisierung sollte zu mehr Partizipation der lokalen Bevölkerung beitragen, indem diese stärkere Rechenschaftspflicht von den Bezirksregierungen einfordern kann (Duncan 2007: 713).

Neben der Dezentralisierung von einzelnen Politikbereichen brachten die Gesetze auch wesentliche Neuerungen in Bezug auf die Verteilung von Einnahmen zwischen der Zentral- und den Regionalregierungen sowie Möglichkeiten für die direkte Generierung von Einnahmen auf lokaler Ebene. Die Regelungen über den fiskalischen Ausgleich zwischen Zentral- und Regionalregierungen bedeuteten vor allem höhere Ansprüche für die Regionalregierungen (Provinzen und Bezirke) aus Lizenzen für Holz-, Bergbau-, Erdöl- und Erdgaskonzessionen sowie für Einnahmen aus Fischereirechten (§ 6 UU 25/1999). Zudem erhielten die Bezirksregierungen neue Möglichkeiten, durch regionale Steuern, Abgaben und staatliche Unternehmen autonom Einkommen zu generieren (*Pendapatan Asli Daerah* – PAD) (§ 4 UU 25/1999).

Die Dezentralisierungsgesetze führten in der ersten Phase ihrer Umsetzung ab 2001 zu weitreichenden Veränderungen in der politischen Struktur und Verwaltung von Entscheidungsfindungsprozessen und nicht zuletzt zu viel Verwirrung und Widersprüchen in Bezug auf die Zuständigkeiten auf unterschiedlichen politischen Ebenen. Die Anzahl der Bezirke verdoppelte sich in dieser Zeit und zeigt vor allem den Willen von lokalen Eliten, an den neuen Möglichkeiten zur Einkommensgenerierung teilzuhaben (Wollenberg et al. 2006: 425). Viele Communities verlangten ihre Ländereien, die ihnen während der Neuen Ordnung ohne Konsultation und Entschädigung genommen worden waren, zurück, und es kam vielfach zu Gewalt zwischen der lokalen Bevölkerung und Plantagenunternehmen (Barr et al. 2006: 33). Gleichzeitig wurde der Wettbewerb zwischen den Bezirken, die nun einen Großteil der Einnahmen selbst generieren mussten, verstärkt (McCarthy 2004: 1203). Aufgrund der zahlreichen Widersprüche und Konflikte wurden die beiden Dezentralisierungsgesetze im Jahr 2004 durch die Gesetze 32/2004 über regionale Regierung und 33/2004 über den fiskalischen Ausgleich zwischen Zentral- und Regionalregierungen präzisiert. Während die ursprünglichen Gesetze von einer umfassenden Delegation von Autorität gekennzeichnet waren, fokussieren die aktualisierten Regelungen „on promoting cooperative relations among regional governments and on ensuring effective coordination between regional governments and Jakarta" (Barr et al. 2006: 52). Zudem wurde eine stärkere Hierarchie zwischen den einzelnen Ebenen eingeführt. Während Provinz- und Bezirksregierung in den ursprünglichen Gesetzen gleichgestellt waren, werden die Provinzen in der aktualisierten Version wieder als Hebel Jakartas angesehen, die der Zentralregierung bei der Überprüfung von Gesetzen und Entscheidungen der Bezirksregierung assistieren (Barr et al. 2006: 53-54).[14]

Die Veränderung der Dezentralisierungsgesetze im Jahr 2004 führte allerdings nicht nur zu einer Präzisierung des Verhältnisses zwischen den unterschiedlichen Ebenen, sondern zeigt Reskalierungsprozesse in Richtung Zentralregierung. In Bezug auf die Expansion von Palmölplantagen ist insbesondere eine Anordnung des Präsidenten aus dem Jahr 2006 zu nennen (PP 10/2006). Während die Dezentralisierungsgesetze den Bezirksregierungen zentrale Aufgaben in Bezug auf Landangelegenheiten abtraten, wurden diese Befugnisse seither wieder sukzessive eingeschränkt und BPN als Zentralorgan für alle wichtigen Funktionen in Zusammenhang mit Landfragen (Ausgabe von HGUs, Landadministration etc.) bestätigt (INTB23).

Im Folgenden wird gezeigt, inwieweit die räumliche Restrukturierung des Staates im Zuge des Dezentralisierungsprozesses die exportorientierte Palmöl- und Agrartreibstoffproduktion unterstützt und inwieweit der Prozess selektiv auf unterschiedliche gesellschaftliche Kräfte auf Bezirks- und Dorfebene wirkt.

6.3.2. Aneignung von Inwertsetzungskapazitäten im Zuge der Dezentralisierung

Für viele ländliche Bevölkerungsgruppen, die während der Neuen Ordnung durch die zentralisierte Kontrolle und systematische Militärpräsenz an der Nutzung von natürlichen Ressourcen gehindert wurden, war mit dem Dezentralisierungsprozess die Hoffnung auf eine tatsächlich gleichberechtigte Teilhabe an Entscheidungsprozessen verbunden. Da die beiden Gesetze 1999 in einer unsicheren politischen und ökonomischen Situation verabschiedet wurden, waren vor allem in den ersten Jahren der Implementierung unterschiedliche Auslegungen der Regelungen möglich, und die Bezirksregierungen konnten Ansprüche und

---

14 Diese Richtungsänderung des Dezentralisierungsprozesses soll durch eine weitere Änderung des Gesetzes 32/2004 fortgesetzt werden. Der Entwurf dazu sieht eine Stärkung der Überwachungsfunktion der Provinzen als regionale Repräsentantinnen der Zentralregierung vor und stärkt deren Rolle in Bezug auf das Management von natürlichen Ressourcen: „Provincial governments are in charge of issues of forestry, mining and energy, ocean resources, fisheries and plantations. District governments will simply have the benefit of revenue-sharing from those resources, but without the rights to manage them" (Effendi/Sjahril 2011).

Strategien zur Aneignung von natürlichen Ressourcen auf lokaler Ebene geltend machen (Bullinger/Haug 2012: 245). Neue lokale Eliten auf der Bezirksebene erließen zahlreiche Gesetze zugunsten der regionalen Ausbeutung natürlicher Ressourcen, vielfach auch solche, die nationalen Gesetzen offen widersprachen (McCarthy 2004: 1205).[15] Diese widersprüchlichen Regulierungen hatten zur Folge, dass sich unterschiedliche gesellschaftliche Kräfte auf unterschiedlichen Scales auf jene Politiken bezogen, die ihren Interessen am ehesten entsprachen (McCarty 2004: 1205). Während sich lokale Eliten und Regierungen auf die Dezentralisierungsgesetze bezogen, um Genehmigungen für Palmölkonzessionen auszugeben, beriefen sich nationale Eliten und vielfach auch große Umwelt-NGOs auf die nationalen Regelungen.

Die Umkämpftheit von Reskalierungsprozessen legt nahe, diese mit umkämpften Prozessen der Inwertsetzung von Natur und den Einnahmen aus dieser in Beziehung zu setzen. Dezentralisierung kann demnach auch als Aneignung von Inwertsetzungskapazitäten analysiert werden. Die folgenden Ausführungen konzentrieren sich auf staatliche Strategien auf Bezirksebene, die eine Aneignung solcher Inwertsetzungskapazitäten ermöglichen und in diesem Zusammenhang die Expansion des Palmölprojekts unterstützen.

Inwertsetzung von Natur als Einnahmequelle für den Staat

Für die Tatsache, dass der Dezentralisierungsprozess die großflächige Palmölexpansion und die Abholzung von Regenwald nicht stoppen konnte, sondern diese Entwicklungen in vielen Fällen beschleunigt hat, ist nicht zuletzt die Rolle von Natur als Einkommensgarant für den Staat entscheidend. Dezentralisierungsprozesse sollen zu einer effizienteren Nutzung von natürlichen Ressourcen beitragen, indem Bezirke in Wettbewerb zueinander gesetzt werden (McCarthy 2004: 1201) und einzeln um Einnahmen konkurrieren müssen. Ein Vertreter von WALHI in West-Kalimantan beschreibt diesen Zusammenhang so: „Each district tries to invite new kind of investors in order to create local income, to get more and more local income, no matter if it comes from oil palm or whatever, as long as they can

---

15 Diese rechtliche Heterogenität betrifft nicht nur Widersprüche zwischen nationalen und regionalen Gesetzen, sondern auch zwischen nationalen Gesetzen. Nur wenige Monate nach der Verabschiedung der Dezentralisierungsgesetze beschloss die Übergangsregierung unter Habibie mit dem Forstgesetz 41/1999 eine Regelung, die die Autorität für die Kontrolle des Waldes auf die Ebene der Zentralregierung zurückhob. Das Management der Wälder wurde dem Forstministerium übertragen und den Bezirksregierungen lediglich kleinere operative Aufgaben zugestanden (Barr et al. 2006: 44-45, Resosudarmo 2004: 118).

get more income for the local level" (INTB17). Diese Kräfteverhältnisse wurden im Jahr 2012 deutlich, als die Beschränkung der maximalen Plantagenfläche pro Konzerngruppe auf 100.000 Hektar diskutiert wurde.[16] Während die Palmölbauernvereinigung APKASINDO die Beschränkung begrüßte, lehnten sowohl die Vereinigung der Palmölvertragsbauern ASPEK PIR als auch die Vereinigung der Bezirksregierungen Indonesiens APKASI (*Asosiasi Pemerintah Kabupaten Seluruh Indonesia*) den Plan aus Angst vor ausbleibenden privatwirtschaftlichen Einnahmen ab. Denn „je mehr Investitionen desto mehr Segen bringen diese für das Volk", meinte der Vorsitzende von APKASI (Suhendra 2012, eigene Übersetzung).

Diese Einnahmen auf Bezirksebene (PAD) können durch die Expansion von Palmölplantagen schnell und vergleichsweise einfach lukriert werden. In einem Setting, in dem zwar Entscheidungskompetenzen räumlich verlagert werden bzw. umkämpft sind, diese allerdings nichts an dem vorherrschenden Landwirtschaftsmodell ändern, werden dadurch ressourcenintensive Entwicklungswege reproduziert. Große Unternehmen werden großteils privilegiert, weil sie schneller Einnahmen versprechen, wie ein Wissenschaftler der Universität Bogor beschreibt:

> In many cases, the local government becomes a copy of the central government. They try to get as much as possible from the environment without much thinking about the problems of the local population because [...] it's much easier to facilitate the big companies. You get money very fast and in five years, the environment, the resources can be exploited in a large-scale, efficient, that brings fast money to the local government instead of trying to develop the local economy. (INTB20)

Investitionen in Infrastruktur und Kommunikation, die bei der Förderung von kleinbäuerlichen Strukturen kleinräumig funktionieren müssen und zu Beginn oft schleppend anlaufen, werden an Unternehmen abgegeben:

> The problem is that the local government finds it easier to work with big companies than with their own people. That is already from the colonial time, better to work with big organizations than with very many small landowners. With big companies, you just give a license to use land and then it's ok, everything will be done by the company. If you have small farmers, then you have to provide services to these farmers, technology, communication, infrastructure and that kind of things. (INTB20)

---

16 Derzeit gilt die Beschränkung von 100.000 Hektar pro Unternehmen und Provinz, d.h. eine Konzerngruppe kann durch mehrere Subunternehmen deutlich mehr Land bewirtschaften.

Dieses Landwirtschaftsmodell hat auch Auswirkungen auf bestimmte Umweltschutzmaßnahmen, beispielsweise auf den Schutz von sogenannten *High Conservation Value Forests* (HCVF), ein Konzept, das von zahlreichen Umwelt-NGOs propagiert wird (Stewart et al. 2008). Um die Abholzungsraten abzubremsen und Primärwald zu schützen, sollen besonders biodiversitätsreiche Flächen ausgewiesen und von der landwirtschaftlichen Produktion ausgenommen werden. Obwohl diese technische Nachhaltigkeitsmaßnahme aufgrund der strikten Trennung zwischen Schutzgebieten und produktiven Flächen durchaus in Frage gestellt werden kann, ist klar, dass das derzeitige Plantagenmodell wenig Spielraum für den Schutz von Wäldern bietet, wie ein Sprecher von Greenpeace erklärt:

> The government law doesn't acknowledge HCV areas. So for some companies [...], they already designated an area as HCV but then the local government came and said; why don't you open that area of the land? Because it's HCV. But it means that you are abandoning that land. If you are abandoning that land I can just take out the concessions and give it to another company. (INTB19)

Flächen, die keine unmittelbaren Einnahmen für den Staat versprechen, werden marginalisiert, indem die legale Verwendung von Land an die Plantagenökonomie geknüpft wird. Der Sachzwang einer Produktion für den Weltmarkt wird durch die Expansion von Palmölplantagen anerkannt und im Rahmen der Dezentralisierung auch in die politisch-institutionellen Prozesse und Strukturen auf Bezirks- und Provinzebene integriert.

Ausgabe von Genehmigungen für Palmölplantagen

Die Bezirksregierung ist in diesen Prozess der Interiorisierung allerdings nicht gleichberechtigt involviert. Im Rahmen der Dezentralisierungsgesetze wurden in Bezug auf die Aneignung und Kontrolle von Land für Palmölplantagen lediglich Managementaufgaben an die Bezirksregierungen abgegeben. Eine wichtige Rolle spielen diese in der Ausgabe von Genehmigungen (§ 17 Abs 2 UU 32/2004), während die weiteren Schritte – wie beispielsweise die Ausgabe von HGUs – der Zentralregierung vorbehalten sind. Laut Verordnung des Landwirtschaftsministeriums obliegt die Kompetenz zur Genehmigung von Palmölplantagen (*Izin Usaha Perkebunan* – IUP) dem/der BezirksvorsteherIn oder GouverneurIn.[17] Die einzureichenden Unterlagen beinhalten unter anderem das Ergebnis der Umweltverträglichkeitsprüfung, eine Empfehlung von BezirksvorsteherIn/GouverneurIn

---

17 Die Zuständigkeit ist davon abhängig, ob die geplante Plantagenfläche innerhalb der Grenzen eines Bezirks angesiedelt ist oder sich über mehrere Bezirke erstreckt (§13 Permentan 26/2007).

über die Übereinstimmung mit dem Makroplan zur Plantagenentwicklung in der Provinz, eine Bestätigung der Verfügbarkeit des Landes durch die Forstbehörde (falls es sich um Waldflächen handelt) sowie die Bereitschaft mindestens 20 Prozent der Plantagenfläche an umliegende Smallholder zu vergeben (§ 15-17 Permentan 26/2007). Alle weiteren Entscheidungskompetenzen unterliegen der Zentralregierung. Der nächste wichtige Schritt obliegt BPN, die auf Grundlage einer gültigen Genehmigung die Ausgabe eines HGU prüft (Marti 2008: 30-31).

Die Vergabe von Genehmigungen für Palmölplantagen ist ein entscheidendes Mittel zur Einkommensgenerierung für regionale Regierungen. Die Ausbeutung von natürlichen Ressourcen war über Jahrzehnte in fester Hand einer bürokratischen Elite in Jakarta, und viele durch die Dezentralisierung an die Macht gekommenen LokalpolitikerInnen sehen durch die neue Situation eine Möglichkeit, an den Profiten aus dieser Inwertsetzung teilzuhaben und die Abhängigkeit von der Zentralregierung zu verringern: „The authority in oil palm [...] is more on the legal process of the establishment of oil palm plantations, so that's only a small part because if you look at the rest, it's authority of Jakarta. That's why local governments are trying to use the small power to get more benefit" (INTB28). In diesem Zusammenhang ist die Genehmigung von neuen Palmölplantagen laut Sawit Watch mit höheren Einnahmen für die Bezirksregierung verbunden als bereits bestehende Plantagen:

> One of our hypotheses on why the local governments propose expansion [...] is because money comes with the new project but not with the established one because for the established one, the money goes to Jakarta. For the new project, starting with the permit from them, the permit is already seen as a commodity by the local government but after the permit and recognition by the government through land use rights [HGU] [...] all goes to Jakarta. (INTB28)

Diese Aussagen zeigen, dass der Wettbewerb zwischen unterschiedlichen räumlichen Scales in Bezug auf die Nutzung von natürlichen Ressourcen intensiviert wurde. Lokale Kräfte politisieren die regionale Scale der Bezirke, um ihre Interessen gegenüber der Zentralregierung durchzusetzen und wenigstens selektiv von dem Palmölboom zu profitieren. In diesem Zusammenhang hat der Dezentralisierungsprozess mit dem Paradigma der Inwertsetzung von natürlichen Ressourcen durch Palmölplantagen keinesfalls gebrochen, sondern dieses sogar noch verstärkt, indem der Wettbewerb sowohl auf horizontaler (zwischen Bezirken) als auch auf vertikaler Ebene (zwischen Bezirken, Provinzen und Zentralregierung) gestärkt wurde.

Politische Teilhabe von Menschen auf lokaler Ebene

Das Argument einer räumlichen Selektivität des Staates, d.h. die Privilegierung von bestimmten Scales durch staatliche Strategien, wird durch den Dezentralisierungsprozess bzw. das Spannungsverhältnis zwischen Dezentralisierung und Rezentralisierung keineswegs aufgelöst, sondern es kommt zu einer qualitativen Veränderung. Das ist insofern entscheidend, als mit dem Prozess vielfach eine gleichberechtigte Teilhabe von Menschen auf lokaler Ebene verbunden wird. Wo genau das Lokale angesiedelt ist und wer Entscheidungen auf dieser Ebene beeinflussen kann, wird wenig hinterfragt. Zwar wurden durch den Dezentralisierungs- und Demokratisierungsprozess Möglichkeiten für die Mitsprache von lokalen Bevölkerungsgruppen auf Dorf- und Bezirksebene geschaffen, diese Mitsprache hängt allerdings sehr stark vom Organisierungsgrad der jeweiligen Bevölkerungsgruppen ab, d.h. ob diese – gestützt durch NGOs und soziale Bewegungen – ihre Themen politisieren können. Auch die Höhe von Entschädigungszahlungen für Land hängt vor allem vom Verhandlungsgeschick der jeweiligen Gemeinschaft und den Informationen, die ihnen zur Verfügung stehen, ab (Wollenberg et al. 2006: 428). In diesem Zusammenhang ist es beispielsweise vielen indigenen Gruppen gelungen, ihre Landrechte vor Gericht oder außergerichtlich zu verteidigen, damit ist aber noch keine umfassende Rechtssicherheit gegeben: „Village actors have little influence on district decision-making processes and have few means of affecting developments other than by the use of what de facto power they can wield in the field" (McCarthy 2004: 1214). Nur jene DorfbewohnerInnen, die ausreichend informiert sind, gute Netzwerke zu den politischen Eliten auf Bezirksebene haben und innerhalb des Dorfes entsprechend organisiert sind, haben realistische Möglichkeiten ihre Rechte durchzusetzen.

Genau diese Organisation auf lokaler Ebene wird allerdings durch diverse Strategien von Unternehmen, staatlichen Institutionen, anderen Communities oder auch von Dorfeliten herausgefordert. Oft finden Gespräche nur mit Dorfeliten, nicht aber mit den tatsächlich von Landenteignungen Betroffenen statt, oder es kommt zu Konflikten innerhalb des Dorfes, wenn manche BewohnerInnen mehr durchsetzen können als andere (McCarthy 2004: 1211). Den DorfvorsteherInnen kommt in diesem Zusammenhang eine strategische Bedeutung zu, weil diese eine tatsächliche Entscheidungsmacht in den Verhandlungen mit der Bezirksregierung haben und dementsprechend von den Unternehmen umworben werden: „The company comes close to the village leader, comes directly to the village leader and the company even pays the village leader every month without working" (INTB16).

Dezentralisierung ist demnach nicht gleichbedeutend mit einem Einflussgewinn marginalisierter Gruppen auf lokaler Ebene, sondern repolitisiert die räumliche Verlagerung von Entscheidungsstrukturen. Das heißt, Dezentralisierungspolitiken verändern nicht zwingend bestehende gesellschaftliche Machtstrukturen, sondern eröffnen neue Möglichkeiten für räumliche Kämpfe um die Einnahmen aus der Inwertsetzung von Land.

6.3.3. Zwischenfazit

Die Konflikte um die Reskalierung von Entscheidungskompetenzen sind nicht zuletzt in Zusammenhang mit der ökonomischen Bedeutung von (Plantagen-) Land für den Staat zu analysieren. In diesem Zusammenhang hat der Dezentralisierungsprozess in Indonesien zwar eine – noch immer stark umkämpfte – skalare Verlagerung von Entscheidungsprozessen und eine teilweise Verschiebung im *benefit sharing* bewirkt, an der Bedeutung von Palmöl als Einnahmequelle für den Staat hat das allerdings nichts verändert, weshalb die Expansion durch die Bezirksregierungen in den letzten Jahren sogar noch beschleunigt wurde. Dementsprechend haben die Dezentralisierungsgesetze zwar entscheidende Möglichkeiten der Politisierung von Land- und Ressourcenfragen eröffnet, die gesellschaftlichen Kräfteverhältnisse konnten durch die Reskalierung allerdings nicht entscheidend verschoben werden, sondern der Wettbewerb – sowohl zwischen den Bezirken als auch zwischen Zentral-, Provinz- und Bezirksregierung – um die Aneignung von Renten aus der Palmölindustrie hat sich verschärft. In diesem Kontext einer selektiven und umkämpften Dezentralisierung ist die Ausgabe von Genehmigungen für Palmölplantagen eine entscheidende Strategie der Bezirksregierungen, mit der versucht wird, staatliche Einnahmen zu generieren und sich von der Abhängigkeit der Zentralregierung zu lösen.

Die Beteiligung der lokalen Bevölkerung, die vielfach als logische Konsequenz von Dezentralisierungsprozessen konstatiert wird, ist in diesem Zusammenhang ambivalent zu bewerten. Während die legalen Möglichkeiten der Partizipation im Zuge der Expansion von Palmölplantagen, die vielfach auf Land mit lokalen Besitzansprüchen geplant werden, in den letzten Jahren gestärkt wurden, erfordert dies einen hohen Grad an Information über die Palmölproblematik auf der einen Seite und über die rechtlichen Rahmenbedingungen auf der anderen Seite. Gleichzeitig hat der Dezentralisierungsprozess auch die Möglichkeiten von direkten Verhandlungen zwischen Unternehmen und DorfbewohnerInnen erleichtert, d.h. die Unternehmen können in ihren Bemühungen um die Aneignung von Plantagenflächen multiple Scales für ihre Interessen nutzen.

In Bezug auf die gesellschaftlichen Naturverhältnisse zeigen die Konflikte eine zentrale Selektivität des Staates. Indem dieser nicht nur Dienstleistungen für die

Bevölkerung bereitstellen, sondern auch die Einnahmequellen dafür sichern muss, werden Strategien privilegiert, die Einnahmen aus der Aneignung von Natur ermöglichen. Unter den derzeitigen Bedingungen einer hohen Weltmarktnachfrage nach Palmöl, die durch die internationalen Agrartreibstoffpolitiken weiter angekurbelt wird, sind die Abholzung von Regenwald und die Genehmigung von Palmölplantagen weitaus profitabler als eine nachhaltige Bewirtschaftung der Flächen. Diese Selektivitäten haben auch zentrale Auswirkungen auf die strategischen Bezugspunkte und Erfolgsaussichten von Umweltbewegungen. Weil Strategien privilegiert werden, die sich auf die Inwertsetzung von Natur beziehen, spiegelt sich diese Kommodifizierung vielfach auch in alternativen Strategien der Nutzung von natürlichen Ressourcen wider, indem beispielsweise dem Erhalt von Biodiversität oder dem Schutz von Regenwald Werte zugewiesen werden, die dem Staat auf unterschiedlichen Ebenen die Generierung von Einkommen ermöglichen.

6.3.4. Exkurs: Der Konflikt um Plantagenarbeit als latenter Konflikt

Während insbesondere die Indigenenbewegung die Politisierung von Landkonflikten in den letzten Jahren seit dem Sturz Suhartos massiv vorantreiben konnte und die Mobilisierungsversuche für eine Umverteilung von Land zunehmen, stellt der Konflikt um Plantagenarbeit einen weiteren – wenn auch eher latenten Konflikt – dar. Zweifelsohne haben sich auch PlantagenarbeiterInnen in der Palmölindustrie in den letzten Jahrzehnten Räume erkämpft und die Reformbewegung genutzt, um ihre Interessen in kollektiver Weise durchzusetzen (Makhasin 2006). Dennoch argumentiere ich, dass diese Politisierung in weitaus geringerem Ausmaß gelungen ist als in Bezug auf Landkonflikte. Dafür können mehrere Faktoren herangezogen werden: *Erstens* spielte die Plantagenindustrie eine zentrale Rolle in der Unabhängigkeitsbewegung und später als Hochburg der PKI, die Mobilisierung in den Plantagen wurde demnach im Zuge der Neuen Ordnung am stärksten überwacht und jegliche unabhängige ArbeiterInnenorganisationen verhindert. Dementsprechend gab es auch nach dem Sturz Suhartos einen geringen Organisationsgrad unter den PlantagenarbeiterInnen.[18] *Zweitens*

---

18 Während der Neuen Ordnung wurde die Vertretung von ArbeiterInneninteressen in der staatlich kontrollierten Gewerkschaft FSPSI (*Federasi Serikat Pekerja Seluruh Indonesia*) zusammengefasst. Die Organisation sollte Streiks verhindern und die staatlichen Interessen einer ressourcenintensiven ökonomischen Entwicklung in Bezug auf die ArbeiterInnen durchsetzen. Seit dem Fall Suhartos haben sich dutzende Gewerkschaften im Plantagensektor gegründet, zu den größten und wichtigsten

und damit in Zusammenhang sind in der Plantagenindustrie großteils Saison- und GelegenheitsarbeiterInnen beschäftigt, die von den bisherigen Gewerkschaften gar nicht vertreten werden. Ihr prekärer Status macht eine kollektive Organisierung besonders schwer. *Drittens* ist eine Verbindung mit ökologischen Fragen, die für die (internationale) Politisierung der Interessen von Kleinbauern/-bäuerinnen und Indigenen und dem Kampf gegen Enteignung im Zuge der Palmölexpansion zentral ist, in Bezug auf Arbeitskämpfe weitaus schwieriger. Weil PlantagenarbeiterInnen kein Land zur Verfügung haben, sind sie von der Sicherung ihrer Arbeitsplätze und damit der großflächigen Palmölindustrie abhängig. Diese Abhängigkeit wird von vielen Unternehmen bewusst instrumentalisiert, um Gruppen, die gegen die Enteignung ihrer Ländereien kämpfen und solchen, die kein Land (mehr) besitzen, gegeneinander auszuspielen.

Eines der größten Probleme ist der hohe Anteil von Saison- und GelegenheitsarbeiterInnen, der laut Sawit Watch bei etwa 70 Prozent liegt (INTB28). Die Unterscheidung zwischen dauerhaften und saisonalen ArbeiterInnen ist vor allem in Bezug auf die soziale Absicherung zentral:

> Beside wages, a permanent worker receives benefits such as housing facility, uniforms, work tools, health care, lunch, THR (special bonus for a religious celebration), and subsidized-basic needs, whereas temporary/casual workers obtain only a daily or weekly wage. While permanent workers are employed with a KKB (Kesepakatan Kerja Bersama/Working Contract), temporary workers are hired on a seasonal basis by the company through a labor contractor. The temporary workers come from surrounding areas where the plantation is located. They are commonly local peasants who need cash. (Makhasin 2006)

Neben der fehlenden sozialen Absicherung für SaisonarbeiterInnen ist die Situation insbesondere für Frauen und Kinder problematisch, die ihren Männern und Vätern helfen, die hohen Produktionsziele zu erreichen, deren Arbeitskraft allerdings nicht anerkannt wird (Jiwan 2013: 72). Zudem bietet diese Struktur ein Organisierungsproblem, da die ohnehin schwach aufgestellten Gewerkschaften nur fest angestellte PlantagenarbeiterInnen vertreten (INTB28).

Hinzu kommt als zentrales Problem ein beobachtbares Ausspielen von PlantagenarbeiterInnen und lokalen Communities. Der Großteil der Plantagenar-

---

Zusammenschlüssen gehören die Föderation der indonesischen Plantagengewerkschaften FSPBUN (*Federasi Serikat Pekerja Perkebunan Nusantara*), die allerdings hauptsächlich Angestellte vertritt, sowie die Föderation der Plantagen- und Bauerngewerkschaften FSPPP (*Federasi Serikat Pekerja Pertanian Dan Perkebunan*), die 1999 als Opposition zu der FSPBUN gegründet wurde (Makhasin 2006).

beiterInnen wird nicht aus der lokalen Bevölkerung rekrutiert,[19] was oftmals zu Konflikten zwischen PlantagenarbeiterInnen, die auf ihren Job angewiesen sind, und lokalen Bevölkerungsgruppen, die ihre Landrechte verteidigen und/ oder als Smallholder autonom Palmöl pflanzen wollen, führt. Zudem schafft die Expansion von großflächigen Palmölplantagen und die damit verbundene Enteignung von Bauern und Bäuerinnen von ihrem Land – ohne der Möglichkeit einer abgesicherten Lohnarbeit in den Plantagen, geschweige denn in einem anderen Sektor – einen Pool billiger Arbeitskräfte, die auf die schlecht bezahlten Gelegenheitsarbeiten in den Plantagen angewiesen sind (Li 2011: 291).

Eine „Alternative" für diese ArbeiterInnen sind die Palmölplantagen in Malaysia, wo nach Angabe der nationalen malaysischen Plantagengewerkschaft NUPW (*National Union of Plantation Workers*) etwa zwei Drittel bis drei Viertel migrantische Arbeitskräfte beschäftigt sind, hauptsächlich aus Indonesien (INTB9).[20] Ähnlich wie in Indonesien – wenn auch besser bezahlt (Jiwan 2013: 71, Lopez/ Laan 2008: 42) – arbeiten sie auch dort unter besonders prekären Verhältnissen. Obwohl viele ArbeiterInnen auf legalem Weg nach Malaysia kommen, fördert ein sogenanntes „flexible labour regime" (Saravanamuttu 2013: 131) die Illegalisierung und Prekarisierung der ArbeiterInnen. Demnach ist das migrantische Arbeitsregime in der Palmölindustrie durch Exklusivität, d.h. nur ArbeiterInnen, nicht aber ihre Familien haben eine Aufenthaltserlaubnis, und „Vergänglichkeit", d.h. ArbeiterInnen müssen nach dem Ende des Vertrages zurück nach Indonesien, gekennzeichnet. Viele der ArbeitsmigrantInnen werden in die Illegalität gedrängt, weil sie beispielsweise über die Gültigkeit des Visums hinaus im Land bleiben oder den Arbeitgeber wechseln (Cooke/Mulia 2013: 144-145). Zudem gibt es geschätzte 50.000 staatenlose Kinder von PlantagenarbeiterInnen, die aufgrund des illegalen Status ihrer Eltern in Sarawak oder Sabah nicht registriert sind und dementsprechend auch keinen Zugang zu Bildung oder anderen Leistungen haben (Jiwan 2013: 70-71). Von den malaysischen Gewerkschaften werden

---

19 Viele der ArbeiterInnen in den Palmölplantagen kommen aus Java (INTB23). Das hängt historisch einerseits mit den Umsiedlungsprogrammen der Vertragslandwirtschaftsmodelle zusammen, andererseits aber auch mit dem „myth of the lazy native" (Li 2011: 286). Dementsprechend ist die lokale Bevölkerung in den Expansionsgebieten oft nicht bereit bei geringer Bezahlung unter der Kontrolle der Palmölunternehmen zu stehen, insbesondere dann, wenn sie noch Zugang zu eigenen Ländereien haben. Ein weiteres Problem ist jedoch, dass die Menschen vor Ort oft als wenig qualifiziert angesehen werden (INTB17).

20 Offiziell spricht die malaysische Regierung von 369.000 ArbeitsmigrantInnen in der malaysischen Palmölindustrie (PEMANDU 2010: 285).

die Interessen der ArbeitsmigrantInnen nicht vertreten (INTB9, INTB13). Das liegt einerseits daran, dass eine Gewerkschaftsmitgliedschaft für MigrantInnen bereits im Arbeitsvertrag ausgeschlossen wird: „When they become an employee in this country and work permits are given, they have to sign a letter of undertaking that they won't join any local association" (INTB13). Zum anderen sehen die malaysischen Gewerkschaften die Vertretung von MigrantInnen nicht als ihre Aufgabe an, wie eine Aussage der NUPW bestätigt: „I think the industry has to rethink, we have said that from time to time. Is all this capital creating employment for locals or foreigners? It's now increasingly becoming dependent on foreigners" (INTB9).

Die Ausführungen zeigen, dass auch Arbeitsverhältnisse in entscheidender Weise mit der Transformation gesellschaftlicher Naturverhältnisse in Verbindung stehen, dass die jeweiligen gesellschaftlichen und politischen Kräfte diese bisher allerdings nicht in der gleichen Weise wie die Konflikte um Land politisieren konnten. Insbesondere die Konflikte zwischen PlantagenarbeiterInnen und lokalen Bevölkerungsgruppen legen nahe, dass eine Verbindung von Land- und Arbeitskonflikten zentral ist, um die Spaltung von subalternen Gruppen durch die Palmölunternehmen zu verhindern.

6.4. Aneignung von Land unter neuen Vorzeichen

Die Kämpfe um Land, die seit dem Sturz Suhartos als manifeste Konflikte ausgetragen werden, zeigen ein widersprüchliches Bild, in dem sowohl Kontinuitäten als auch Brüche mit dem Inwertsetzungsparadigma der Neuen Ordnung deutlich werden. Staatliche Strategien treiben die Konzentration von Landbesitz im Zuge der Palmölexpansion voran und sichern diese durch exklusive staatliche und private Eigentumsrechte ab. In wesentlichen Elementen bauen das Palmölprojekt und die Förderung der Agrartreibstoffindustrie auf der schrankenlosen Ausbeutung von natürlichen Ressourcen durch die Expansion von monokultureller und industrieller Landwirtschaft auf, die teilweise sogar noch intensiviert wird. Gleichzeitig werden seit den 2000er Jahren auch Brüche mit dieser Form der Aneignung und Kontrolle von Ressourcen deutlich. Indigene fordern mit Bezug auf indigene Rechte enteignete Ländereien zurück, Kleinbauern und -bäuerinnen politisieren Forderungen nach Agrarreformen neu, und ökologische Fragen werden zunehmend in die Ausbeutung der natürlichen Ressourcen integriert.

Die Machtbasis der Neuen Ordnung war in entscheidendem Ausmaß von der Inwertsetzung der Natur abhängig. Die Einnahmen aus Erdölförderung, Bergbau, Plantagen- und Holzwirtschaft waren entscheidend, um die Zustimmung der

Eliten und verbündeten Klassen zu sichern. Nach dem Militärputsch liberalisierte Suharto das Land und öffnete es für ausländische Direktinvestitionen. Internationale Finanzinstitutionen wie IWF und Weltbank – aus denen Indonesien unter Sukarno nur wenige Jahre zuvor ausgestiegen war – wurden entscheidende Partner für die neue Wirtschaftsstrategie (Chwieroth 2010). Im Sinne der Unterscheidung Gramscis zwischen führender und herrschender Klasse, war die Politik der Neuen Ordnung führend vor allem in Bezug auf das Militär und die staatlichen und multinationalen Konzerne, sprach aber auch LandeigentümerInnen und BürokratInnen als zentrale Stabilisatoren des Systems an:

> It still required forming a coalition with other parts of society whose privileges were under threat. Civilians, bureaucrats or small business people aspiring to become larger capitalists and landowners were the other sectors that mobilized in support of the counter-revolution. [...] The most aggressive elements were the landowning sector whose property rights had come under attack through the agrarian reform laws passed by the parliament before 1965. (Lane 2008: 56)

Mit Hilfe des Militärs baute die Regierungspartei Golkar eine zentralisierte Bürokratie auf, in der auch regionale Eliten auf Provinz- und Bezirksebene Renten aus der Ausbeutung von natürlichen Ressourcen abziehen konnten, solange sie der Zentralregierung in Jakarta loyal gegenüber standen. Trotz der weitreichenden Liberalisierung des Wirtschafts- und Finanzsektors behielten staatliche RepräsentantInnen weitreichende Verfügungsrechte über natürliche Ressourcen, was nicht zuletzt durch die starke staatliche Kontrolle von Waldflächen (Dominanz des Forstministeriums) oder Erdöl (durch das staatliche Unternehmen Pertamina) deutlich wird. Diese Kontrolle von natürlichen Ressourcen ermöglichte es der Regierung, sich durch finanzielle Zugeständnisse die Unterstützung der oben genannten strategisch wichtigen gesellschaftlichen Kräfte zu sichern, während die Kosten der Ressourcenausbeutung vor allem auf ländliche Bevölkerungsgruppen abgewälzt wurden. In dieser Konstellation spielte das Militär eine entscheidende Rolle in der Bekämpfung von Widerstand gegen die großflächigen Entwicklungsprojekte in der Landwirtschaft und im Energiesektor sowie in der Unterdrückung von regionaler Differenz.

Seit dem Sturz Suhartos stellen soziale Bewegungen, NGOs, bäuerliche und indigene Gruppen die Widersprüche dieser Aneignung und Kontrolle von Natur in Frage und tragen zu einer Manifestierung latenter Konfliktlinien bei. Die Revitalisierung von gewohnheitsrechtlichen Landansprüchen ist für viele marginalisierte Bevölkerungsgruppen eine Möglichkeit, Rechte an natürlichen Ressourcen ein- bzw. zurückzufordern und ökonomische und politische Ungleichgewichte sichtbar zu machen:

It is a reaction; it is a response to this expansion of state hegemony on resources. In that process, of course, there [was] a kind of marginalization of these [adat] communities in all aspects of life and also on their access to resources. So the response is actually, they try to prove that they have their rights on their resources. (INTB20)

Die äußerst heterogene Gruppe von Indigenen findet in dem Kampf gegen Landenteignungen durch staatliche und privatwirtschaftliche Unternehmen eine gemeinsame Basis und wird durch die Gründung von AMAN zu einer ernst zu nehmenden politischen Kraft, die für die Anerkennung von Selbstbestimmungsrechten in staatlich-rechtlichen Institutionen kämpft. Dadurch konnte die Anerkennung von *adat* selektiv durchgesetzt werden, allerdings in einem äußerst hierarchischen Verhältnis, in dem die Anerkennung weiterhin an der Basis exklusiver Eigentumsrechte gemessen wird. Auch Kleinbauern/-bäuerinnen und soziale Bewegungen, die die ungleiche Landverteilung thematisieren und für eine umfassende Agrarreform lobbyieren, können sich neu formieren und finden Verbündete in unabhängigen Plantagengewerkschaften. Diese gegenhegemoniale Allianz aus Indigenen, Umwelt- und AgraraktivistInnen wird allerdings von anderen gesellschaftlichen Kräften – vor allem von Plantagenunternehmen, lokalen Eliten und ihren staatlichen RepräsentantInnen im Landwirtschafts- und Forstministerium – ständig herausgefordert. Im Zuge der Reformen in Richtung Liberalisierung und verstärkter Weltmarktorientierung konnten sie ihre Interessen in staatlichen Institutionen – sowohl auf regionaler als auch auf nationaler Ebene – gut durchsetzen und die Expansion der Palmölindustrie und die damit verbundene Konzentration von Landbesitz noch einmal deutlich intensivieren. Dadurch fixieren sie auch staatliche Handlungskorridore, durch die beispielsweise Forderungen nach einer umfassenden Agrarreform zu einer Legalisierung von Landtiteln umgearbeitet und dadurch an das Palmölprojekt angepasst werden.

Diese Umkämpftheit von politischen Interessen und Strategien zeigt sich auch durch widersprüchliche Politiken und Konflikte innerhalb verschiedener Staatsapparate und unterschiedlicher politischer Scales. Konflikte zwischen einzelnen Staatsapparaten werden vor allem durch die Konkurrenz zwischen BPN, dem Landwirtschafts- und dem Forstministerium ersichtlich. Letzteres kontrolliert etwa 70 Prozent der indonesischen Landfläche und ist damit ein entscheidender Bezugspunkt für strategische Interventionen. Die räumliche Umkämpftheit des Staates wird in den Konflikten um den Dezentralisierungsprozess deutlich. Die Kämpfe unterschiedlicher gesellschaftlicher Kräfte spiegeln sich in widersprüchlichen Gesetzen wider, in denen um die Entscheidungsebenen zur Kontrolle von natürlichen Ressourcen gerungen wird. Die Reskalisierungsprozesse zeigen die inhärenten Machtkämpfe, die mit der Aneignung von Natur verbunden sind und wie beispielsweise lokale Eliten versuchen, die Bezirksebene als zentrale Entscheidungsebene zu politisieren, während zentrale staatliche Institutionen um die Beibehaltung bzw. Wiedergewinnung ihrer Einflusssphäre kämpfen, weil mit der Kontrolle von Inwertsetzungskapazitäten auf unterschiedlichen Scales auch staatliche Einnahmen verbunden sind.

Was viele der strategischen Interventionen vereint und in diesem Sinne als zentraler Aspekt im Kampf um das Palmölprojekt verstanden werden kann, ist die entscheidende Rolle von Umwelt und Nachhaltigkeit: „What is interesting is that all of them have learned to talk the talk of environmental sustainability, which has become increasingly important to operationalize. The landscapes of occupation must appear sustainably managed in order to claim a piece of moral high ground" (Peluso et al. 2008: 401). Während klassische Umweltschutzorganisationen bereits gegen Ende der Neuen Ordnung Allianzen mit staatlichen Institutionen schließen konnten, versuchen soziale Bewegungen und NGOs seit dem Sturz Suhartos soziale und ökologische Themen im Rahmen von Umweltgerechtigkeit zu verbinden (Peluso et al. 2008, Pye 2010) und damit nicht zuletzt den politischen Charakter von Umweltfragen herauszustreichen. Doch auch in der Fortführung eines agrarindustriellen Landwirtschafts- und Entwicklungsmodells wird der Bezug auf Umweltauswirkungen immer wichtiger. In diesem Zusammenhang nehmen auch dominante AkteurInnen in der Palmölindustrie, vor allem solche mit internationaler Vernetzung, umweltrelevante Aspekte in ihre Strategien auf. Zertifizierung ist in diesem Zusammenhang eine entscheidende, wenn auch umstrittene Strategie, mit der versucht wird, die widersprüchlichen Tendenzen der kapitalistischen Aneignung von Natur bearbeitbar zu machen.

7. Konflikte um die verpflichtende Beimischung und Zertifizierung von Agrartreibstoffen

Neben dem Konflikt um Land kristallisiert sich der Konflikt um die verpflichtende Beimischung und Zertifizierung von Agrartreibstoffen als zentrale Konfliktlinie, sowohl auf regionaler Ebene in Südostasien als auch zwischen den palmölproduzierenden Staaten Südostasiens und der EU, heraus. Für eine Analyse des Staates sind in diesem Zusammenhang insbesondere die transnationale Dimension sowie neue Formen von Staatlichkeit entscheidend. Den Ausgangspunkt für die Analyse bildet die Beimischungspflicht von Agrartreibstoffen im Rahmen der EU-Richtlinie für erneuerbare Energien (*Renewable Energie Directive* – RED), um darauf aufbauend die Wirkung bzw. Interaktion mit Südostasien zu erarbeiten.

Während die Beimischung von Agrartreibstoffen offiziell als Strategie gegen den Klimawandel, die Abhängigkeit von fossilen Energieträgern, insbesondere im Verkehrssektor, sowie als Absatzmarkt für subventionierte landwirtschaftliche Produkte in der EU (z.B. Zuckerrüben) gedacht war (European Commission 2000, Hoppichler 2010: 125), hat sich diese zu einer Förderung von großflächiger und monokultureller Landwirtschaft mit hohen Importraten entwickelt. Staatliche Politiken spielen in diesem Zusammenhang auf unterschiedlichen Ebenen eine wesentliche Rolle, indem sie exportorientierte landwirtschaftliche Interessen – sowohl in der EU als auch in Südostasien – privilegieren und ein agrarindustrielles und monokulturelles Landwirtschaftsmodell vorantreiben. Diese politischen Entscheidungen als transnationale staatliche Strategien zu untersuchen heißt dabei nicht zwingend, dass diese intentional als Strategien vorangetrieben werden, sondern beschreibt einen konflikthaften Prozess, in dem sich bestimmte gesellschaftliche und politische Kräfte in konkreten Politiken durchsetzen, diese aber auch ständig herausgefordert werden.

Im vorliegenden Kapitel wird die transnationale Dimension des Staates deutlich und wie sich die „Qualität" des Staates durch ökonomische Liberalisierung (z.B. durch die exportorientierte Palmölproduktion) und neue Formen des Regierens (z.B. in Form von freiwilligen Zertifizierungssystemen) hin zu einem transnationalen Netzwerkstaat (Demirović 2011) verändert. Es soll herausgearbeitet werden, wie sich diese Veränderungen auf die strategischen Selektivitäten in Bezug auf gesellschaftliche und politische Kräfte auswirken und wie neue Governance-Instrumente mit „traditionellen" staatlichen Strukturen und Prozessen verbunden werden. Dafür wird zunächst die Entwicklung der Beimischungspflicht im Rahmen der RED beschrieben, um darauf aufbauend die Konflikte um diese Strategie zur Förderung von Agrartreibstoffen herauszuarbeiten. Die Entwicklung von Kriterien für eine nachhaltige Produktion von Agrartreibstoffen spielt dabei eine entscheidende Rolle. Im Anschluss wird der RSPO als freiwilliges Zertifizierungssystem behandelt, der als Governance-Instrument zur Überprüfung der Nachhaltigkeitskriterien anerkannt wurde, und die Probleme und strategischen Selektivitäten desselben diskutiert. Die Nachhaltigkeitskriterien und freiwilligen Zertifizierungssysteme werden nicht als neutrale und objektive Normen und Instrumente, sondern als Verdichtung von Kräfteverhältnissen analysiert, indem die zentralen AkteurInnen und ihre Interessen ebenso aufgezeigt werden wie die Marginalisierung von AkteurInnengruppen und die Strategien, die dagegen vorgebracht werden. Abschließend wird mit der Einführung von ISPO (*Indonesian Sustainable Palm Oil*) die Interiorisierung der Zertifizierungslogik in den nationalstaatlichen indonesischen Kontext diskutiert.

7.1. Konflikte um die Beimischungspflicht in der EU

Die Beimischungspflicht für Agrartreibstoffe in der EU wird in diesem Kapitel als umkämpfte staatliche Strategie behandelt, die weit über die EU-Grenzen hinaus Auswirkungen auf landwirtschaftliche, energie- und umweltpolitische Weichenstellungen hat. Während die verpflichtende Beimischung zu Beginn der Diskussionen als progressive Forderung von Umweltbewegungen eingebracht wurde, führten die konkrete Ausgestaltung der RED und die spezifischen gesellschaftlichen und politischen Kräfteverhältnisse in diesem Zusammenhang zur Förderung einer großflächigen und monokulturellen Produktion von Energiepflanzen. Das folgende Kapitel zeigt die zentralen Konflikte um die Beimischungspflicht in Verbindung mit der Palmöl- und Agrartreibstoffproduktion in Südostasien auf und geht insbesondere auf die Einführung der Nachhaltigkeitskriterien und eine damit verbundene Technisierung des Nachhaltigkeitsbegriffs ein.

7.1.1. Historische Genese der Beimischung von Agrartreibstoffen

Auf internationaler Ebene gilt die EU als wichtige Vorreiterin, sowohl für die verpflichtende Beimischung von Agrartreibstoffen als auch in Bezug auf entsprechende Nachhaltigkeitskriterien. Historisch ist die Diskussion um die Förderung von Treibstoffen aus pflanzlichen Rohstoffen eine relativ junge und wird systematisch seit der Jahrtausendwende geführt (European Commission 2000). Im Jahr 2003 mündeten ambitionierte Ziele in die Verabschiedung der EU-Richtlinie zur Förderung der Verwendung von Biokraftstoffen oder anderen erneuerbaren Kraftstoffen im Verkehrssektor. Konkret wurde in dieser Richtlinie ein Beimischungsziel für Agrartreibstoffe von 5,75 Prozent bis 2010 festgeschrieben (§ 3 Abs 1 lit b RL 2003/30/EG). Wichtige Ziele der Beimischung waren Klimaschutzmaßnahmen im Rahmen des Kyoto-Protokolls, eine stärkere Energiediversifizierung und geringere Abhängigkeit von Energieimporten sowie Impulse für die ländliche Entwicklung, vor allem für die europäische Landwirtschaft. Damit wurden Agrartreibstoffe einerseits als automatisch nachhaltig weil nachwachsend deklariert[1] und andererseits die Produktion dieser innerhalb der EU als erklärter Maßstab festgelegt.

Diese Ziele veränderten sich im Laufe der folgenden Jahre und wurden von unterschiedlichen Seiten in Frage gestellt. In Bezug auf die Selbstversorgung der EU mit Agrartreibstoffen stellte sich heraus, dass diese einerseits aufgrund der benötigten Flächen schwer erreichbar und andererseits mit der generellen Ausrichtung der europäischen Handelspolitik nicht zu vereinbaren war. Zwei Dokumente der Europäischen Kommission aus den Jahren 2005 und 2006 weisen in der Folge explizit auf die Notwendigkeit des weltweiten Handels mit Agrartreibstoffen hin und sehen darin auch entscheidende Impulse für die ländliche und wirtschaftliche Entwicklung in Ländern des globalen Südens. Konkret schreibt die Europäische Kommission etwa im Aktionsplan für Biomasse: „Biokraftstoffe und deren Rohstoffe werden auf den Weltmärkten gehandelt. Es ist weder möglich noch wünschenswert, die EU in diesem Bereich autark zu machen" (Europäische Kommission 2005: 11). Auch in der EU-Strategie für Biokraftstoffe wird auf die Bedeutung des Welthandels für die europäische Versorgung mit Agrartreibstoffen verwiesen: „Der erwartete Anstieg des Welthandels mit Biokraftstoffen wird ebenfalls dazu beitragen, die Versorgung der EU und anderer Weltteile zu sichern" (Europäische Kommission 2006: 5). Zahlreiche Studien bestätigten in der Folge die Importabhängigkeit der EU im Rahmen einer verpflichtenden Beimischung von Agrartreibstoffen (Bowyer 2010: 7-8, FAO 2008: 48, OECD 2008: 20-21).

---

1 Diese Annahme gilt zumindest für die vereinbarte 5,75 Prozent Beimischung. Eine weitere Erhöhung des Beimischungsziels wurde von Umweltauswirkungen abhängig gemacht (§ 4 Abs 2 RL 2003/30/EG).

Neben dieser verstärkt internationalen Ausrichtung der EU-Agrartreibstoffpolitik veränderte sich auch die „romantisierende" Sichtweise auf die ökologische und soziale Nachhaltigkeit. Zahlreiche wissenschaftliche Studien analysierten die negativen Auswirkungen von Agrartreibstoffen durch direkte und indirekte Landnutzungsveränderungen (Bowyer 2010: 2, Fargione et al. 2008: 1235, Searchinger et al. 2008: 1238)[2] sowie durch ihren expliziten Beitrag zu den Preissteigerungen bei Nahrungsmitteln (Mitchell 2008), die im Jahr 2007/08 in einer globalen Nahrungsmittelkrise ihren Höhepunkt fanden und seitdem auf hohem Niveau schwanken. Gleichzeitig schlossen sich NGOs und soziale Bewegungen aufgrund von eben solchen Erfahrungen zu transnationalen Protestnetzwerken gegen die EU-Agrartreibstoffpolitik zusammen (Pichler/Pye 2012: 154-157) und versuchten auf die Problematik der Agrartreibstoffproduktion, insbesondere in Ländern des globalen Südens, hinzuweisen.

Dieser öffentliche Druck wurde auch im Rahmen der Verhandlungen des Europäischen Parlaments deutlich. Der Ausschuss für Industrie, Forschung und Energie brachte in diesem Zusammenhang Änderungsanträge ein, die auf eine vollständige Streichung der verpflichtenden Beimischung abzielten, weil die nachhaltige Produktion nicht gesichert sei und damit in Zusammenhang stehend hauptsächlich Agrartreibstoffe der ersten Generation eingesetzt würden. Ähnliche Argumente wurden auch von dem Ausschuss für Umweltfragen, Volksgesundheit und Lebensmittelsicherheit vorgebracht, während der Ausschuss für internationalen Handel vor allem den Beitrag von Agrartreibstoffen zur Steigerung von Nahrungsmittelpreisen kritisierte (Pichler 2009: 39-40).

Im Jahr 2009 wurde schließlich nach intensiven Verhandlungen auf EU-Ebene und trotz anhaltender zivilgesellschaftlicher Proteste die EU-Richtlinie zur Förderung der Nutzung von Energie aus erneuerbaren Quellen (RED) verabschiedet, in der eine Beimischungspflicht für Agrartreibstoffe im Verkehrssektor von zehn Prozent bis 2020 festgeschrieben wurde (§ 3 Abs 4 RL 2009/28/EG). Trotz der kontroversen gesellschaftlichen und politischen Diskussion beschloss das Parlament mit der Richtlinie nicht nur eine gesetzlich verpflichtende Bei-

---

2   In der Diskussion um Nachhaltigkeit wird von *direkten* Landnutzungsveränderungen gesprochen, wenn für die Produktion von Agrartreibstoffen Regenwälder, Torfmoore, Savannen etc. in Plantagen umgewandelt werden und dadurch zusätzliche CO_2-Emissionen entstehen. Im Gegensatz zu direkten entstehen *indirekte* Landnutzungsveränderungen, wenn die Produktion von Nahrungsmitteln und Futterpflanzen durch die Herstellung von Agrartreibstoffen verdrängt wird und auf bis dahin nicht landwirtschaftlich genutzte Flächen (Regenwald, Feuchtgebiete, degradiertes Land etc.) ausweichen muss.

mischung, sondern bestätigte auch den Weg einer liberalisierten europäischen Landwirtschafts- und Energiepolitik:

> Da sich Kraftstoffe leicht handeln lassen, können Mitgliedsstaaten, die in geringerem Maße über die relevanten Ressourcen verfügen, ohne weiteres Biokraftstoffe erneuerbarer Herkunft anderweitig beziehen. Obwohl es für die Gemeinschaft technisch möglich wäre, ihr Ziel für die Nutzung von Energie aus erneuerbaren Quellen im Verkehrsbereich ausschließlich durch die Herstellung in der Gemeinschaft zu erreichen, ist es sowohl wahrscheinlich als auch wünschenswert, dass das Ziel de facto durch eine Kombination aus inländischer Herkunft und Importen erreicht wird. (Z 16 RL 2009/28/EG)

Aufgrund der Proteste und Kontroversen im Vorfeld wurden allerdings Nachhaltigkeitskriterien eingeführt, um die soziale und ökologische Verträglichkeit von Biodiesel und Bioethanol sicherzustellen. Diese Kriterien sowie die Möglichkeiten ihrer Überprüfung sind in den Artikeln 17 und 18 der RED zusammengefasst. Im Wesentlichen beziehen sie sich auf eine quantitativ messbare und sehr eng gefasste Definition von ökologischer Nachhaltigkeit, die sich auf den Beitrag von Agrartreibstoffen zur Einsparung von Treibhausgasemissionen bezieht. Unter Artikel 17 ist geregelt, dass diese Einsparungen mindestens 35 Prozent im Vergleich zu fossilen Energieträgern betragen müssen und dieser Wert ab 2017 auf 50 Prozent angehoben wird. Zudem werden Flächen mit hohem Biodiversitätsgehalt (Primärwald, Naturschutzgebiete, Grünland mit hoher biologischer Vielfalt), Flächen mit hohem Kohlenstoffbestand (Feuchtgebiete, kontinuierlich bewaldete Gebiete) sowie Torfmoore *a priori* von der Agrartreibstoffproduktion ausgeschlossen (§ 17 Abs 2-4 RL 2009/28/EG). Neben diesen verbindlichen Kriterien für CO_2-Einsparungen und sogenannte *no go areas* wurde in Bezug auf soziale Nachhaltigkeit eine reine Überwachungsfunktion festgelegt. Die Kommission muss dem Parlament und dem Rat alle zwei Jahre über die sozialen Auswirkungen der Agrartreibstoffproduktion wie Preissteigerungen von Nahrungsmitteln oder entwicklungspolitische Aspekte berichten. Zudem soll in den Berichten angeführt werden, ob wichtige Importländer bestimmte ILO-Konventionen unterzeichnet haben (§ 17 Abs 7 RL 2009/28/EG). Im Gegensatz zu dieser Berichtspflicht für soziale Nachhaltigkeitskriterien werden für die Überprüfung der ökologischen Nachhaltigkeit bei Importen aus Drittstaaten zwei Mechanismen als zielführend angesehen. Erstens gibt es die Möglichkeit von bilateralen oder multilateralen Übereinkünften, „die Bestimmungen über Nachhaltigkeitskriterien enthalten" (§ 18 Abs 4 RL 2009/28/EG). In solchen Fällen werden die in der Richtlinie geforderten Nachhaltigkeitskriterien nach dem Abschluss einer solchen Übereinkunft als gesichert erklärt. Zweitens – und derzeit favorisierte Methode – sollen „freiwillige nationale oder internationale Regelungen", d.h. freiwillige Zertifizierungssysteme, zur Verifizierung herangezogen werden (§ 18 Abs 4 RL 2009/28/EG).

7.1.2. Die Förderung der Biodieselindustrie im Kontext einer liberalisierten Landwirtschaftspolitik

Die RED zeigt die Verdichtung von konkurrierenden Interessen im Kontext einer liberalisierten globalen Handelspolitik, die zu einer Privilegierung der Agrar- und Agrartreibstoffindustrie – sowohl innerhalb der EU als auch in Südostasien – beiträgt. Diese Politik führt nicht nur zu Konflikten gegen ein großflächiges und exportorientiertes Landwirtschaftsmodell, sondern auch zu Konflikten innerhalb der herrschenden Kräfte auf internationaler Ebene, indem das südostasiatische Agrarbusiness mit der europäischen Biodieselindustrie um den Zugang zum europäischen Markt konkurriert. Diese Konflikte *innerhalb* einer hegemonialen Konstellation spiegeln sich insbesondere in der Ausgestaltung der Nachhaltigkeitskriterien wider. Mit der Diskussion um indirekte Landnutzungsveränderungen (ILUC) werden allerdings auch Konflikte eröffnet, die über das vorherrschende Landwirtschaftsmodell hinauszeigen könnten.

Förderung der europäischen Biodieselindustrie und des (exportorientierten) Agrarbusiness in Südostasien

Die Beimischungspflicht von Agrartreibstoffen in der EU steht in engem Zusammenhang mit den Interessen der europäischen Agrarlobby. Vergleichsweise niedrige Preise für agrarische Rohstoffe in Kombination mit einem hohen Förderniveau machten die Produktion von Treibstoffen aus Nutzpflanzen Ende der 1990er Jahre attraktiv (Hoppichler 2010: 125). Nach Einführung der Beimischungspflicht profitierte insbesondere die im Entstehen begriffene europäische Biodieselindustrie von hohen Subventionen und baute innerhalb kürzester Zeit hohe Kapazitäten für die Produktion von Biodiesel auf. Abbildung 7 zeigt den Ausbau der Produktionskapazitäten für Biodiesel von 2 Millionen Tonnen im Jahr 2003 auf 22,1 Millionen Tonnen im Jahr 2011. Im selben Zeitraum stieg die tatsächliche Produktion von 1,4 Millionen Tonnen auf 8,6 Millionen Tonnen, mit einem leichten Rückgang im Jahr 2011.

Innerhalb der EU stellt Rapsöl den wichtigsten Rohstoff für die Produktion von Biodiesel dar. Die Beimischungspflicht von zehn Prozent kann jedoch ohne den Import von Rohstoffen (vor allem Palmöl und Sojaöl) sowie verarbeitetem Biodiesel nicht erfüllt werden (Gerasimchuk/Koh 2013). Auch wenn nur 10 bis

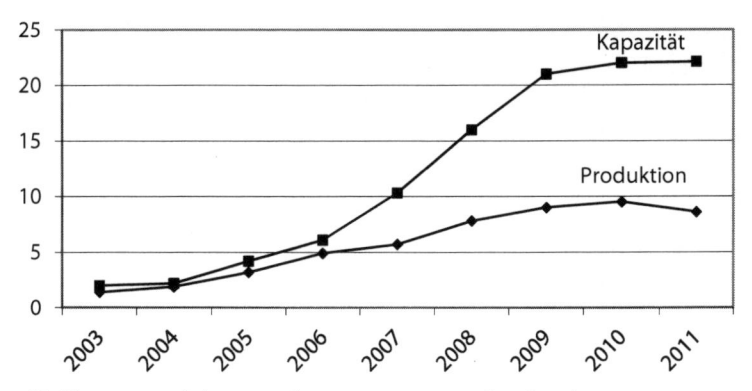

```
25 ┬─────────────────────────────┐ Kapazität
20 │                    ■──■──■
15 │
10 │              ■          Produktion
                  ╱    ◆──◆──◆
 5 │    ■──■──◆
 0 ◆──◆─────────────────────────
   2003 2004 2005 2006 2007 2008 2009 2010 2011
```

Abbildung 7: Produktion und Kapazität von Biodiesel in der EU 2003-2011 (in Millionen Tonnen)
Quelle: European Biodiesel Board 2012a

13 Prozent der EU-Palmölimporte für die Produktion von Agrartreibstoffen verwendet werden (European Biodiesel Board 2013), steigen die Biodieselimporte aus Südostasien – insbesondere aus Indonesien – seit 2008 sprunghaft an. Laut Eurostat sind die Einfuhren von Biodiesel aus Indonesien, Malaysia und Singapur zwischen 2008 und 2011 von 0,19 Millionen Tonnen auf 1,1 Millionen Tonnen gestiegen. Diese Importe schließen Rohpalmölimporte, die innerhalb der EU zu Biodiesel weiterverarbeitet werden, nicht ein, die tatsächlichen Palmölimporte für die Agrartreibstoffproduktion dürften deshalb noch höher sein.

Wie in Kapitel 5 gezeigt, konnten in Südostasien in den letzten Jahren insbesondere führende Palmölkonzerne und große Biodieselunternehmen von der Beimischungspflicht profitieren. Trotz anfänglicher Hürden durch die Einführung der Nachhaltigkeitskriterien kündigt beispielsweise der größte indonesische Biodieselproduzent Wilmar an: „We are pleased to inform Wilmar has been embracing these changes [sustainability criteria and certification] and is one of the first to supply certified sustainable biofuel made with palm oil under these standards in Europe" (INTB29).[3] Auch der weltgrößte Biodieselkonzern Neste

---

3 In Indonesien ist dafür neben den steuerlichen Erleichterungen für die Exporte in die EU auch die Veränderung der Exportzölle für Palmöl seit Mitte 2011 entscheidend. Um die Verarbeitung von Palmöl im Land voranzutreiben und nicht nur unverarbeitete Rohstoffe zu exportieren, wurden in einer Verordnung des Finanzministers (128/PMK.011/2011) die Exportzölle für verarbeitete Palmölprodukte gesenkt. Dementsprechend gilt für Biodiesel ein Exportzoll von maximal 7,5 Pro-

Oil konzentriert sich mit seiner singapurischen Niederlassung voll und ganz auf den europäischen und US-amerikanischen Markt: „At the moment, all our resources are focused to the EU and US market. We don't have anything focused on engaging the regulatory people down here [in Southeast Asia]. We think with the current capacity that we have we should be able to fill in our markets in the EU and US" (INTB2). Die Ausführungen zeigen, dass die RED eine Agrartreibstoffpolitik fördert, die auf die großflächige Produktion von und den globalen Handel mit Agrartreibstoffen setzt. Davon profitieren sowohl die europäische Biodieselindustrie als auch vertikal integrierte Agrarkonzerne in Südostasien. Gleichzeitig wird dadurch allerdings auch eine Konkurrenz zwischen führenden Agrar- und Energieunternehmen der beiden Regionen geschaffen. Diese Konkurrenz wird beispielsweise in den Konflikten um die konkrete Ausgestaltung der Nachhaltigkeitskriterien deutlich, mit denen die EU zwar Forderungen der Umweltbewegung integriert, die aber auch als Konflikte um den Zugang von südostasiatischen Unternehmen zum europäischen Binnenmarkt analysiert werden können.

Nachhaltigkeitskriterien und Konflikte um den Zugang zum Weltmarkt

Für Südostasien spielen die Nachhaltigkeitskriterien aufgrund der schlechten Treibhausgasbilanz von Palmöl eine besondere Rolle. Das wichtigste Kriterium für die Messung der Nachhaltigkeit von Agrartreibstoffen ist die Einsparung von CO_2-Emissionen, die laut RED mindestens 35 Prozent im Vergleich zu fossilen Treibstoffen betragen muss. Bei der Berechnung dieser Einsparung geht die EU von durchschnittlichen Standardwerten aus, die für die wichtigsten Rohstoffe für Biodiesel und Bioethanol berechnet wurden. Unternehmen können diese Standardwerte heranziehen, außer die Einsparungswerte für bestimmte Rohstoffe liegen unter den geforderten 35 Prozent:

> Liegt der Standardwert für die Treibhausgasemissionseinsparung eines Herstellungswegs unter dem geforderten Einsparungsmindestwert für Treibhausgasemissionen, sollte von Produzenten, die nachweisen wollen, dass sie diesen Mindestwert einhalten, verlangt werden, dass sie den Nachweis dafür erbringen, dass die aus ihrem Produktionsverfahren resultierenden Emissionen niedriger sind als diejeni-

---

zent, für Rohpalmöl beträgt dieser allerdings 22,5 Prozent. Während die Förderung der weiterverarbeitenden Industrie eine zentrale Forderung vieler indonesischer ExpertInnen ist (INTA12, INTB20, INTB25, INTB26), profitieren derzeit vor allem die großen vertikal integrierten Palmölkonzerne in Indonesien mit starken Exportinteressen wie beispielsweise Sinar Mas oder Wilmar von dieser Entwicklung.

gen, von denen bei der Berechnung der Standardwerte ausgegangen wurde. (Z 82 RL 2009/28/EG)

Dieser Hinweis ist für palmölproduzierende Länder in Südostasien besonders relevant, weil der Standardwert von Palmöl bei nur 19 Prozent liegt (Anhang V RL 2009/28/EG). Demnach müssen ProduzentInnen von palmbasiertem Biodiesel, die in die EU importieren und finanzielle Erleichterungen erhalten wollen, höhere Einsparungen durch freiwillige Zertifizierungsinstrumente nachweisen.

Neben der Berechnung von CO_2-Einsparungen gibt es auch in Bezug auf die sogenannten *no go areas* für Agrartreibstoffe erhebliches Konfliktpotenzial, insbesondere weil viele der in der Richtlinie in diesem Zusammenhang angeführten Begriffe bis heute nicht klar definiert sind. Ein Vertreter von Neste Oil erklärt dazu: „With the renewable energy directive, a lot of terms have not been defined yet; degraded land, what is waste, what is grassland, what is indirect land-use change, a lot of things are not defined yet and these are avenues for either discrimination or to improve the whole story line. And that's why engagement is very important" (INTB2). Dass über viele Begriffe auch mehrere Jahre nach der Veröffentlichung der RED noch immer gestritten wird, liegt an der Tatsache, dass diese nicht in der Richtlinie bestimmt, sondern die Europäische Kommission mit einer nachträglichen Definition auf Basis wissenschaftlicher Erkenntnisse beauftragt wurde (INTB30).

Die politischen Entscheidungen in Bezug auf die Berechnung von CO_2-Emissionen und die Definition von bestimmten *no go areas* haben entscheidende Auswirkungen auf den Handel mit Palmöl. Während viele NGOs und WissenschafterInnen die Nachhaltigkeitskriterien als unzureichend kritisieren und eine umfangreichere wissenschaftliche Bewertung von Agrartreibstoffen fordern, sehen insbesondere Agrar- und Biodieselunternehmen in Indonesien und Malaysia sowie deren staatliche RepräsentantInnen aus dem Energie- und Landwirtschaftsministerium in ihnen eine strukturelle Diskriminierung von Palmölimporten. Letztere werten sie als außertarifliches Handelshemmnis, durch welches das weitaus billigere Palmöl aus dem Wettbewerb genommen werden soll (INTB11, PEMANDU 2010: 285), und beschuldigen die EU eines grünen Protektionismus: "The truth is, they want to protect their product in not buying palm oil, which is much cheaper, that's it. This is political trade" (INTB24). Im Lobbying um den Zugang zum europäischen Markt treten VertreterInnen des regionalen Palmölprojekts dabei gemeinsam auf:

> My association [MPOA] and my counterpart [from Indonesia], we know each other very closely and we have informal meetings. We have three organizations which are those on investors, those on fighting against the NGOs, and at the government

level. We all work together. And on common issues, for example the EU RED, we go together. [...] We are in the same boat. (INTB11)

Bestätigt wird das Kräftemessen zwischen dominanten europäischen und südostasiatischen Kapitalfraktionen durch Entscheidungen der EU im Jahr 2012. Auch wenn die EU für die Erreichung der Beimischungspflicht auf Importe angewiesen ist und der Handel mit Agrartreibstoffen als wünschenswerte Strategie in der RED festgeschrieben ist, lobbyieren nicht nur NGOs, sondern auch europäische Agrarkonzerne und Biodieselunternehmen gegen die zunehmenden Einfuhren aus Indonesien und Argentinien,[4] die sich im Jahr 2011 bereits auf 90 Prozent der Biodieselimporte beliefen (European Biodiesel Board 2012b). Im August 2012 reagierte die EU auf die zunehmende Kritik von Seiten der europäischen Biodieselindustrie und leitete ein Antidumpingverfahren ein (2012/C 260/04), das im November 2012 zu einem Antisubventionsverfahren ausgeweitet wurde (2012/C 342/03). Der Generalsekretär des European Biodiesel Board meint dazu:

> This decision represents a landmark for the European biodiesel industry, which was dramatically impacted by increasing imports originating from Argentina and Indonesia. The abnormality of biodiesel prices artificially set in Argentina and Indonesia results in distorting the international trade flow and greatly damages the growth and viability of the European industry. (European Biodiesel Board 2012b)

Als Antwort darauf brachten Argentinien und Indonesien Ende 2013 eine Beschwerde bei der WTO ein, weil die Maßnahmen gegen die Freihandelsregeln verstoßen würden (WTO 2014). Das Kräftemessen zwischen der europäischen und südostasiatischen Biodieselindustrie zeigt demnach die Konfliktlinien innerhalb der vorherrschenden liberalisierten Handelspolitik. In diesem Zusammenhang stellen sie die exportorientierte Produktion von Energiepflanzen nicht in Frage, sondern bilden Konkurrenzen um den privilegierten Zugang zum Weltmarkt ab. Gleichzeitig überlagern die Auseinandersetzungen auch die Konflikte *um* das hegemoniale Landwirtschaftsmodell, indem alternative Strategien entnannt und einheitliche indonesische und malaysische Interessen konstruiert werden. Das betont beispielsweise ein Vertreter der indonesischen Umweltorganisation WALHI: „Indonesian governments want to expose the issues that Europeans only want to disturb trading because, you know, the Indonesian position in palm oil production is number one right now. So they want to cut the work of the local NGOs" (INTB17). Die Umkämpftheit des hegemonialen Landwirtschaftsmo-

---

4   Neben Indonesien kommen Biodieselimporte insbesondere aus Argentinien, wo es günstige Regelungen in Bezug auf den Export von weiterverarbeitetem Sojaöl gibt.

dells wird in Ansätzen in den Konflikten um die Integration von ILUC in die Nachhaltigkeitskriterien der RED deutlich, auch wenn die Handlungskorridore der EU-Agrartreibstoffpolitik die Formen der Konfliktaustragung prägen.

Konflikte um indirekte Landnutzungsveränderungen (ILUC)
Viele der Konflikte um die Ausgestaltung der Nachhaltigkeitskriterien sind eng mit der heftig geführten Diskussion um die Problematik von ILUC verbunden. KritikerInnen einer verpflichtenden Beimischung argumentieren, dass eine Einbeziehung von ILUC entscheidend ist, um die tatsächlichen Treibhausgasemissionen von Agrartreibstoffen abschätzen zu können. Sie berufen sich auf Studien, die zeigen, dass die Integration von ILUC in den meisten Fällen zu höheren Emissionen führt als die Verwendung fossiler Energieträger (Bowyer 2010: 2, Overmars et al. 2011: 248, Searchinger et al. 2008: 1239). Trotz dieser und zahlreicher anderer Studien, die die negativen ökologischen Auswirkungen von Agrartreibstoffen quantifizieren, ist die Messung von ILUC bisher nicht Teil der RED. In dieser ist lediglich vermerkt, dass die Kommission bis Ende 2010 einen Bericht über die Auswirkungen von ILUC vorlegen und gegebenenfalls Methoden zu deren Berechnung vorschreiben soll (§ 19 Abs 6 RL 2009/28/EG). Im Dezember 2010 veröffentlichte die Kommission eine Zusammenfassung der bisherigen Konsultationen und Analysen, kam allerdings zu dem Schluss, dass es noch wesentliche Unsicherheiten in Bezug auf die Berechnungsmethode gebe und verschob die Entscheidung diesbezüglich auf Mitte 2011 (KOM(2010) 811). Die Veröffentlichung des Berichts wurde begleitet von heftigen Konflikten und Auseinandersetzungen – sowohl innerhalb der Kommission als auch zwischen EU und Drittstaaten. Innerhalb der Kommission waren es vor allem die Abteilung für Energie und die Abteilung für Klimaschutz, die sich in dieser technischen Diskussion um ILUC nicht einigen konnten (Keating 2012: 3). Während letztere ILUC sowohl in die RED als auch in die EU-Richtlinie über Kraftstoffqualität inkludieren möchte, hält die Abteilung für Energie dagegen und argumentiert, dass es keine gesicherten wissenschaftlichen Daten dafür gebe. Letzteres Argument wird auch von der europäischen Biotreibstoffindustrie vorgebracht (Keating 2012: 3). Im Oktober 2012 veröffentlichte die Kommission schließlich einen Entwurf für eine Änderung der RED nach 2020, in der die Berechnung von ILUC „auf der Grundlage der besten verfügbaren wissenschaftlichen Erkenntnisse" (COM(2012) 595: 4) integriert werden soll. Entscheidend ist, dass die Regelung auf bestehende Investitionen keine Auswirkung haben würde bzw. darauf abzielt, „bereits getätigte Investitionen bis 2020 zu schützen" (COM(2012) 595: 3). Bisher ist unklar, ob und in welcher Form eine solche Änderung der RED tatsächlich in Kraft tritt.

Die Frage nach der Integration von ILUC ist sowohl für Biodieselunternehmen innerhalb der EU als auch für Exporteure aus Südostasien insofern zentral, als sie die gesamte Beimischungspflicht in Frage stellen könnte. Negative CO_2-Bilanzen im Vergleich zu fossilen Energieträgern führen das wichtigste Ziel der RED – die Bekämpfung des Klimawandels – *ad absurdum* und legen eine Rücknahme der Beimischungsverpflichtung nahe. Zudem wirft die Diskussion um CO_2-Emissionen durch Landnutzungsveränderungen in Zusammenhang mit der Produktion von Agrartreibstoffen die Frage auf, warum diese Berechnung nicht auch für andere landwirtschaftliche Aktivitäten, d.h. für die EU-Agrarpolitik als solche relevant ist (Laborde 2011: 86). Die Problematik einer nachhaltigen Umwelt- und Klimapolitik wird demnach nicht nur im Bereich der Agrartreibstoffpolitik verortet, sondern mit Fragen nach einem nachhaltigen und kohlenstoffarmen Landwirtschaftsmodell verbunden, das die Produktion von Nahrungs-, Futter- und Energiepflanzen nicht gegeneinander ausspielt.

Dennoch schränken die derzeitigen politischen Kräfteverhältnisse und ihre Institutionalisierung im Rahmen der RED die Formen der Konfliktaustragung erheblich ein; die Diskussion um ILUC bleibt dementsprechend einer technisierten Debatte verhaftet. Wesentliche Kontroversen um die Definition von Nachhaltigkeit werden zwar politisch geführt, wissenschaftliches Wissen und insbesondere quantitative Berechnungsmodelle spielen allerdings eine zentrale Rolle. Die Auseinandersetzungen um die Beimischungspflicht werden demnach weniger als Interessenskonflikte geframt, sondern als „scientific disagreements" (INTB30) in Bezug auf einzelne Definitionen verhandelt. In Bezug auf das Konzept des *degraded land*, das die Inkorporation von wenig produktiven Flächen in die agrarindustrielle Landwirtschaft vorantreiben soll, werden beispielsweise nicht die politischen Implikationen einer solchen Strategie diskutiert, sondern die Suche nach der „richtigen" Definition bzw. die Zusammenführung von jeweils unterschiedlichen Definitionen in den Vordergrund gestellt. In ähnlicher Weise wird auch die Diskussion um ILUC teilweise in dem Glauben geführt, dass die konkreten Auswirkungen von Agrartreibstoffen auf landwirtschaftliche Prozesse durch wissenschaftliche Methoden exakt berechnet werden können. Nachhaltigkeit wird auf die Einsparung von Treibhausgasemissionen beschränkt, und es wird versucht, komplexe sozial-ökologische Prozesse in mathematischen Formeln auszudrücken. In diesem Zusammenhang treiben auch viele NGOs und kritische WissenschafterInnen die Einbeziehung von ILUC in die Treibhausgasberechnungen strategisch voran, um die Beimischungspflicht möglicherweise doch noch zu kippen. Während diese Strategie aufgrund der Dominanz von naturwissenschaftlichen Modellen in Politikprozessen nachvollziehbar ist, wird dadurch auch von progressiven gesellschaftlichen Kräften der Glaube an eine technische Messbarkeit von Nachhaltigkeit perpetuiert und der Blick auf alternative landwirtschaftliche Energie- und Landwirtschaftsmodelle als „politisch" und damit unwissenschaftlich delegitimiert.

7.1.3. Zwischenfazit

Die historische Genese der aktuellen Beimischungspflicht zeigt sich als wichtige staatliche Strategie zur Absicherung eines monokulturellen und exportorientierten Landwirtschaftsmodells, indem europäische und südostasiatische Agrarkonzerne und Biodieselunternehmen in besonderer Weise von der RED profitieren können. In diesem Zusammenhang können die Konflikte, die insbesondere um die Ausgestaltung der Nachhaltigkeitskriterien kreisen, als Konflikte *innerhalb* dieser hegemonialen Konstellation analysiert werden, indem dominante europäische und südostasiatische Kräfte um den privilegierten Zugang zum europäischen Markt kämpfen. Die aktuellen Konflikte sind dabei nur im Rahmen einer liberalisierten Handelspolitik zu verstehen, sowohl das Antidumping-Verfahren der EU als auch die Klage Indonesiens mit dem Vorwurf eines grünen Protektionismus beziehen sich auf die WTO-Regelungen. Die Nachhaltigkeitskriterien zielen aufgrund ihrer technischen Ausgestaltung weniger auf eine tatsächliche Transformation der Landwirtschafts- und Umweltpolitik ab, sondern können als neue Form der Organisation von Herrschaft interpretiert werden. Dementsprechend helfen diese Kriterien, die Interessen der herrschenden Kräfte auf einer transnationalen europäischen Ebene zu koordinieren, ohne alleine die Partikularinteressen der europäischen Agrar- oder Biodieselindustrie zu vertreten. Die Kriterien stellen eine Hürde für kleinere Unternehmen – sowohl innerhalb der EU, aber noch stärker in Südostasien – dar, bereiten aber exportorientierten und vertikal integrierten Agrarunternehmen keine großen Probleme.

Die Antidumping- und Antisubventionsverfahren der EU sind besonders interessant, weil deren Grundlage die Selbstverständlichkeiten in Europa, unverarbeitete Rohstoffe aus Ländern des Südens zu importieren, in Frage stellen. Während die europäische Biodieselindustrie ihre Kapazitäten von mehr als 22 Millionen Tonnen mit Rohstoffen aus der EU gar nicht bewältigen könnte, d.h. Importe von Rohstoffen wie Palmöl oder Sojaöl ohnehin notwendig sind, kämpft sie insbesondere gegen den Import von bereits verarbeitetem Biodiesel an. Die Konflikte zwischen der EU und Südostasien zeigen demnach auch das neue Selbstbewusstsein von exportorientierten Kräften in Malaysia und Indonesien, deren Kapitalbasis vor allem regional aufgebaut ist und die bereit sind, mit europäischen Agrar- und Energiekonzernen in Konkurrenz zu treten.

Die Frage nach den tatsächlichen sozialen und ökologischen Auswirkungen der Produktion von Energiepflanzen rückt im Konflikt zwischen den herrschenden Kräften der EU und Südostasiens in den Hintergrund. Auch wenn NGOs, soziale Bewegungen und WissenschafterInnen wichtige Aspekte der Problematik um Agrartreibstoffe in die öffentliche Debatte und die politischen Verhandlungen um die Ausgestaltung der Beimischungspflicht einbringen konnten, beziehen sich die konkreten Alternativen für eine Anpassung der RED auf die Integration von ILUC und damit die Ausweitung eines technischen Nachhaltigkeitsverständnisses, das die Förderung von großflächigen landbasierten Agrartreibstoffen nicht *per se* in Frage stellt. Letzteres kann auch durch die Etablierung von freiwilligen Zertifizierungssystemen zur Überprüfung der Nachhaltigkeitskriterien analysiert werden.

7.2. Konflikte um Zertifizierung im Rahmen des RSPO

Die verpflichtende Zertifizierung von Agrartreibstoffen ist – ebenso wie die Nachhaltigkeitskriterien – ein zentrales Ergebnis von Protesten gegen die europäische Agrartreibstoffpolitik. Durch die zunehmende Politisierung von Agrartreibstoffen als Auslöser oder zumindest Mitverursacher von Umwelt- und Ressourcenkonflikten, vor allem in Ländern des globalen Südens, wurde seit der Verabschiedung eines Beimischungsziels im Jahr 2003 nach adäquaten Rahmenbedingungen für die Kontrolle von Nachhaltigkeit gesucht. In der Folge implementierte die EU freiwillige Zertifizierungssysteme, um die Produktion von und den Handel mit Agrartreibstoffen abzusichern und gleichzeitig die in der RED eingeführten Nachhaltigkeitskriterien zu verifizieren (§ 18 Abs 4 RL 2009/28/EG).

Im Gegensatz zu staatlichen Sozial- und Umweltstandards legen in freiwilligen Zertifizierungssystemen Unternehmen und/oder NGOs soziale und ökologische Kriterien auf freiwilliger Basis fest, die in der Folge von Zertifizierungsstellen bzw. ExpertInnen überprüft werden (Klooster 2006: 541). Die Anerkennung solcher neuer Governance-Instrumente im Rahmen der RED stellt insofern eine Neuerung dar, als freiwillige Zertifizierungssysteme dadurch rechtlich abgesichert und zumindest einige wenige Nachhaltigkeitskriterien von der EU verpflichtend vorgegeben werden.[5] Dieser Fokus auf Zertifizierungssysteme anstatt rechtlich

---

5 Im Rahmen eines Verfahrens können sich freiwillige Zertifizierungssysteme für eine Anerkennung im Rahmen der RED bei der Europäischen Kommission bewer-

verbindlicher Sozial- und Umweltauflagen ist allerdings nicht zufällig und zeigt Veränderungen – sowohl im Umgang mit ökologischen Problemen als auch in der Transformation von Staatlichkeit – exemplarisch an.

In der Literatur werden freiwillige Zertifizierungssysteme als „shift from government (based on democratic political access) to governance" sowie als Aufstieg von „consumer-based politics" gesehen (Brown/Getz 2008: 1187). Andere bezeichnen diese neue Form der politischen Steuerung als „private governance" (Schouten/Glasbergen 2011) oder in konkretem Bezug auf ökologische Aspekte als „new environmental policy instruments" (Jordan et al. 2003) bzw. „global green governance" (Eden 2011: 169). Gemeinsam ist diesen Instrumenten die Annahme, „that self-regulation by corporations together with market incentives can lead to effective environmental management while minimizing external state-sponsored enforcement mechanism" (McCarthy/Zen 2010: 154). Freiwilligkeit, nichtstaatliche Zusammensetzung und konsensuale Entscheidungen sind zentrale Charakteristika solcher Zertifizierungssysteme.

Obwohl die qualitativen Veränderungen in der politischen Regulierung evident sind, da beispielsweise staatliche RepräsentantInnen oftmals explizit von privaten Governance-Instrumenten ausgeschlossen sind, möchte ich die *verpflichtende* Zertifizierung von Agrartreibstoffen durch *freiwillige* Zertifizierungssysteme als Teil eines transnationalen Netzwerkstaates beschreiben, in dem private Governance-Instrumente zunehmend in staatliche Politiken und Prozesse eingebunden werden. Im Gegensatz zu herkömmlichen Zertifizierungssystemen – insbesondere im Nahrungsmittel- und Textilbereich[6] – werden private Governance-Instrumente im Rahmen der RED von staatlichen EntscheidungsträgerInnen in einem EU-Gesetz verpflichtend gefordert und damit ursprünglich privatwirtschaftlich getragene Strategien in einem staatlichen Kontext rückwirkend legitimiert. Demnach können freiwillige Zertifizierungssysteme zur Verifizierung von Nachhaltigkeit als *Strategie* zur Bearbeitung von konkreten Konflikten (Landkonflikte, Umweltkonflikte etc.) analysiert werden. Zudem stellen sie aber auch ein spezifisches *Konfliktfeld* dar, in dem gesellschaftliche Kräfte mit unterschiedlichen Interessen auf internationaler Ebene um die Durchsetzung

---

ben. Diese entscheidet letztendlich, ob das System die Kriterien, die in der RED für die Nachhaltigkeit von Agrartreibstoffen vorgegeben sind, erfüllt.
6 In der europäischen Agrarindustrie ist die steigende Rolle von freiwilligen Zertifizierungssystemen evident. Eigene EU-Leitlinien regeln den Umgang mit solchen Systemen im Bereich landwirtschaftlicher Erzeugnisse und Lebensmittel, im Jahr 2010 gab es in der EU bereits 440 solcher freiwilliger Zertifizierungssysteme (2010/C 341/04).

von Normen für Nachhaltigkeit konkurrieren und sich damit einerseits dominante Ideen in Bezug auf die Gestaltung von gesellschaftlichen Naturverhältnissen zeigen und andererseits alternative Bearbeitungsmodi für die sozial-ökologische Krise marginalisiert werden.

Im Rahmen der EU-Agrartreibstoffpolitik bestätigte die Europäische Kommission bisher (April 2014) 15 freiwillige Zertifizierungssysteme, unter ihnen beispielsweise das bekannte deutsche Zertifizierungssystem ISCC (*International Sustainability and Carbon Certification*) oder den RSB (*Roundtable on Sustainable Biofuels*) mit Sitz in der Schweiz. Im November 2012 billigte die EU mit dem RSPO eines der bekanntesten, wenn auch umstrittensten Instrumente für die nachhaltige Agrartreibstoffproduktion (2012/722/EU). Im Folgenden werden die Entwicklung und Struktur des RSPO beschrieben und die Selektivitäten und Marginalisierungsstrategien des Governance-Instruments analysiert. Zudem wird anhand des indonesischen Zertifizierungssystems ISPO die multiskalare Vernetzung von staatlichen Strukturen und Prozessen beschrieben, indem bestimmte gesellschaftliche und politische Kräfte die internationale Ebene der Verhandlungen im Rahmen des RSPO in Frage stellen und eine Reorientierung – oder „Interiorisierung" im Sinne von Poulantzas (1977: 20) – auf nationalstaatliche Entscheidungsstrukturen vorantreiben.

7.2.1. Historische Genese und Struktur des RSPO

Der RSPO ist eine sogenannte Multi-Stakeholder-Organisation, die 2004 nach informellen Gesprächen zwischen der Umweltschutzorganisation WWF, der Schweizer Handelskette Migros, der britischen Supermarktkette Sainsbury's, Aarhus United UK Ltd., dem britisch-niederländischen Konsumgüterhersteller Unilever und der malaysischen Palmölindustrie gegründet wurde. Ziel der Initiative ist die Förderung von Wachstum und Verwendung von nachhaltigem Palmöl durch eine Kooperation entlang der gesamten Wertschöpfungskette (RSPO 2004a).

Derzeit (April 2014) zählt die Organisation 935 Mitglieder, die in sieben Kategorien aufgeteilt sind, nämlich Plantagenunternehmen, Weiterverarbeitungs- und Handelsbetriebe, Konsumgüterhersteller, Einzelhandelsunternehmen, Banken und Investoren, Umwelt-NGOs sowie soziale und entwicklungspolitische NGOs. Eine Mitgliedschaft außerhalb dieser Kategorien ist nicht möglich (RSPO 2004b: 2). Das höchste Gremium des RSPO ist die Generalversammlung, bei der jedes ordentliche Mitglied eine Stimme hat. Abstimmungen werden durch eine einfache Mehrheit entschieden. Das wichtigste Managementorgan ist der geschäftsführende

Vorstand, der von der Generalversammlung für zwei Jahre gewählt wird und aus 16 Mitgliedern besteht. Mit Ausnahme der Palmölplantagenunternehmen, die vier Sitze in diesem Gremium einnehmen, wird jede Kategorie durch zwei RepräsentantInnen vertreten. Entscheidungen werden im Konsens getroffen. Die täglichen Geschäfte des RSPO werden vom Sekretariat geführt (RSPO 2004b).

Die Nachhaltigkeit des zertifizierten Palmöls wird durch die Überprüfung von 8 Prinzipien, 39 Kriterien und über 100 Indikatoren, die sich nach dem Slogan „People, Planet & Profit" richten, sichergestellt (INTA8). Diese Überprüfung betrifft konkret die Prinzipien Transparenz, Einhaltung von Gesetzen und Regelungen, Bekenntnis zu langfristiger ökonomischer und finanzieller Durchführbarkeit, Best Practice von Plantagen und Mühlen, Umweltverantwortung und Schutz von natürlichen Ressourcen und Biodiversität, verantwortungsvoller Umgang mit MitarbeiterInnen, Individuen und Communities, verantwortungsbewusste neue Plantagen sowie Bekenntnis zu kontinuierlichen Verbesserungen (RSPO 2007a). Eine anerkannte Zertifizierungsstelle überprüft die Einhaltung der Prinzipien und Kriterien (*third party verification*) und stellt ein Zertifikat für fünf Jahre aus, das jährlich kontrolliert wird (RSPO 2007b: 4, 14). Die Zertifizierung bezieht sich grundsätzlich auf Plantagenunternehmen und Ölmühlen. Alle anderen Unternehmen entlang der Wertschöpfungskette müssen lediglich die Rückverfolgbarkeit des zertifizierten Palmöls garantieren (RSPO 2007b: 8).

Der RSPO wurde 2004 als Reaktion auf negative Kampagnen von NGOs in Bezug auf die Verwendung von Palmöl in der Nahrungsmittel- und Kosmetikindustrie in Europa gegründet und hat grundsätzlich kein spezielles Interesse an der Agrartreibstoffproduktion, sondern an der nachhaltigen Produktion von Palmöl im Allgemeinen: „In the end, whether the palm oil that has been certified will be used by biofuel industry or food industry or feedstock industry [...] is the decision of the market itself" (INTB27). Dennoch spielt der RSPO – spätestens seit der Anerkennung als RED-Zertifizierungssystem – eine zentrale Rolle für die südostasiatische Biodieselindustrie. Im RSPO fallen Biodieselunternehmen unter die Kategorie der Weiterverarbeitungs- und Handelsbetriebe von Palmöl (INTB27), zu den wichtigsten zählen beispielsweise Neste Oil (Finnland/Singapur), Wilmar International (Singapur/Indonesien), BP (Großbritannien), Eterindo (Indonesien), Shell (Großbritannien), Carotino/JC Chang Group (Malaysia) oder Vance Bioenergy (Malaysia). Obwohl sie im Vergleich zu anderen Stakeholdern in geringer Zahl vertreten sind, zählen diese Unternehmen zu den wichtigsten Biodieselproduzenten aus Palmöl mit hohen Kapazitäten und Exportpotenzial, die sich in den letzten Jahren intensiv mit den Nachhaltigkeitskriterien für Biodiesel aus Palmöl beschäftigt und für eine Anerkennung des RSPO als freiwilliges Zertifizierungsinstrument durch die EU gekämpft haben (INTB6).[7] Im November 2012 wurde der RSPO schließlich als freiwilliges Zertifizierungssystem für die Verifizierung der RED-Nachhaltigkeitskriterien anerkannt (2012/722/EU).

Im Folgenden wird geklärt, wie sich der Fokus auf freiwillige Zertifizierungssysteme zur Überprüfung von Nachhaltigkeit am Beispiel des RSPO strategisch-selektiv auf unterschiedliche gesellschaftliche Kräfte auswirkt und welche Konflikte in diesem Zusammenhang entstehen.

7.2.2. Privilegierung und Marginalisierung im RSPO

Freiwillige Zertifizierungssysteme sind noch stärker als traditionelle staatliche Strukturen und Prozesse strategisch selektiv. Ihre Legitimität wird hauptsächlich an ihrem Output gemessen und in den meisten Fällen haben sie ein enges, auf einen spezifischen Problembereich beschränktes Mandat: „While state representatives in a democratic setting are the result of general elections, the stakeholder representatives from the private sector and civil society are nominated or offer their participation in private governance through vastly more informal structures" (Partzsch 2011: 417). Im Fall des RSPO bezieht sich dieser abgesteckte Problembereich auf die nachhaltige Produktion von Palmöl. Fragen von Demokratie und gleichberechtigter Teilhabe kommen dabei vielfach zu kurz und betroffene AkteurInnen (z.B. von Umsiedlung oder Vertreibung betroffene lokale Bevölkerungsgruppen oder PlantagenarbeiterInnen) werden vielmehr als Objekte denn als EntscheidungsträgerInnen adressiert. Der Multi-Stakeholder-Ansatz – ohne die Zusammensetzung der Stakeholder zu diskutieren – und die Unabhängigkeit vom Staat, der gemeinhin mit Korruption und fehlender Effizienz gleichgesetzt wird, werden hervorgehoben und gleichzeitig Transparenz und Konsens als wichtigste Leitprinzipien festgelegt. Diese Aspekte führen allerdings nicht automatisch zu einer gleichberechtigten Teilhabe bzw. demokratischen Repräsentation aller AkteurInnen im betreffenden Produktbereich (Brown/Getz 2008: 1188), denn die konsensorientierte Herangehensweise trägt wesentlich dazu bei, dass strukturelle Ungleichheiten zwischen den Stakeholdern, aber auch der faktische Ausschluss

---

7   Um diese Anerkennung zu erreichen wurden zwei Arbeitsgruppen, eine zu Treibhausgasemissionen und eine zu EU RED eingerichtet, die die zusätzlichen Anforderungen klären sollten. Die Kalkulation von Treibhausgasemissionen war dabei zentral, da sie das wichtigste Nachhaltigkeitskriterium der RED darstellt und bisher nicht Bestandteil der Prinzipien und Kriterien des RSPO war (INTB27).

von AkteurInnengruppen, verschleiert werden. Zudem wird die Unabhängigkeit des RSPO vor allem durch eine Unabhängigkeit vom Staat definiert, was in der Folge zu einer Dominanz von Unternehmen führt, die die Definitionshoheit über eine nachhaltige Palmölproduktion für sich beanspruchen:

> RSPO first started or still is non-governmental. We do not include government[s] in our standard setting but they are stakeholders. So they have the opportunity to inform us. [...] I think the government of Malaysia and Indonesia has agreed that RSPO is a business-to-business thing. [...] So if business wants to do it, if it's good for business, then the government supports them. And it's business-led, which is good also for RSPO. (INTB8)

Die privatwirtschaftlichen VertreterInnen sehen sich als legitime Verantwortliche, wenn es um die Veränderung von Praktiken in der Palmölindustrie geht und bewerten kritische Stimmen als unzulässig. Das wird beispielsweise durch die Aussage eines Vertreters der malaysischen Palmölindustrie deutlich:

> Yes, we are a member of RSPO. I was an executive board member of RSPO. And that's B to B [business to business], where you try to go in and do the sustainability, we have done, certified. But the NGOs are taking the opportunity to shoot at us. We are transparent, we do all these things and they go on the ground, see one case, blow it up. (INTB11)

Während offiziell die Einbeziehung aller relevanten Stakeholder und die Konsensorientierung hervorgehoben werden, zeigt dieses Zitat eine top-down-Strategie der Implementierung von Nachhaltigkeit, deren Richtung von den beteiligten Unternehmen entschieden wird. Das wird bereits durch die Zusammensetzung des RSPO deutlich. Fünf von sieben Kategorien sind privatwirtschaftlichen AkteurInnen vorbehalten und zwei Kategorien wurden für NGOs geschaffen. (Plantagen-)ArbeiterInnen sind als Stakeholder nicht vorgesehen, und auch Kleinbauern/-bäuerinnen können mit der zentralen Stellung von Plantagenunternehmen schwer konkurrieren. Von den 935 Mitgliedern des RSPO sind mehr als 95 Prozent privatwirtschaftliche Unternehmen.

Privilegierung von exportorientierten Unternehmen und Implementierung selektiver Verantwortlichkeit

Trotz einer Dominanz von Unternehmensinteressen im RSPO ist die Zertifizierung von Palmöl und Agrartreibstoffen nicht für alle privatwirtschaftlichen AkteurInnen gleichermaßen relevant. Dementsprechend ist der RSPO vor allem für große Unternehmen mit Exportinteressen in Europa entscheidend, deren Absatzchancen ohne Zertifizierung immer stärker schwinden. Sie können durch die Zertifizierung trotz zunehmender Kritik an den sozialen und ökologischen

Auswirkungen an einer großflächigen Plantagenwirtschaft und Agrartreibstoffen der ersten Generation festhalten. Neste Oil beispielsweise ist ein sehr aktives Mitglied im RSPO und versucht die Nachhaltigkeitskriterien zur Stärkung der eigenen Position in der Biodieselindustrie zu nutzen: „For example, Indonesian and Malaysian governments these days think that they are judged quite heavily by the US and the European market on their products. But we are saying that actually if we are willing to comply with the standards, it's not very hard" (INTB2). Und auch die malaysische Palmölindustrie ist sich bewusst, dass ohne Zertifizierung die Exportmöglichkeiten nach Europa limitiert sind: „If the NGOs want to campaign that we participate in RSPO in order to have market access, we kind of reluctantly agree because we need market access [...]. We need to export 95 percent [of our produced palm oil] to the rest of the world because we only consume 5 percent of palm oil" (INTB7). Zudem ist die Zertifizierung im Rahmen von freiwilligen Systemen wie dem RSPO nicht zuletzt für die Finanzierung von Palmölplantagen entscheidend, weil immer mehr große InvestorInnen in der südostasiatischen Palmölindustrie diese als Risikobegrenzung nutzen. Diese Strategie bestätigt beispielsweise ein malaysischer Vertreter der globalen Finanzinstitution HSBC: „Of course, to mitigate our risk, we prefer clients to certify under RSPO or if it is forestry under FSC [*Forest Stewardship Council*] or other national standards, so that is our preferred way of risk mitigation" (INTB12). Eine Mitgliedschaft im RSPO ist für viele Unternehmen demnach in Bezug auf die Außenwirkung des Unternehmens wichtig, obwohl sie wenig über die tatsächliche Praxis des Unternehmens aussagt. Denn eine Mitgliedschaft geht nicht automatisch mit einer verpflichtenden Zertifizierung einher, auch wenn Unternehmen verpflichtet sind einen Zeitplan für eine tatsächliche Zertifizierung einzureichen. Die Zeitpläne sind vielfach auf Jahrzehnte in der Zukunft angelegt und die überwiegende Mehrheit der zertifizierten Plantagenunternehmen lässt nur einzelne Plantagen zertifizieren – beispielsweise solche, die Rohstoffe für die Biodieselindustrie in der EU produzieren – während der Großteil des Unternehmens *business as usual* verfolgt (Pichler 2013: 377-380).

Die Strategie der Imagepflege durch eine Mitgliedschaft im RSPO ist insbesondere für die weiterverarbeitenden Teile der Wertschöpfungskette relevant. Die Prinzipien und Kriterien, die für die Zertifizierung herangezogen werden, beziehen sich allein auf die Palmölunternehmen, d.h. Plantagen und Mühlen, während von weiterverarbeitenden Unternehmen, Konsumgüterherstellern und (Einzel-)Handelsunternehmen wenig bis gar keine Verbindlichkeit erwartet wird (RSPO 2007a). Das ist nicht zuletzt deshalb problematisch, weil sie den Hauptanteil der Mitglieder ausmachen: „Our membership is growing, for example, the most increase is happening on the consumer goods manufacturers and the processors and traders but we also need them to commit on the use of sustainable palm oil, not only to become a member" (INTB27). Aus dem Zitat geht hervor, dass eine Zertifizierung von Palmölplantagen nicht reicht, wenn die Abnahme des zertifizierten Palmöls (*Certified Sustainable Palm Oil* – CSPO) nicht gesichert ist. Demnach kritisieren viele Beteiligte, dass derzeit weitaus mehr CSPO produziert wird, als von den europäischen Unternehmen entlang der Wertschöpfungskette tatsächlich gekauft wird: „We have already achieved 5 million tonnes of Certified Sustainable Palm Oil but the irony is this: It was the European NGOs, it was the European governments who wanted sustainable certified palm oil, now it's being produced but the off-take is only 40 percent" (INTB10). Auch ein Gründungsunternehmen des RSPO, der transnationale Konsumgüterhersteller Unilever, bezieht sein Palmöl nicht zu 100 Prozent von RSPO-zertifizierten Unternehmen: „The argument goes, even from companies like Unilever who will say, in the current economic situation, they can't pass the additional cost to the consumer. Come on, look at the profitability of Unilever for the last two years, so much money they have made. It's ridiculous when you come with that sort of argument" (INTB10).

Trotz dieses Machtgefälles entlang der Wertschöpfungskette implementiert der RSPO eine klare Dominanz von Unternehmensinteressen. Während sich die selektive Verantwortlichkeit hauptsächlich auf einen Konflikt zwischen palmöl*verarbeitenden* und palmöl*produzierenden* Unternehmen bezieht, werden die Interessen von denjenigen Menschen, die tatsächlich auf den Plantagen arbeiten oder als Kleinbauern und -bäuerinnen Palmöl produzieren, auch im RSPO an den Rand gedrängt.

Economies of Scale und die Position von Kleinbauern und -bäuerinnen

Ein zentrales Konfliktfeld in der Auseinandersetzung um den RSPO und dessen Beitrag zu nachhaltiger Palmölproduktion ist die Rolle bzw. Möglichkeit zur Integration von Kleinbauern und -bäuerinnen. Während die ökologischen und sozialen Vorteile von kleinbäuerlicher Landwirtschaft gegenüber monokultureller Plantagenwirtschaft mittlerweile breit erforscht sind (siehe z.B. IAASTD 2009, La Via Campesina 2010) und die Förderung von ländlicher Entwicklung ein erklärtes Ziel der RED ist, werden Smallholder durch freiwillige Zertifizierungssysteme wie dem RSPO tendenziell benachteiligt (Colchester et al. 2007, Lee et al. 2011, McCarthy 2010). Das hat zwei zentrale Gründe: Zum einen bedeutet Zertifizierung einen hohen finanziellen und administrativen Aufwand, den viele unabhängige Smallholder, aber auch kleinbäuerliche Kooperativen, nur schwer leisten können. Zum anderen ist es für Biodieselunternehmen und andere weiterverarbeitende Betriebe ohne eigene Plantagen einfacher, Rohstoffe von großen Plantagenunternehmen zu kaufen, als mit hunderten Kleinbauern und -bäuerinnen zu verhandeln. Colchester et al. (2007) postulieren deshalb für die Zertifizierung der Palmölindustrie im Rahmen des RSPO: „The reality is that certification does favor economies of scale" (39).

Die derzeitigen Entwicklungen zeigen, dass vor allem für *unabhängige* Kleinbauern und -bäuerinnen eine Zertifizierung schwierig ist. Wie bereits im vierten Kapitel beschrieben, können kleinbäuerliche PalmölproduzentInnen in organisierte und unabhängige Smallholder unterteilt werden. Während erstere in Malaysia von staatlichen Organisationen wie FELDA, FELCRA oder RISDA repräsentiert werden, fallen darunter in Indonesien hauptsächlich Smallholder, die durch staatliche oder privatwirtschaftliche Vertragslandwirtschaftssysteme an Plantagenunternehmen gebunden sind (siehe Abschnitt 4.2.1 und 6.2.2). Eine Zertifizierung solcher organisierter Smallholder ist im Rahmen des RSPO seit 2009 möglich, die zentrale Verpflichtung der Zertifizierung liegt in diesem Fall bei der Palmölmühle bzw. dem Plantagenunternehmen (Colchester 2011: 3). Im Rahmen der indonesischen Kern-Plasma-Plantagen ist beispielsweise das Unternehmen für die Zertifizierung „seiner" Smallholder verantwortlich, ohne dass diese selbst wirklich eingebunden sind: „If the management of the smallholders is 100 percent controlled by the company, the smallholders have to follow the standard of the company" (INTB21). Während ein solches System auf der einen Seite die Möglichkeit einer möglichst unbürokratischen Zertifizierung der Smallholder bietet, gelten die Smallholder auf der anderen Seite nur als „Anhängsel" des Unternehmens, weil die gesamte Entscheidungsmacht beim Management der jeweiligen Palmölplantage liegt, wodurch *patron-client*-Beziehungen zwischen Unternehmen und Bauern/Bäuerinnen reproduziert und verstärkt werden (Colchester et al. 2007: 39). Etwas anders stellt sich die Problematik für unabhängige Smallholder dar, vor allem weil diese vielfach nicht in politische und ökonomische Strukturen (z.B. Kooperativen oder Gewerkschaften) eingebunden sind, wie eine Vertreterin des RSPO in Indonesien erklärt: „The challenge is quite big on the organization, on the institutional capacity of the independent smallholders. Most of the time, they are not organized in one body, so it's quite difficult if we want to make them certified unless they have been organized in one organization" (INTB27). Das ist zentral, weil es im Rahmen des RSPO aus guten Gründen – die sich vor allem aus dem finanziellen und administrativen Aufwand ableiten – nicht möglich ist, einzelne Smallholder zu zertifizieren. Eine für diese Anliegen gegründete *Smallholders Working Group* hat im Jahr 2010

Richtlinien für die Einbindung von unabhängigen Smallholdern vorgestellt. Da eine Zertifizierung der Palmölmühle in diesem Fall nicht möglich ist, da unabhängige Smallholder selbst entscheiden können, an wen sie ihre *Fresh Fruit Bunches*[8] verkaufen (Colchester 2011: 8), sehen die Richtlinien vor, dass einzelne Produktionseinheiten zum Zweck der Zertifizierung zu Gruppen zusammengefasst werden. Eine solche Gruppe muss eine zentrale Verwaltung haben (*group manager*), die sowohl eine Kooperative als auch eine einzelne Person sein kann (RSPO 2010: 7). Die Problematik einer fehlenden politischen Organisierung von Kleinbauern und -bäuerinnen zeigt sich nicht nur bei der Umsetzung dieser Richtlinie, sondern auch bereits bei der Zusammensetzung der Arbeitsgruppe. Mit Ausnahme der indonesischen Smallholder-Gewerkschaft SPKS sind in der 20-köpfigen Gruppe keine Kleinbauern und -bäuerinnen vertreten (Colchester 2011: 6).

Während die Gruppenzertifizierung eine technische Möglichkeit für die Zertifizierung von Smallholdern bietet und oft die einzige Möglichkeit darstellt, die Kosten für die Zertifizierung zu tragen, sind die strukturellen Probleme einer fehlenden Organisierung damit nicht gelöst. Die Strategien vieler NGO-Netzwerke und sozialer Bewegungen vor Ort konzentrieren sich deshalb auf diesen Aspekt, wobei die Ziele sehr unterschiedlich sind. Während einige Netzwerke in Indonesien versuchen, die Gründung von Kooperativen zu forcieren (INTB23) und gleichzeitig den Aufbau von politischen Kapazitäten – beispielsweise in Form von Gewerkschaften – fördern, um die Machtasymmetrien zwischen Kleinbauern/-bäuerinnen und Palmölunternehmen auch jenseits von Zertifizierungsbestrebungen aufzugreifen (INTA13, INTB28), plädieren andere für ein „fit-machen" für die Zertifizierung im engeren Sinn, beispielsweise durch die Angliederung der Smallholder an größere Unternehmen, wie eine Mitarbeiterin des WWF in Malaysia erklärt:

> Right now the situation with the independent smallholders, they are basically very detached from what is happening with the market right now compared to large plantations and so my project is trying to see if we can actually link these independent smallholders with the larger companies and get themselves certified and put them in the loop with what's going on in the market. (INTB6)

---

8 Als *Fresh Fruit Bunches* (FFB) werden die Früchte der Ölpalme bezeichnet, die aus Fruchtfleisch (enthält Palmöl) und Kernen (enthält Palmkernöl) bestehen. Die FFBs müssen innerhalb von 24 bis 48 Stunden nach der Ernte in einer Palmölmühle weiterverarbeitet werden, um die Qualität des Pflanzenöls nicht zu gefährden.

Interessant ist in diesem Zusammenhang die Rolle von staatlichen Institutionen im engeren Sinn. Während die Palmölindustrie die zentrale Rolle von Unternehmen in der Definition und Implementierung von Nachhaltigkeit im Rahmen des RSPO hervorhebt, betonen VertreterInnen der *Smallholders Working Group*, dass die Zusammenarbeit mit staatlichen Institutionen zentral ist, um die Zertifizierung von Smallholdern voranzutreiben (Colchester 2011: 14). Deutlich wird das in Indonesien, wo die mögliche Zertifizierung von unabhängigen Smallholdern stark von der Zusammenarbeit mit dem Landwirtschaftsministerium abhängt:

> We work with the local facilitators [...], they are the extension officers, so we work with them. We train them on the RSPO principles and criteria. They are government officials, so we work with the Ministry of Agriculture. We have a memorandum of cooperation with the Ministry of Agriculture to train their extension officers on the field on the RSPO principles and criteria, so that they can later train the smallholders in their area. (INTB27)

Die obigen Ausführungen zeigen den RSPO als zentrale Strategie zur Integration von Kleinbauern und -bäuerinnen in den Weltmarkt, insbesondere durch die Angliederung dieser an Palmölunternehmen. Nationalstaatliche Institutionen spielen in diesem Prozess eine entscheidende Rolle, wodurch die zunehmende Verflechtung von staatlichen und nichtstaatlichen Strukturen und Prozessen auf unterschiedlichen Ebenen im Rahmen des transnationalen Netzwerkstaates deutlich wird. Auch wenn der RSPO als business-to-business-Initiative aufgebaut ist, ist dieses neue Governance-Instrument eng mit traditionellen staatlichen Vertretungen verknüpft. Der indonesische Staat sieht seine Rolle in diesem Zusammenhang in der Integration von Smallholdern in den Weltmarkt, die durch die Zusammenarbeit mit dem RSPO auf eine nachhaltige Basis gestellt wird. Ländliche Entwicklung wird mit einer weltmarktorientierten Produktion gleichgesetzt, und die Zertifizierung von Smallholdern in diesem Zusammenhang als strategische Investition betrachtet.

Third Party Certification und die Rolle von PlantagenarbeiterInnen

Neben Kleinbauern und -bäuerinnen ist die Rolle und Position von PlantagenarbeiterInnen in der Palmölindustrie von zentraler Bedeutung, wenn die Nachhaltigkeit von landwirtschaftlicher Produktion thematisiert wird. Im RSPO sind PalmölplantagenarbeiterInnen allerdings nicht vertreten und weder Gewerkschaften noch andere kollektive Organisationsformen als Stakeholder anerkannt, sondern ihre Interessen durch Palmölunternehmen oder NGOs vermeintlich repräsentiert. Zwar sind in den Prinzipien und Kriterien Arbeitsrechte, inklusive der Bildung von Gewerkschaften, explizit genannt, die Struktur des RSPO ist für die Vertretung von ArbeiterInneninteressen allerdings nicht ausgelegt. Das bestätigt ein Vertreter der NUPW, der wichtigsten Gewerkschaft für PlantagenarbeiterInnen in Malaysia: „It [the RSPO] is actually driven by people who are the corporate players and people like us cannot get involved. I would say they must engage with us more regularly and we don't have to pay membership or whatever it is, they should deal with us on that basis but they are not doing that" (INTB9).

Die strukturellen Selektivitäten des RSPO in Bezug auf PlantagenarbeiterInnen werden auch bei einem der wichtigsten Mechanismen von freiwilligen Zertifizierungssystemen, der *third party certification*, deutlich. Die sogenannten Audits, die zur Kontrolle der RSPO-Kriterien in den einzelnen Palmölplantagen und -mühlen gemacht werden, implizieren eine Form der Auseinandersetzung mit politischen Prozessen, die mit der Arbeitsrealität von Gewerkschaften wenig zu tun hat. Zwar wird im Zertifizierungssystem des RSPO eindeutig betont, dass die Informationen aller relevanten Stakeholder – inklusive ArbeiterInnenorganisationen – in den Audits berücksichtigt werden müssen (RSPO 2007b: 15), diese führen allerdings zu einer völlig neuen Strategie, in der das Ausfüllen von Checklisten und die Kontrolle von bestimmten Berichten und Dokumenten bereits als Ziel angesehen wird, und die Veränderung von Machtverhältnissen oder das Empowerment der ArbeiterInnen keinen Platz mehr finden. Die Arbeitsbedingungen von (Plantagen-)arbeiterInnen werden individualisiert und Zertifizierung oft als Ersatz für kollektive Aktionen angesehen, ohne die Betroffenen selbst in die neuen Strategien einzubeziehen (Brown/Getz 2008: 1188). Diese Herangehensweise wird von einem Vertreter der NUPW folgendermaßen beschrieben:

> When they are coming for evaluation or something – there [was] only one gentleman who came and spent about half a day with me and we had a very interesting talk because he himself, he had previous experiences with trade unions. So when he was evaluating one unit, he did come and spent some time and we had a very interesting interview. But the others, they will send me an email from Australia, somewhere wherever they are engaged and say, what do you think about this and what do you think about that and it's an abstract email communication, which is not like this, where you can sit and ask questions and exchange your views, well, you don't have that kind of opportunity. (INTB9)

Diese Aussagen decken sich mit Forschungsergebnissen zu freiwilliger Zertifizierung in der Landwirtschaft aus anderen Regionen. So beschreiben etwa Brown und Getz (2008) für die landwirtschaftliche Produktion in Kalifornien die Problematik, dass die von NGOs und Unternehmen ausgearbeiteten Audits der komplexen Situation von ArbeiterInnen in der Landwirtschaft (insbesondere von MigrantInnen) nicht gerecht werden, und viele Betroffene ein „'neoclassical model' of developing a checklist, sending an inspector to fill it out, and returning it to the office to evaluate the farm based on this list" (1193) in Frage stellen. Die NUPW betont, dass würdige Arbeitsbedingungen im RSPO keine Priorität haben und Fragen nach angemessenen Löhnen, der Möglichkeit Gewerkschaften zu gründen oder der Diskriminierung von MigrantInnen nicht anhand von Email-Fragebögen behandelt werden können:

> If it comes to labor, for example, they have to be very familiar with the entire, shall I say the Decent Work Agenda as manifested in our laws, which provides for opportunities for collective agreements, you must be able to come and sit and discuss this and look at what are the actual grievances, where it emanates from. It is a very polished way of sanctioning exploitation of human resources to give you that total high profit sustainability in isolation from the economic and social wellbeing of the people. They don't get that. (INTB9)

Auch wenn freiwillige Zertifizierungssysteme ohnehin nicht der zentrale Bezugspunkt für kollektive Strategien von PlantagenarbeiterInnen und Gewerkschaften sind, die hauptsächlich für die rechtliche Absicherung von Arbeitsrechten auf nationaler Ebene kämpfen, werden die Positionen der bereits schwachen PlantagenarbeiterInnenbewegung in Indonesien und Malaysia durch den Fokus auf Multi-Stakeholder-Initiativen weiter unterminiert. Der RSPO fokussiert auf konsensuale Entscheidungen zwischen strukturell äußerst unterschiedlichen AkteurInnengruppen unter Ausschluss jener, die tatsächlich auf den Plantagen arbeiten. Das trägt zu einer Depolitisierung von sozial-ökologischen Konflikten in der Palmölbranche bei, indem die strukturellen Unterschiede zwischen Arbeit und Kapital zugunsten einer Repräsentanz von Unternehmen entlang der Wertschöpfungskette von Palmöl und einiger NGOs, insbesondere traditioneller Umweltschutzorganisationen, ignoriert werden.

Die Expansion von nachhaltigem Palmöl und die Rolle von Indigenen

Ein zentrales Konfliktfeld in Bezug auf den RSPO ist der Umgang von Plantagenunternehmen mit indigenen Gemeinschaften, das sich meist in Landkonflikten ausdrückt. Die gewohnheitsrechtlichen Landansprüche der lokalen Bevölkerung, die in der nationalen Gesetzgebung nur unzureichend anerkannt werden, konkurrieren im Zuge der Expansion von Palmölplantagen mit staatlichen oder privaten Landrechten (siehe Abschnitt 6.1). Die Prinzipien und Kriterien für die Anerkennung von indigenen Landrechten, die im zweiten und sechsten Prinzip des RSPO geregelt sind, verlangen die Einhaltung des in der UN-Erklärung über die Rechte indigener Völker festgelegten Konzepts des *Free, Prior, and Informed Consent* (FPIC) (RSPO 2007a: 6-7). Dieses besagt, dass „indigenous peoples shall not be forcibly removed from their lands or territories [...] without the free, prior and informed consent of the indigenous peoples concerned and after agreement on just and fair compensation" (§ 10 A/RES/61/295). Zahlreiche Studien von NGOs in Südostasien (siehe z.B. Colchester et al. 2011) zeigen allerdings, dass Konflikte zwischen RSPO-Mitgliedern und indigenen Gemeinschaften zunehmen und der RSPO bisher keinen Durchbruch in der Lösung von Landkonflikten gebracht hat. Das wird einerseits dadurch verstärkt, dass der RSPO aufgrund der Freiwilligkeit des Systems nur schwache Sanktionsmechanismen hat. Zwar haben lokale Bevölkerungsgruppen über ein eigenes Beschwerdeverfahren die Möglichkeit, Verletzungen von RSPO-Mitgliedern gegen die Prinzipien und Kriterien sowie andere beschlossene Klauseln vorzubringen, dieses Beschwerde-Panel hat jedoch ein schwaches Mandat und kann naturgemäß keine rechtlich verbindlichen Strafen verhängen:

> The role of the Complaints Panel is to review, assess and formulate practical actions that can be carried out by the conflicting parties to mitigate conflict and provide sustainable solutions to address core issues. In cases where a member is shown to have committed or omitted to act in a way that is 'serious grounds for termination', that member would be required to take action to remedy or resolve the situation to the satisfaction of the Executive Board. (RSPO 2012a: 4)

Aus den Statuten des RSPO geht nicht hervor, was die im Zitat genannten „ernsten Begründungen" sein könnten. Beispielhaft für diese Problematik ist ein Landkonflikt zwischen der malaysischen IOI Corporation und Mitgliedern des Dorfes Long Teran Kanan in Sarawak. Eine Gruppe von NGOs und Grassroots-Organisationen unter der Leitung von Milieudefensie (Friends of the Earth Niederlande) brachte im November 2010 eine Beschwerde gegen das RSPO-Mitglied IOI Corporation wegen unrechtmäßiger Errichtung von Palmölplantagen auf indigenen Ländereien ein. Nach Informationen der BeschwerdeführerInnen hat sich IOI im März 2012 aus dem Mediationsverfahren zurückgezogen und geht wieder gerichtlich gegen sieben DorfbewohnerInnen wegen angeblicher illegaler Ernte in den Palmölplantagen vor (Milieudefensie 2012). Während sich der RSPO weiterhin bemüht, eine Lösung des Konflikts voranzutreiben (RSPO 2012b), hängt der seit Jahren andauernde Konflikt nicht zuletzt mit dem entscheidenden Ziel des RSPO, nämlich dem *Wachstum* von nachhaltigem Palmöl zusammen. Dementsprechend steht die finanzielle Kompensation von lokalen Bevölkerungsgruppen für Ländereien im Vordergrund, während die Weigerung der Verpachtung oder des Verkaufs von gemeinschaftlich genutztem

Land gar nicht wirklich in Erwägung gezogen wird.[9] Das deutet beispielsweise ein Vertreter einer internationalen Bank, die in Palmölplantagen investiert, in Bezug auf FPIC an: „You think of FPIC, you engage with the communities to say, I have a legal use of this land given by the government, you say you have a claim over this land because these are your rights. So we need to compensate you and how can we come to an agreement" (INTB12). Auch in den Prinzipien, Kriterien und Indikatoren, die sich auf diese Thematik beziehen, steht die Identifizierung jener Menschen, die Anspruch auf Kompensation haben, im Vordergrund, auch wenn viele indigene Gemeinschaften die Expansion von Palmölplantagen und die Verpachtung ihrer Ländereien grundsätzlich ablehnen und für ein alternatives landwirtschaftliches System kämpfen, in dem die Produktion für den lokalen Markt im Vordergrund steht (INTB18). Der RSPO kann demnach als Versuch einer konsensorientierten Expansion von Palmölplantagen mit ökologischen und sozialen Kriterien gesehen werden, der allerdings die gesellschaftlichen Naturverhältnisse einer Plantagenökonomie nicht in Frage stellt.

Der RSPO als strategischer Bezug?

Die Etablierung des RSPO als Instrument zur Bekämpfung von Umweltauswirkungen hat die Debatte um eine nachhaltige Produktion von Palmöl entscheidend geprägt und nicht zuletzt zu einer Ausdifferenzierung der Umweltbewegung im Bereich Palmöl und Agrartreibstoffe beigetragen. Viele NGOs haben intensiv am Aufbau des Zertifizierungssystems mitgearbeitet und sehen den RSPO als zentrales Mittel für eine nachhaltige Palmöl- und Agrartreibstoffproduktion, andere verweisen wiederum auf die Grenzen des marktbasierten Instruments. Strategisch können diese Positionen in zwei Gruppen zusammengefasst werden: *Traditionelle Umweltschutzorganisationen* wie beispielsweise der WWF, Conservation International oder die National Wildlife Federation fördern freiwillige Zertifizierung als zentrale Möglichkeit der Etablierung einer nachhaltigen Palmölindustrie und kämpfen teilweise seit der Gründung des RSPO für eine möglichst flächendeckende Zertifizierung der Plantagen (INTB6). Die Koexistenz von Palmölplantagen und Naturschutzgebieten für bedrohte Tier- und Pflanzenarten (*wildlife corridors*)

---

9 Natürlich ist auch eine angemessene Kompensation für die Abgabe von Ländereien eine zentrale Forderung von Indigenenbewegungen und eine entscheidende Verbesserung für viele Bauern/Bäuerinnen und Indigene, die seit Jahren dafür kämpfen. Es soll hier lediglich darauf hingewiesen werden, dass in vielen Landkonflikten unterschiedliche Auffassungen von landwirtschaftlicher Entwicklung eine zentrale Rolle spielen und finanzielle Kompensation dabei oft nur einer unter vielen anderen Aspekten ist.

ist für sie eine erklärte Strategie, und sie setzen dabei insbesondere auf Diskussionen und direkte Verhandlungen mit Unternehmen. In den letzten Jahren haben sie auch soziale Aspekte in ihre Positionen aufgenommen, diese sind allerdings vor allem dann relevant, wenn sie dem Naturschutz im engeren Sinn dienlich sind. Auf der anderen Seite stehen Zusammenschlüsse, die als *Environmental-Justice-Bewegung* zusammengefasst werden können, die den RSPO zwar als strategische Möglichkeit zur Schaffung einer Öffentlichkeit anerkennen, nicht aber als letztendliches Ziel betrachten. Das indonesische Netzwerk Sawit Watch ist sicher eine der wichtigsten Environmental-Justice-Organisationen in diesem Bereich, die sich – im Gegensatz zu vielen anderen NGOs und sozialen Bewegungen in Indonesien – im Rahmen des RSPO engagieren: „RSPO is not a goal for us, RSPO is a fora, a space, a room for us, how to bring the issue from local to the global, from global to the local" (INTB28). Die gleichberechtigte Teilhabe von Kleinbauern/-bäuerinnen und PlantagenarbeiterInnen ist dabei eines der wichtigsten mittelfristigen Ziele:

> Our target is, in the next five years, that's very clear, the representation of smallholders, representation of laborers in that fora. We are only in transition because there are several conditions, like the capacity of the smallholders, they don't have any strong organization [...] who represents them in the RSPO, or the laborers, so that's how we work in the RSPO. (INTB28)

Der soziale Aspekt einer nachhaltigen Palmölproduktion ist im Rahmen dieser „transitional justice" (INTB28) besonders entscheidend, und ökologische Aspekte werden in ihrer Beziehung zu sozioökonomischen Verhältnissen wahrgenommen. Vielen Netzwerken geht es dabei nicht nur um die Inkorporation von sozialen und ökologischen Kriterien in das bestehende Landwirtschaftssystem, sondern die Transformation des Systems selbst. Die meisten dieser Organisationen – wie beispielsweise WALHI oder AMAN – lehnen die Kooperation im Rahmen des RSPO ab, weil das Zertifizierungssystem zu sehr auf die Interessen der Unternehmen fokussiert ist (INTB16, INTB17).

7.2.3. Downscaling RSPO – Interiorisierung der Zertifizierungslogik durch ISPO

Neben negativen Kampagnen rund um den RSPO von Seiten der Umweltbewegung aufgrund mangelnden Bekenntnisses zu tatsächlicher Nachhaltigkeit,[10] üben

---

10 Diese wird insbesondere von NGOs vorgebracht, die nicht Teil des RSPO sind (z.B. Greenpeace, WALHI oder AMAN) und die aus dieser Position Berichte über die

auch viele regierungs- und unternehmensnahe AkteurInnen in Südostasien Kritik und werfen der Organisation vor, zu sehr auf europäische Interessen ausgerichtet zu sein. Zudem wird kritisiert, dass europäische Umwelt-NGOs zu viel Einfluss ausüben und die Palmölindustrie – trotz jahrelanger Bemühungen – an den Pranger stellen (INTB11). Seit 2011 fördern zentrale AkteurInnen der indonesischen Palmölindustrie deshalb das neue nationale Zertifizierungssystem ISPO.

ISPO wurde im März 2011 durch eine Verordnung des Landwirtschaftsministers (Permentan/OT.140/3/2011) als nationalstaatliches Pendant zum RSPO eingeführt. Die Prinzipien und Kriterien des RSPO gelten dabei als Referenzrahmen (INTB21, INTB27). Die Verordnung verweist hauptsächlich auf bereits bestehende Gesetze mit Bezug zu Nachhaltigkeit, die im Rahmen eines Zertifizierungsprozesses überprüft werden sollen: „ISPO ist ein System für Palmölunternehmen, die – beruhend auf geltenden gesetzlichen Bestimmungen in Indonesien – ökonomisch nachhaltig, sozial nachhaltig und umweltfreundlich sind" (Anhang 1 Permentan/OT.140/3/2011, eigene Übersetzung). Im Gegensatz zum RSPO, der einen business-to-business-Ansatz verfolgt, ist ISPO demnach eine business-to-government-Regelung. Trotz dieser rechtlich verbindlichen Ausrichtung wurden die Grundzüge des freiwilligen Zertifizierungssystems übernommen, wenn auch in modifizierter Weise. Während der RSPO acht Prinzipien vorgibt, kontrolliert ISPO sieben dieser Prinzipien – mit Ausnahme des ersten Prinzips, des Bekenntnisses zu Transparenz.[11] Die Überprüfung erfolgt durch AuditorInnen, die vom nationalen Akkreditierungskomitee KAN (*Komite Akreditasi Nasional*) anerkannt werden müssen (INTB21). Im Gegensatz zu der freiwilligen Zertifizierung im Rahmen des RSPO sieht ISPO eine verpflichtende Zertifizierung aller Palmölplantagen bis Ende 2014 vor (§ 3 Permentan/OT.140/3/2011).

Offizielle Ziele von ISPO sind laut Landwirtschaftsministerium, das für die Entwicklung und Implementierung des Zertifizierungssystems zuständig ist, die Reduktion der Treibhausgasemissionen[12] und in diesem Zusammenhang die Implementierung von Vereinbarungen zwischen Indonesien und Norwegen

---

    tatsächliche Wirkung der Prinzipien und Kriterien auf lokaler Ebene veröffentlichen.

11 Das erste Prinzip des RSPO beinhaltet die öffentliche Bereitstellung von Informationen in Bezug auf ökologische, soziale, wirtschaftliche und rechtliche Bereiche, um die Partizipation aller Stakeholder zu ermöglichen (RSPO 2007a: 4-5).

12 Im Rahmen der Klimaverhandlungen in Kopenhagen im Jahr 2009 (COP15) verpflichtete sich Indonesiens Präsident Yudhoyono zu einer freiwilligen Reduktion der CO_2-Emissionen um 26 Prozent bis 2020.

(LoI 2010) sowie die Erfüllung von Anforderungen von Exportmärkten wie der EU (Direktorat Perlindungan Perkebunan 2012). Zudem heben staatliche RepräsentantInnen den verpflichtenden Rahmen von ISPO hervor, womit die Stellung Indonesiens als größtem Palmölproduzenten abgesichert werden soll:

> We have our own goal; we have our own target that we would like to reach before 2014 while RSPO is voluntary, only mandatory to the people who are members [...]. So if we wait until everybody becomes an RSPO member and implements the RSPO standard, we may wait another 50 years. So we cannot wait that long but we have a commitment to reduce greenhouse gas emissions and also to take care of the environment, so we have to do it as soon as possible. (INTB24)

Während sich diese Aussage als starkes Bekenntnis für eine nachhaltige Palmölproduktion liest, bezweifeln viele nichtstaatliche AkteurInnen diese Motive. Die Entwicklung des Programms wird kritisch gesehen, weil es sich nicht um eine umfassende und partizipative Diskussion über eine nachhaltige Palmölproduktion handelt, sondern lediglich um eine Überprüfung von bereits bestehenden Gesetzen, wie ein Vertreter von Greenpeace erklärt:

> ISPO is only a collection of laws and regulations, which are already mandatory. So that's why it's mandatory because it's a collection of laws and regulations. And they say that it's sustainable although the obedience of the law is not necessarily sustainable, it depends on the law itself, whether it protects forests or protects peat lands, and nothing related to that, nothing new actually. (INTB19)

Dementsprechend wirkt sich auch die Einhaltung – und nicht nur die Umgehung – von zentralen Gesetzen im Bereich der Palmöl- und Agrartreibstoffpolitik strategisch selektiv, insbesondere auf Kleinbauern/-bäuerinnen, PlantagenarbeiterInnen und Indigene aus (siehe Kapitel 6). Ein Vertreter der Indigenenbewegung AMAN kritisiert wiederum, dass die Gründung von ISPO als Zeichen zu sehen sei, dass Indonesien sich nicht den Regeln des RSPO unterwerfen will (INTB16), eine Argumentation, die selbst von einem Berater von ISPO bestätigt wird:

> There are some people and some of the companies, key persons on the government level and in the companies that have a bad image with the RSPO because there is a big control from the international NGOs. We have done like this and then they want more than this. So we have to follow what the international NGOs want us to do. So that's why they said: Why don't we as a country, as a government, have a special standard? [...] In my opinion, Indonesia doesn't want under the control of the international black campaign, under the international NGO campaign, they don't want to be controlled by them, that's the reason. (INTB21)

Das Zitat zeigt, dass offensichtlich nicht nur große Palmölkonzerne den RSPO für sich nutzen können, sondern auch internationale NGOs – wie beispielsweise Greenpeace – das Zertifizierungsinstrument bzw. die Schwächen desselben für ihre Kampagnen politisieren. Diese Position wird dadurch untermauert, dass die offizielle Vertretung der indonesischen Palmölindustrie, GAPKI, die Implementierung von ISPO offensiv unterstützt und sich im September 2011 als Mitglied aus dem RSPO zurückzog. Auch wenn viele der großen indonesischen Palmölunternehmen – insbesondere solche mit Handelsbeziehungen in die EU – weiterhin auf eine Zertifizierung im Rahmen des RSPO setzen,[13] zeigt der Schritt dennoch ein neues Selbstbewusstsein Indonesiens, die Regeln für die Umwelt- und Nachhaltigkeitspolitik selbst zu setzen: „We are a sovereign country, we can create whatever we want", meint dazu etwa eine Vertreterin von IPOC (INTB24). Damit wird gleichzeitig auch die Dichotomie eines problematischen weil externen/internationalen und „guten" weil internen/nationalen Zertifizierungsinstruments von den staatlichen RepräsentantInnen in Indonesien reproduziert und ein nationales Interesse Indonesiens an einer von internationaler Kritik unabhängigen Palmölproduktion vorausgesetzt. Das ist vor allem deshalb interessant, weil trotz der Betonung von Souveränität und Eigenständigkeit mit der Implementierung von ISPO keineswegs ein alternativer Weg beschritten, sondern die Zertifizierungslogik in Kombination mit einem technischen Verständnis von Nachhaltigkeit auf die nationalstaatliche Ebene interiorisiert wird. Zwar begrüßen viele die Idee einer staatlichen Regulierung und Gesetzgebung im Gegensatz zur Freiwilligkeit des RSPO, gleichzeitig wird mit dem Referenzrahmen des RSPO allerdings auch das Demokratiedefizit übernommen und gesetzlich verankert. Während Indonesien die Entwicklung von nationalen und verpflichtenden Standards zur nachhaltigen Palmölproduktion für eine breite und offene gesellschaftliche Diskussion hätte nutzen können, implementiert ISPO eine technische Nachhaltigkeitslogik und klammerte betreffende gesellschaftliche Kräfte bereits in der Planungsphase des Programms aus. Ein Vertreter von Sawit Watch bestätigt diese Vorgehensweise: „The process for us started with intransparency because the team from the government meeting with us visited Sawit Watch's office after they [had] established [it]. That's not good because of the lack of participation of the civil society" (INTB28). Zudem wird die zentrale Rolle des Landwirtschaftsministeriums betont, die einer sektorübergreifenden Politisierung der Palmöl- und Agrartreibstoffproduktion im Weg steht:

---

13 So sind beispielsweise die großen indonesischen Palmölkonzerne Bakrie, Musim Mas, Lonsum, Sinar Mas oder Socfin weiterhin Mitglieder des RSPO und haben Teile ihrer Plantagen zertifiziert.

The Ministry of Agriculture is very dominant. If we are talking about oil palm, it's not only the Ministry of Agriculture [but also] Environmental Ministry, Ministry of Forestry, National Land-use Agency, [Ministry of] Public Works related spatial planning [...] And how about the Ministry of Transmigration and the workers? It's not involved at all in that. (INTB28)

Mit der Etablierung von ISPO wird dementsprechend keineswegs eine öffentliche Debatte über die Nachhaltigkeit der Palmölproduktion angestoßen, sondern die nationalstaatliche Ebene für die Zertifizierung politisiert, weil zentrale AkteurInnen der indonesischen Palmölindustrie davon profitieren und sich dem internationalen Druck der Umweltbewegung besser entziehen können. Für die tatsächlichen PalmölproduzentInnen (Kleinbauern/-bäuerinnen und PlantagenarbeiterInnen) sowie von Enteignungen betroffene lokale Bevölkerungsgruppen ändert diese Reskalierung der Zertifizierung nichts, weil sie von dem Zugang zu Entscheidungsmechanismen weiterhin ausgeschlossen bleiben.

7.2.4. Zwischenfazit

Die Konflikte um die Zertifizierung von Palmöl und Agrartreibstoffen verdichten sich im freiwilligen Zertifizierungssystem RSPO, das seit Ende 2012 von der Europäischen Kommission als System zur Verifizierung der Nachhaltigkeitskriterien im Rahmen der RED anerkannt ist. Der RSPO ist eine business-to-business-Initiative, in der neben vereinzelten NGOs hauptsächlich Unternehmen entlang der Wertschöpfungskette beteiligt sind. Zertifizierungssysteme wie der RSPO sind demnach von dem Paradoxon geprägt, dass diejenigen, die wesentlich für die zerstörerischen Praktiken in der Palmölindustrie verantwortlich sind, auch mit der Lösung der Umweltprobleme betraut sind. Während das Zertifizierungssystem im Allgemeinen das exportorientierte Agrarbusiness privilegiert, etablierten die Gründungsmitglieder eine selektive Verantwortlichkeit innerhalb der Wertschöpfungskette. Die Zertifizierung wurde auf die Plantagenunternehmen (hauptsächlich in Südostasien) beschränkt, während die weiterverarbeitenden Konzerne entlang der Wertschöpfungskette durch eine Mitgliedschaft keine Verpflichtungen eingehen.

Besonders offensichtlich werden die strukturellen und strategischen Selektivitäten allerdings bei AkteurInnengruppen, die in unterschiedlichen Formen direkt an der Produktion von Palmöl beteiligt oder von den negativen Folgen der Palmölexpansion betroffen sind. Dies gilt insbesondere für Kleinbauern und -bäuerinnen, PlantagenarbeiterInnen und Indigene. Erstere werden durch die hohen finanziellen, bürokratischen und institutionellen Anforderungen für eine Zertifizierung gegenüber Palmölunternehmen eindeutig marginalisiert. Für PlantagenarbeiterInnen, die in den Prozessen des RSPO gar nicht repräsentiert sind, stellen insbesondere die Auditprozesse eine neue und individualisierende Form der Auseinandersetzung mit Arbeitsprozessen dar, und durch die Mitgliederstruktur des RSPO werden die Interessen von Unternehmen mit jenen von ArbeiterInnen gleichgesetzt. Zudem kann der RSPO als Versuch einer konsensorientierten Expansion von Palmölplantagen mit ökologischen und sozialen Aspekten – ohne die Möglichkeit einer alternativen Landwirtschaftspolitik überhaupt anzudenken – gesehen werden. Diese Strategie zeigt sich insbesondere durch den Fokus auf finanzielle Kompensation für abgetretene gewohnheitsrechtliche Landansprüche von Seiten der Plantagenunternehmen, die durch anhaltende Landkonflikte zwischen Palmölkonzernen und Indigenen allerdings immer wieder in Frage gestellt wird.

Die strategisch-strukturellen Selektivitäten des RSPO werden durch die Bekenntnisse von Freiwilligkeit, Konsens und Transparenz überlagert. Das ist auch insofern problematisch, als die Strukturen und Prozesse von freiwilligen Zertifizierungssystemen zusehends in verbindliche supranationale und nationalstaatliche Politiken interiorisiert werden. Dies wird einerseits im Rahmen der Inkorporation des RSPO als Zertifizierungssystem der RED deutlich, andererseits in der Etablierung von ISPO als staatlich verordnetes Zertifizierungsprogramm in Indonesien, wodurch die demokratiepolitischen Defizite rechtlich verankert werden.

7.3. Postfordistische Naturverhältnisse im transnationalen Netzwerkstaat

Welche Auswirkungen haben die genannten Konflikte um die nachhaltige Palmöl- und Agrartreibstoffproduktion auf das Palmölprojekt und welche Konsequenzen lassen sich in Bezug auf die Transformation des Staates ableiten? Zusammenfassend zeigen die Konflikte um die Nachhaltigkeit von Palmöl und palmbasierten Agrartreibstoffen exemplarisch den Übergang zu postfordistischen Naturverhältnissen an und können in diesem Zusammenhang sowohl als Reaktion auf zivilgesellschaftliche Proteste als auch als Ausdruck einer zunehmenden Internationalisierung und Exportorientierung der Palmöl- und Agrartreibstoffindustrie verstanden werden (Pichler 2013: 374-377). Zwar haben erst transnationale soziale Bewegungen und NGOs die sozial-ökologischen Kosten rund um die Palmölproduktion politisiert und dadurch Nachhaltigkeitskriterien ermöglicht; diese verdichten sich im Rahmen des Aufbaus von Zertifizierungssystemen allerdings angepasst an das Palmölprojekt. Kleinbauern und -bäuerinnen können selektiv – weil an Unternehmen angebunden – in den Weltmarkt eingebunden werden, Indigene müssen für den Verlust ihres Landes finanziell entschädigt werden und besonders biodiversitätsreiche Flächen müssen aus der Palmölexpansion ausgenommen werden, ohne jedoch die großflächige und monokulturelle Plantagenwirtschaft in Frage zu stellen oder Debatten über „alternative patterns of economic exchange" (Klooster 2006: 542) ernst zu nehmen. Die Selektivität ist in Bezug auf den RSPO als neues Governance-Instrument besonders deutlich, weil diejenigen, die zum großen Teil für die sozial-ökologischen Kosten der Palmölproduktion verantwortlich sind, auch die Entwicklung der Prinzipien und Kriterien kontrollieren, wodurch Palmölkonzerne und Biodieselunternehmen gegenüber kleinstrukturierten PalmölproduzentInnen privilegiert werden.

Aufgrund der offensichtlichen Umweltprobleme durch die derzeitige Form der Plantagenwirtschaft und der entsprechenden Politisierung in den letzten Jahrzehnten können ökologische Aspekte nicht mehr ignoriert werden. Im Rahmen der Nachhaltigkeitskriterien der RED werden diese allerdings technisiert und beschränken sich auf wissenschaftlich messbare Indikatoren wie die Einsparung von Treibhausgasemissionen oder die Ausklammerung von bestimmten, biodiversitätsreichen Flächen. Die Rolle von (natur)wissenschaftlichem Wissen und objektiv messbaren Indikatoren ist in diesem Zusammenhang entscheidend. WissenschafterInnen und andere nichtstaatliche AkteurInnen in der Ausarbeitung und unabhängige AuditorInnen in der Kontrolle der Kriterien sollen eine objektive Bewertung von nachhaltiger Palmöl- und Biodieselproduktion sicherstellen und eine politische Debatte möglichst verhindern. Diese Herangehensweise wird in einem Zitat eines RSPO-Mitglieds deutlich:

> Of course you can set up your own national standards, nobody can stop you, you are a sovereign country but does it do any good to anybody? Especially if you allow the perception that RSPO is against national standards or *is a political thing*. So we are hoping that it doesn't get to that point because it will be confusing for the market. (INTB12, eigene Hervorhebung)

Nachhaltigkeitskriterien und ihre Überprüfung werden an Marktanforderungen angepasst, d.h. die Beibehaltung von Wettbewerbsfähigkeit auf den internationalen Märkten und der Absatz von Palmöl und Biodiesel in Europa werden als Voraussetzungen für die Erarbeitung von Nachhaltigkeitskriterien gesetzt. Dementsprechend sollen die Produktionsstandards auch von „legitimen Stakeholdern" ohne breite gesellschaftliche Diskussion bearbeitet werden, die als politisch delegitimiert wird. Während diese legitimen Stakeholder in der Theorie oft tatsächlich viele gesellschaftliche Gruppen integrieren, setzt die Teilnahme an solchen internationalen Systemen einen hohen Organisierungsgrad sowie finanzielle Ressourcen voraus. Zudem werden zentrale AkteurInnengruppen in der Palmölproduktion entweder gar nicht als legitime Stakeholder identifiziert oder es wird angenommen, dass ihre Interessen ohnehin durch die großen Umwelt- und Entwicklungs-NGOs oder Unternehmen vertreten werden. Der Fokus auf konsensbasierte und gleichberechtigte Entscheidungen (*one member one vote*) verschleiert außerdem die strukturellen Ungleichheiten zwischen unterschiedlichen beteiligten AkteurInnen im Konflikt um die Produktion, den Konsum und die Zertifizierung von Palmöl und Agrartreibstoffen, d.h. Machtasymmetrien werden zugunsten einer vermeintlich gleichberechtigten Teilhabe aller Mitglieder ausgeblendet. Das ermöglicht aus einer hegemonietheoretischen Perspektive die konsensuale Expansion der Palmölindustrie mit kosmetischen Zugeständnissen an die Umwelt- und Environmental-Justice-Bewegung, ändert aber wenig an den strukturellen Verhältnissen des derzeitigen Landwirtschaftsmodells.

Institutionell ist diese zunehmende Exportorientierung mit einer Transformation des Staates in Richtung eines transnationalen Netzwerkstaates verbunden, die am Beispiel des RSPO als neuem Governance-Instrument verdeutlicht werden kann. Die Evolution des RSPO zeigt den transnationalen und integralen Charakter des Staates, der sich nicht auf staatliche Funktionen im engeren Sinn sowie auf die nationalstaatliche Ebene beschränkt, sondern nichtstaatliche bzw. zivilgesellschaftliche Initiativen zunehmend integriert. Der RSPO bündelt auf transnationaler Ebene die Interessen der exportorientierten Palmölindustrie, arbeitet allerdings im Zuge der Implementation auf lokaler Ebene eng mit staatlichen RepräsentantInnen des indonesischen Landwirtschaftsministeriums zusammen. Gleichzeitig repolitisieren regional und national orientierte Unternehmen der Palmölindustrie mit der Einführung von ISPO die nationalstaatliche Ebene für die Überprüfung der Nachhaltigkeit, ohne jedoch die transnationale Zertifizierungslogik damit grundsätzlich in Frage zu stellen.

8. Die Rolle des Staates in der Förderung des Palmölprojekts

8.1. Zusammenfassung der Ergebnisse

In dieser Arbeit beschäftigte ich mich mit der Frage, welche Rolle internationalisierte Nationalstaaten und neue Formen von Staatlichkeit in der Palmöl- und Agrartreibstoffproduktion in Südostasien (Indonesien, Malaysia, Singapur) spielen und welche Kräfteverhältnisse und dominanten Orientierungen sich in diesen Strukturen und Prozessen herausbilden. Um diese Rolle angemessen bestimmen zu können, ist es aus Sicht der materialistischen Staatstheorie und Politischen Ökologie, die die theoretische Basis für diese Arbeit darstellen, notwendig, die politökonomischen Verhältnisse in der Palmölindustrie zu analysieren. Das heißt, welche nationalen und internationalen Kräfte konstituieren die Palmölproduktion in Südostasien, und inwiefern können sie ihre Interessen auch in der Agrartreibstoffpolitik einbringen und absichern. Dementsprechend wurde die Palmölindustrie als *regionales Akkumulationsregime* analysiert, das von nationalen und regionalen Konglomeraten – insbesondere aus Indonesien, Malaysia und Singapur – kontrolliert wird. Malaysische Konzerne spielen in diesem Zusammenhang eine entscheidende Rolle und konnten seit den 1990er Jahren ihren Einflussbereich sowohl horizontal in der Plantagenwirtschaft in Indonesien als auch vertikal in der Weiterverarbeitung von Palmöl ausdehnen. Singapur etablierte sich aufgrund der investitionsfreundlichen Rahmenbedingungen als wichtiger Sitz für zahlreiche multinationale Konzerne und spielt insbesondere im Handel mit Palmöl und weiterverarbeiteten Produkten eine wichtige Rolle. Innerhalb der Länder kontrolliert zunehmend eine sogenannte neonationale Bourgeoisie, d.h. privatwirtschaftliches Kapital aus dem jeweiligen Land mit exportorienterter Ausrichtung, die Palmölexpansion. In Malaysia wurde dieser Aufstieg insbesondere durch die Privatisierung von staatlichen Palmölunternehmen, die bis in die 1970er Jahre in kolonialer Hand waren, (z.B. Sime Darby) und durch den Aufbau von neuen privatwirtschaftlichen Konzernen (z.B. IOI Corporation) ermöglicht. In Indonesien profitierten diese malaysischen Unternehmen insbesondere von der Liberalisierung der Wirtschaft nach der Asienkrise unter dem Druck von internationalen Finanzinstitutionen. Gleichzeitig konnten sich aber auch wichtige Player aus der Suharto-Zeit in diesem Umfeld reproduzieren und stiegen zu bedeutenden Konzernen auf (z.B. Sinar Mas oder Astra). Dieses regionale Akkumulationsregime ist wichtig, um die Agrartreibstoffpolitik und -produktion in Südostasien und die damit in Verbindung stehenden gesellschaftlichen Naturverhältnisse zu verstehen. Die Konzentration von Kapital in den Händen von großen transnationalen Konzernen führt zu einer Simplifizierung von Natur in großflächigen Monokulturen und ist in Übereinstimmung mit einer regionalen Arbeitsteilung auf den Export ausgerichtet, d.h. sie reproduziert die für viele periphere Gesellschaften typische Extraversion der Wirtschaft in aktiver Weise. Während Indonesien zu Beginn der Agrartreibstoffeuphorie eine breit angelegte Strategie (unterschiedliche Rohstoffe und dezentrale Versorgung durch *Energy Self Sufficient Villages*) verfolgte, sichert die Agrartreibstoffpolitik in der Praxis letztendlich das Palmölprojekt ab, das hauptsächlich auf den Export ausgerichtet ist. In Malaysia ist diese Förderung von exportorientierten Palmölunternehmen durch die Agrartreibstoffpolitik noch offensichtlicher, weil diese zur Preisstabilisierung von Palmöl herangezogen wird. Ist der Preis für Palmöl niedrig, soll die lokale Agrartreibstoffproduktion die Nachfrage ankurbeln und damit den Preis stabilisieren, bei hohen Preisen liegt die Präferenz bei einem Export von Rohpalmöl. Dementsprechend nutzen Palmöl- und Biodieselunternehmen die bestehende Infrastruktur und Arbeitsteilung in der Palmölindustrie für die Förderung von Agrartreibstoffen, wenn dies ökonomisch rentabel und preispolitisch sinnvoll ist. Folglich profitieren von den staatlichen Rahmenbedingungen hauptsächlich traditionelle Agrarkonzerne, insbesondere vertikal integrierte Palmölunternehmen, die eigene Plantagen haben und dadurch flexibel auf Preisschwankungen reagieren können.

Für die konkrete Analyse der Rolle von Staatlichkeit für die Durchsetzung und Absicherung des Palmölprojekts wurden zwei Konfliktfelder herangezogen. Anhand dieser können die konkreten staatlichen Strategien zur Aneignung von Natur, die strukturellen, strategischen und räumlichen Selektivitäten dieser Strategien sowie die unterschiedlichen Positionierungen von gesellschaftlichen und politischen Kräften in Bezug auf diese Selektivitäten analysiert werden. Ein solches Konfliktfeld stellt die Rolle des Staates in *Konflikten um die Kontrolle und Aneignung von Land* in Indonesien dar, die insbesondere durch staatliche Strategien zur Kodifizierung von Eigentumsverhältnissen an Land, zur Konzentration von Landbesitz sowie durch die Politisierung von Inwertsetzungskapazitäten von Natur auf unterschiedlichen Scales angestoßen werden. Die Kodifizierung von Eigentumsverhältnissen ist eine zentrale staatliche Strategie, um die Expansion von Palmölplantagen voranzutreiben und wirkt insbesondere auf die Strategien von indigenen Gruppen, die gewohnheitsrechtliche und/oder kollektive Eigentumsrechte geltend machen, selektiv. Zwar werden indigene Landrechte (*adat*-Rechte) in diversen Gesetzen grundsätzlich anerkannt, allerdings durch die Notwendigkeit eines Nachweises der tatsächlichen Existenz von *adat*-Gemeinschaften sowie durch den Verweis auf das nationale Interesse als übergeordnetes Ziel eingeschränkt. Der indonesische Staat nutzt den Verweis auf ein nationales Interesse als legitimes Mittel zur Umwandlung von land- und forstwirtschaftlich genutzten Flächen der lokalen Bevölkerung in Palmölplantagen und perpetuiert durch den notwendigen Nachweis der tatsächlichen Existenz von *adat*-Gemeinschaften ein statisches Bild von Indigenität. Der Anspruch auf landwirtschaftliche Flächen für die lokale Bevölkerung wird dadurch an eine traditionelle Idee von Indigenität geknüpft und auf die Existenz von althergebrachten *adat*-Strukturen verengt. Diese rechtlichen Handlungskorridore prägen auch die Strategien der Indigenenbewegung: Um überhaupt Rechtsschutz in Bezug auf die Umwandlung von lokalen Ländereien in Plantagenflächen zu haben, müssen Betroffene diese Ansprüche nachweisen können, weshalb in jüngster Zeit viele lokale NGOs auf die partizipative Erstellung von Karten zurückgreifen.

Die Konzentration von Landbesitz wurde als eine weitere staatliche Strategie zur Durchsetzung und Absicherung einer monokulturellen Produktion von Palmöl und Agrartreibstoffen analysiert, die insbesondere durch die Ausdehnung der maximalen Plantagenfläche pro Unternehmen sowie die Gründung von Sonderwirtschaftszonen für Agrartreibstoffe deutlich wird. Die nach der Unabhängigkeit Indonesiens im Landwirtschaftsgesetz beschlossene Agrarreform wird durch diese Politiken konterkariert bzw. auf mit den Handlungskorridoren kompatible Strategien der Legalisierung von Landtiteln reduziert. Die gezielte Schwächung und Unterdrückung der indonesischen Agrarbewegung während der Neuen Ordnung spielt in diesem Zusammenhang eine entscheidende Rolle und führt zu systematischen Nichtentscheidungen des Staates, indem in den konfligierenden gesetzlichen Verhältnissen jene Bestimmungen implementiert werden, die eine Konzentration von Landbesitz ermöglichen und solche zur Implementierung der Agrarreform verschleppt werden. Allianzen mit anderen Bewegungen (insbesondere mit Umwelt- und Indigenenbewegungen) sind deshalb entscheidend, um diese systematischen Nichtentscheidungen zu politisieren und einer Kriminalisierung von Forderungen nach einer Agrarreform entgegenzutreten.

Staatliche Strategien zur Absicherung des Palmölprojekts zeigen sich auch in den Konflikten um den seit Ende der 1990er Jahre eingeleiteten Dezentralisierungsprozess. Dieser war für viele mit der Hoffnung auf eine Demokratisierung der Naturverhältnisse und einen Stopp der rapiden Abholzung von Regenwald für die Expansion von Palmölplantagen verbunden, weil Entscheidungsprozesse auf die Bezirksebene und damit näher an die lokale Bevölkerung verlagert wurden. Entgegen dieser Hoffnung verstärkte die Dezentralisierung den Trend zur Expansion von Palmölplantagen und zeigt eine räumliche Verlagerung von staatlichen Strategien zur Inwertsetzung von Natur, anstatt einer grundsätzlichen Infragestellung einer auf Profit und auf den Export ausgerichteten Plantagenwirtschaft. Der Staat ist grundsätzlich auf Einnahmen von privatwirtschaftlichen Unternehmen (in Form von Steuern, Renten und anderen Abgaben) angewiesen, und die Natur bzw. natürliche Ressourcen bieten eine einfache Form der Generierung ebensolcher, weshalb Strategien bevorzugt werden, die Einnahmen aus der Aneignung von Natur ermöglichen. Die Ausgabe von Genehmigungen für Palmölplantagen ist im Spannungsverhältnis von De- und Rezentralisierung seit Beginn der 2000er Jahre eine Möglichkeit zur Einkommensgenerierung für die Bezirksregierung geworden, die die Expansion der Plantagenwirtschaft weiter vorantreibt.

Die Analyse der Konflikte zeigt nicht nur Selektivitäten in der Aneignung und Kontrolle von Land, sondern auch Konflikte innerhalb des Staates. Auf horizontaler Ebene wird dies in Auseinandersetzungen zwischen BPN, dem Landwirtschaftsministerium und dem Forstministerium deutlich. Während BPN seit 2005 zu einem wichtigen Interventionsfeld für Forderungen der Agrarbewegung geworden ist, schränken die politischen Kräfteverhältnisse im Landwirtschafts- und Forstministerium die Handlungskorridore für diese stark ein. Exemplarisch zeigt sich dies in der politischen Bearbeitung von Forderungen nach einer umfassenden Agrarreform zu einer Strategie der Legalisierung von Landtiteln. Auf vertikaler Ebene wird diese Umkämpftheit im Rahmen des Dezentralisierungsprozesses durch die Konkurrenz zwischen der Zentralregierung (BPN, Forstministerium, Landwirtschaftsministerium) und den neuen Eliten auf Bezirksebene um Steuer- und sonstige Einnahmen aus der Aneignung von natürlichen Ressourcen deutlich. Exemplarisch wurde dies an der Ausgabe von Genehmigungen für Palmölplantagen auf Bezirksebene gezeigt.

Die analysierten Konflikte um Land zeigen das Inwertsetzungsparadigma kapitalistischer Naturverhältnisse. Dieser Trend wird aufgrund der strukturellen Heterogenität in Indonesien besonders in der Kodifizierung von Eigentumsverhältnissen und damit der Integration von nichtkapitalistisch und bisher gewohnheitsrechtlich geprägten Ländereien deutlich, spiegelt sich aber auch in den Konzentrationsprozessen von Land und in den Konflikten um De- und Rezentralisierung wider. Die Ausdehnung der Palmöl- und Agrartreibstoffproduktion ist demnach in vielen Fällen mit Prozessen der ursprünglichen Akkumulation bzw. Akkumulation durch Enteignung verbunden. Diesen Prozess treiben nicht nur transnationale Unternehmen voran, sondern fördern auch die genannten staatlichen Strategien.

Ein zweites Konfliktfeld, das die zentrale Rolle von Staatlichkeit in der Förderung von Palmöl- und Agrartreibstoffen zeigt, stellen *Konflikte um die Beimischung und Zertifizierung von Agrartreibstoffen* dar, in deren Zusammenhang insbesondere der transnationale Charakter und neue Formen von Staatlichkeit für die Absicherung des Palmölprojekts deutlich werden. Die Beimischungspflicht für Agrartreibstoffe in der EU, die in der RED abgesichert ist, sowie die Zertifizierung von Agrartreibstoffen durch den RSPO sind in diesem Zusammenhang wichtige transnationale Strategien, die die Produktion von Energiepflanzen in monokultureller Landwirtschaft für den Export absichern und die entsprechenden Kapitalfraktionen stärken.

Im Rahmen der Beimischungsverpflichtung wird die Umkämpftheit von staatlichen Strategien – insbesondere zwischen den Interessen der Landwirtschafts- und Agrartreibstofflobbies in der EU und in Südostasien – deutlich, die um den privilegierten Zugang zum EU-Agrartreibstoffmarkt konkurrieren. Während privatwirtschaftliche und staatliche VertreterInnen aus Malaysia und Indonesien den Konflikt gerne als klassisches Nord-Süd-Verhältnis im Rahmen einer neokolonialen europäischen Politik framen, zeigt sich bei genauerer Betrachtung, dass dominante Kapitalfraktionen beider Regionen um den Zugang zum europäischen Agrartreibstoffmarkt kämpfen und dass die Interessen von anderen gesellschaftlichen Gruppen (Kleinbauern und -bäuerinnen, PlantagenarbeiterInnen, Indigene) in dieser Auseinandersetzung nur eine passive Rolle spielen. Die technische Ausgestaltung der Nachhaltigkeitskriterien in der RED und die daran anschließende Zertifizierung reproduzieren diese Förderung von exportorientierten und vertikal integrierten Konzernen, weil nur sie sich die zusätzlichen Standardisierungen und Kosten für die Zertifizierung leisten können. Zwar wurden die Nachhaltigkeitskriterien erst auf Druck von Umwelt-, Menschenrechts- und Entwicklungs-NGOs sowie von kritischen WissenschafterInnen in die EU-Richtlinie integriert, sie spiegeln allerdings die Logik des herrschenden landwirtschaftlichen Paradigmas wider. Die EU-Richtlinie verengt die Nachhaltigkeitskriterien auf naturwissenschaftlich messbare Indikatoren (CO_2-Emissionen) und blendet die sozioökonomischen Aspekte von nachhaltiger Produktion aus. Dieser Prozess zeigt die zentrale Bedeutung einer symbolisch-diskursiven Produktion von Natur, indem ExpertInnen die Definition von Nachhaltigkeit kontrollieren und entlang von vermeintlich objektiven

Kriterien wie dem Ausstoß von CO_2-Emissionen festlegen, dadurch allerdings die unterschiedlichen Interessen und die politische Dimension der Aushandlungen verschleiert werden. Zudem wird der Begriff der Nachhaltigkeit in Bezug auf Palmöl und Agrartreibstoffe immer stärker als sogenannter leerer Signifikant etabliert, d.h. höchst unterschiedliche AkteurInnen grenzen sich dadurch von nichtnachhaltiger Produktion diskursiv ab, wodurch die inhaltliche Bedeutung des Begriffs in den Hintergrund gedrängt wird.

Trotz der Konflikte um die konkrete Ausgestaltung der EU-Beimischungspflicht stiegen in den letzten Jahren die Importe von Agrartreibstoffen aus Südostasien, insbesondere von transnational agierenden Unternehmen wie Wilmar oder Neste Oil, stetig an. Die in der RED geregelte verpflichtende Zertifizierung von Agrartreibstoffen durch freiwillige Zertifizierungssysteme ist in diesem Zusammenhang eine entscheidende Voraussetzung. Der RSPO wurde als Beispiel für ein solches freiwilliges Zertifizierungssystem und als Teil einer Transformation in Richtung transnationaler Netzwerkstaat analysiert. Im Gegensatz zu traditionellen staatlichen Instrumenten zielt der RSPO durch den Verweis auf die nichtstaatliche Zusammensetzung der Mitglieder, Konsensorientierung und Transparenz auf eine Relativierung der ungleichen Machtverhältnisse im Palmölsektor ab. Die strukturelle Ungleichheit zwischen den Stakeholdern und der Ausschluss von bestimmten AkteurInnen werden dadurch allerdings nicht aufgehoben. Als business-to-business-Initiative fördert der RSPO vor allem Unternehmensinteressen (insbesondere jene von Weiterverarbeitungs- und Handelsbetrieben entlang der Palmöl-Wertschöpfungskette), die die legitime Definitionsmacht für nachhaltiges Palmöl für sich beanspruchen. Dies wird insbesondere durch die fehlende Repräsentation von PlantagenarbeiterInnen sowie die Marginalisierung von Smallholdern deutlich. *Third party certification* als neue Form der Überprüfung von nachhaltiger Palmölproduktion drängt kollektive Strategien von PlantagenarbeiterInnen zusätzlich an den Rand, und die institutionellen und finanziellen Erfordernisse für eine erfolgreiche Zertifizierung privilegieren große Unternehmen gegenüber Kleinbauern und -bäuerinnen. Zudem ist entscheidend, dass der RSPO auf die *Expansion* von nachhaltigem Palmöl abzielt, Indigene können demnach ihre Strategien, die sich oft explizit gegen die Ausweitung von Palmölplantagen auf ihren Ländereien richten, nur schwer durchsetzen. Das Governance-Instrument zur Regulierung der Palmöl- und Agrartreibstoffproduktion integriert demnach in der Logik postfordistischer Naturverhältnisse selektiv ökologische und soziale Aspekte in das derzeitige Landwirtschaftsmodell, das auf Monokulturen und den Export ausgerichtet ist, stellt aber keine Plattform für alternative Formen der Aneignung von Natur dar. Dies ist insbesondere deshalb entscheidend, weil freiwillige Zertifizierungssysteme immer öfter in rechtsverbindliche staatliche Strukturen integriert werden. In diesem Zusammenhang ist sowohl die Anerkennung des RSPO als Zertifizierungssystem für Agrartreibstoffe aus Palmöl durch die Europäische Kommission als auch die Einführung von ISPO, einem verpflichtenden Zertifizierungssystem in Indonesien in Anlehnung an den RSPO, das von der indonesischen Palmölindustrie unterstützt wird, relevant.

Nach dieser Zusammenfassung der wichtigsten Ergebnisse bleibt die Frage, was diese letztendlich für die *Hegemoniefähigkeit des Palmölprojekts* bedeuten, das auf monokulturellen und exportorientierten Naturverhältnissen und der Kontrolle von Land durch privatwirtschaftliche Konzerne aufbaut. Durch die Konflikte um Land in Indonesien wird deutlich, dass landwirtschaftliche und indigene Bewegungen zwar seit dem Sturz von Suharto Möglichkeiten zur Mobilisierung gefunden haben, dass sie ihre Interessen und Strategien allerdings im Staat nicht als gegenhegemoniale Tendenzen verdichten konnten bzw. bestimmte Forderungen in Anlehnung an das gramscianische Konzept der passiven Revolution in das politische System integriert wurden. Letzteres kann beispielsweise durch die selektive Anerkennung von gewohnheitsrechtlichen Landansprüchen, die Einbeziehung von Kleinbauern/-bäuerinnen in die exportorientierte Plantagenwirtschaft im Rahmen der Vertragslandwirtschaft oder die Legalisierung von Landtiteln gezeigt werden. Durch die politisch-institutionellen Handlungskorridore, die eine großflächige und exportorientierte Palmöl- und Agrartreibstoffproduktion absichern, versuchen staatliche RepräsentantInnen demnach, Teile der Bevölkerung (Kleinbauern/-bäuerinnen, Indigene) in das Palmöl- und Agrartreibstoffprojekt zu integrieren und nehmen ökologische Aspekte zur Stabilisierung der gesellschaftlichen Naturverhältnisse auf. Gegenhegemoniale Tendenzen bekämpfen sie zwar weiterhin auch mit repressiven Mitteln (Gefängnisstrafen für DemonstrantInnen, Sicherheitskräfte zur Absicherung der Plantagen etc.), „zähmen" diese aber auch durch Nichtentscheidungen und die selektive Integration von (Teil-)Forderungen. Die Nachhaltigkeitskriterien in der RED sowie neue Zertifizierungssysteme zur Verifizierung der nachhaltigen Produktion von Palmöl verstärken diese selektive und an das Palmölprojekt angepasste Integration von sozialen und ökologischen Aspekten auf transnationaler Ebene und können als Ausdruck von postfordistischen Naturverhältnissen gesehen werden. Hegemoniale Orientierungen im Umgang mit der Natur werden dadurch globalisiert, und der RSPO nimmt in diesem Prozess eine entscheidende Rolle ein. Die Multi-Stakeholder-Organisation technisiert radikale Forderungen von sozialen Bewegungen, die zu einer enormen Politisierung der Palmöl- und

Agrartreibstoffthematik beigetragen haben, wodurch sie anschlussfähig für das Palmölprojekt werden. Dementsprechend trägt der Fokus auf Nachhaltigkeitskriterien und Zertifizierung von Produktionsbedingungen im globalen Süden zwar vielen Forderungen der Umweltbewegung Rechnung, wird allerdings an die Handlungskorridore des Palmölprojekts angepasst.

8.2. Einschränkungen und Ausblick

Diese Arbeit systematisiert Erkenntnisse über die Rolle des Staates in der Aneignung und Kontrolle von Natur am Beispiel der Palmöl- und Agrartreibstoffproduktion. Die Erweiterung des Forschungsansatzes der Politischen Ökologie um Elemente der materialistischen Staatstheorie ermöglichte es, Ein- und Ausschlussmechanismen des Palmölprojekts, die sich im Staat in spezifischer Weise ausdrücken, zu analysieren. Aktuell ist das beispielsweise als Reaktion auf Konzepte wie Good Governance zu sehen, die normative Ansätze über die Rolle von Staatlichkeit propagieren, ohne die konkreten Kräfteverhältnisse, die politisch-institutionellen Strukturen und Prozesse beeinflussen, in den Blick zu nehmen. Der Fokus auf politisch-rechtliche Aspekte von Staatlichkeit, anhand derer die Selektivitäten des Palmölprojekts analysiert wurden, stellt notwendigerweise eine Einschränkung dar. Insbesondere für Länder des globalen Südens ist eine Analyse von rechtlich-politischen Aspekten von Staatlichkeit und neuen Governance-Instrumenten aus meiner Sicht allerdings interessant, weil der Fokus in der Forschung allzu oft alleine auf repressiven Formen von Herrschaft liegt oder auf kulturelle oder religiöse Aspekte verkürzt wird. Auch wenn sich die kritische Staatstheorie insbesondere aus der Auseinandersetzung mit europäischen Gesellschaften entwickelte, zeigt die Analyse, dass die Konzeption des Staates als soziales Verhältnis und Konfliktterrain auch in Ländern des Südens plausibel ist. Als fruchtbar stellt sich in diesem Zusammenhang eine Perspektive heraus, die die Absicherung von Interessen nicht auf die konsensualen Mechanismen und die Einbindung von subalternen Gruppen reduziert, sondern staatliche Politik als komplexes Zusammenspiel von Zwang *und* Konsens begreift. Diese Perspektive wird in Analysen über hegemoniale Verhältnisse im globalen Norden oft vernachlässigt, gewinnt allerdings aus meiner Sicht durch die Umstrukturierungen im Zuge der multiplen Krise auch hier an Bedeutung.

Die vorliegende Arbeit fokussiert auf die Analyse von staatlichen Strategien zur Absicherung des Palmölprojekts auf unterschiedlichen Scales und die damit verbundenen Konflikte und Selektivitäten. In diesem Zusammenhang analysierte ich zwar die Interessen von bestimmten gesellschaftlichen AkteurInnen, konnte aber nur in Ansätzen auf den komplexen Prozess der konkreten Transformation von Interessen in politische Strategien eingehen. Die Frage, wie bestimmte gesellschaftliche/ökonomische AkteurInnen zu politischen Kräften werden, konnte in diesem Zusammenhang nur exemplarisch behandelt werden. Außerdem impliziert der Blick auf staatliche *Strategien*, dass die hegemoniale Wirkung von politisch-institutionellen Verhältnissen auf konkrete Lebensverhältnisse von Menschen bzw. die Konstitutierung von Subjekten abseits von strategischen Positionen in diesem Rahmen nicht geleistet werden konnte. Der Fokus liegt auf den Selektivitäten von staatlichen Strukturen und Prozessen in Bezug auf bestimmte gesellschaftliche Gruppen, d.h. den Machtverhältnissen, die sich in staatlichen Politiken und Instrumentarien ausdrücken. Deren Wirkung auf konkrete Lebensverhältnisse und alltägliche *coping strategies* von Menschen würden in diesem Zusammenhang eine entscheidende Weiterentwicklung von kritischstaatstheoretischen Ansätzen darstellen.

Auch wenn dieses Buch in einem wissenschaftlichen Umfeld als akademische Qualifikationsarbeit entstanden ist, ist es dennoch stark von dem politischen Engagement von Umwelt-, Entwicklungs- und Menschenrechtsorganisationen beeinflusst, die seit Jahren gegen die europäische Agrartreibstoffpolitik lobbyieren. Abschließend möchte ich deshalb kurz auf die politischen Implikationen eingehen, die aus der vorliegenden Arbeit abgeleitet werden können.

Aus meiner Sicht lassen sich insbesondere aus der Analyse der Beimischungspflicht als transnationaler Strategie zur Absicherung einer monokulturellen und exportorientierten Agrartreibstoffpolitik wichtige Hinweise für eine Infragestellung der RED ableiten. Zwar sensibilisieren NGOs und WissenschafterInnen mit der Politisierung der Agrartreibstoffdebatte eine breite Öffentlichkeit für das Thema, die Forderungen gehen allerdings in vielen Fällen über eine Verschärfung der Nachhaltigkeitskriterien nicht hinaus. Die Ergebnisse dieser Arbeit legen nahe, dass die Beimischungspflicht als solche ebenso wie die freiwilligen Zertifizierungssysteme zur Absicherung einer nachhaltigen Produktion von Agrartreibstoffen das derzeitige Landwirtschafts- und Energiemodell stützen und in diesem Sinn progressive Forderungen über eine additive Ausweitung der Nachhaltigkeitskriterien hinausgehen müssen. Zudem zeigt der Fokus auf Landkonflikte und die Bedeutung von staatlichen Strategien zur Aneignung und Kontrolle von Land für die Expansion der Palmölproduktion, dass die Nachhaltigkeitsdebatte nicht auf ökologische und quantitativ messbare Indikatoren wie beispielsweise die Einsparung von CO_2-Emissionen beschränkt werden kann. Die transnationale Vernetzung von Bewegungen und NGOs unter Bezug auf

Environmental-Justice kann in diesem Zusammenhang ein wichtiger Anknüpfungspunkt sein. Eine solche transnationale Vernetzung von Menschen, die für ein alternatives Landwirtschafts- und Entwicklungsmodell kämpfen, muss aus meiner Sicht jedoch – und das ist eine wichtige Erkenntnis aus der Analyse des Palmölprojekts als regionales Akkumulationsregime – über eine traditionelle Politisierung der Nord-Süd-Verhältnisse hinausgehen und die internen Widersprüche und Kräfteverhältnisse in den jeweiligen Ländern und Regionen – sowohl im globalen Norden als auch im globalen Süden – ernst nehmen.

Abkürzungsverzeichnis

ADB	Asian Development Bank
AMAN	Aliansi Masyarakat Adat Nusantara (Zusammenschluss der Adat-Gemeinschaften Indonesiens)
ANGOC	Asian NGO Coalition for Agrarian Reform and Rural Development
APEC	Asia-Pacific Economic Cooperation
APROBI	Asosiasi Produsen Biofuels Indonesia (Indonesische Gesellschaft der Biotreibstoffproduzenten)
BPN	Badan Pertanahan Nasional (Nationale Landbehörde, Indonesien)
CIFOR	Center for International Forestry Research (Indonesien)
EIA	Environmental Investigation Agency (Großbritannien)
FAO	Food and Agriculture Organization of the United Nations
FELCRA	Federal Land Consolidation and Rehabilitation Authority (Malaysia)
FELDA	Federal Land Development Agency (Malaysia)
GAPKI	Gabungan Pengusaha Kelapa Sawit Indonesia (Indonesische Vereinigung der Palmölunternehmen)
HGU	Hak Guna-Usaha (Recht auf Bewirtschaftung von landwirtschaftlichen Flächen, Indonesien)
HSBC	Hongkong and Shanghai Banking Corporation
IAASTD	International Assessment of Agricultural Knowledge, Science and Technology for Development (Weltagrarrat)
IFC	International Finance Corporation (Tochterunternehmen der Weltbankgruppe)
ILO	International Labour Organization
ILUC	Indirect Land-Use Change
IPB	Institut Pertanian Bogor (Universität für Landwirtschaft Bogor, Indonesien)
IPCC	Intergovernmental Panel on Climate Change (Weltklimarat)
IPOB	Indonesian Palm Oil Board
IPOC	Indonesian Palm Oil Commission
ISCC	International Sustainability and Carbon Certification (Deutschland)
ISPO	Indonesian Sustainable Palm Oil
IWF	Internationaler Währungsfond
KKPA	Koperasi Kredit Primer Anggota (Programm zur Förderung der Zusammenarbeit zwischen Privatunternehmen und lokalen LandbesitzerInnen, Indonesien)

KPA	Konsorsium Pembaruan Agraria (Nationaler Zusammenschluss für Agrarreform, Indonesien)
MIFEE	Merauke Integrated Food and Energy Estate (Indonesien)
MPIC	Ministry of Plantation Industries and Commodities (Malaysia)
MPOA	Malaysian Palm Oil Association
MPOB	Malaysian Palm Oil Board
MPOC	Malaysian Palm Oil Council
MTI	Ministry of Trade and Industry (Singapore)
NGO	Non Governmental Organization
NUPW	National Union of Plantation Workers (Malaysia)
OECD	Organisation for Economic Co-operation and Development
PAD	Pendapatan Asli Daerah (eigenständiges regionales Einkommen, Indonesien)
PEMANDU	Performance Management and Delivery Unit (Malaysia, Prime Minister's Department)
PIR	Perkebunan Inti Rakyat (Vertragslandwirtschaftssystem, Indonesien)
PKI	Partai Komunis Indonesia (Kommunistische Partei Indonesiens)
PPSDAK	Pemberdayaan Sumberdaya Alam Kerakyatan (Demokratische Entwicklung natürlicher Ressourcen, Indonesien)
RED	Renewable Energy Directive (EU)
REDD	Reducing Emissions from Deforestation and Degradation (UN-Programm)
RISDA	Rubber Industry Smallholder Development Authority (Malaysia)
RSPO	Roundtable on Sustainable Palm Oil
SPKS	Serikat Petani Kelapa Sawit (Gewerkschaft der palmölproduzierenden Bauern und Bäuerinnen, Indonesien)
UNEP	United Nations Environment Programme
UNIMAS	Universiti Malaysia Sarawak
USDA	United State Department of Agriculture
WALHI	Wahana Lingkungan Hidup Indonesia (Friends of the Earth Indonesia)
WWF	World Wide Fund for Nature

Abbildungsverzeichnis

Abbildung 1: Die Rolle des Staates in der Transformation
gesellschaftlicher Naturverhältnisse   76

Abbildung 2: Globale Produktion der wichtigsten Pflanzenöle 2012   79

Abbildung 3: Preisentwicklung von Palmöl 1960-2013 (in US$)   80

Abbildung 4: Globale Palmölproduktion 2000-2012
(in Millionen Tonnen)   81

Abbildung 5: Palmölproduktion in Indonesien 1975-2012
(in Millionen Tonnen)   84

Abbildung 6: Palmölproduktion in Malaysia 1965-2012
(in Millionen Tonnen)   91

Abbildung 7: Produktion und Kapazität von Biodiesel in der EU
2003-2011 (in Millionen Tonnen)   175

Tabellenverzeichnis

Tabelle 1: Wichtige Palmölunternehmen in Indonesien   86

Tabelle 2: Wichtige Palmölunternehmen in Malaysia   92

Tabelle 3: Wichtige Biodieselunternehmen in Indonesien   103

Tabelle 4: Wichtige Biodieselunternehmen in Malaysia   109

Übersicht über die Interviews

Erste Forschungsphase (explorative Phase)

Code	Interview mit	Kategorie	Ort	Datum
INTA1	WALHI Sulawesi Tengah	NGO/lokal	Zentral-Sulawesi, Indonesien	21.12.2008
INTA2	Aktivistin	Wissenschaft	Zentral-Sulawesi, Indonesien	23.12.2008
INTA3	WALHI Indonesia	NGO/national	Jakarta, Indonesien	30.12.2008
INTA4	HIVOS	NGO/international	Bogor, Indonesien	31.12.2008
INTA5	Ministry of Energy and Mineral Resources, Research and Development Center for Electricity and Renewable Energy Technology	Staatliche/r Repräsentant/in	Jakarta, Indonesien	05.01.2009
INTA6	APROBI/ PT Indo Biofuels Energy	Unternehmen/ Biodiesel	Jakarta, Indonesien	05.01.2009
INTA7	Ministry of Energy and Mineral Resources, Directorate of Bioenergy	Staatliche/r Repräsentant/in	Jakarta, Indonesien	07.01.2009
INTA8	RSPO Indonesia	Freiwilliges Zertifizierungssystem	Jakarta, Indonesien	12.01.2009
INTA9	Vertical. The Ethanol and Biofuels Company	Unternehmen/ Handel	Jakarta, Indonesien	21.01.2009
INTA10	Nexant	Unternehmen/ Consultant	Jakarta, Indonesien	22.01.2009
INTA11	TA Futures Sdn. Bhd.	Unternehmen/ Finanzen	Jakarta, Indonesien	22.01.2009
INTA12	Jikalahari	NGO/lokal	Riau, Indonesien	27.01.2009
INTA13	SPKS	Gewerkschaft	Riau, Indonesien	27.01.2009
INTA14	Vertreter der Gemeinde Batang Kuma	Bauer/Bäuerin	Riau, Indonesien	27.01.2009
INTA15	Delegation der Europäischen Kommission in Jakarta	Supranationale Organisation	Jakarta, Indonesien	06.02.2009
INTA16	Sawit Watch	NGO/national	schriftliches Interview	25.02.2009

Zweite Forschungsphase

Code	Interview mit	Kategorie	Ort	Datum
INTB1	Institute of Environmental Science and Engineering	Wissenschaft	Singapur	27.05.2011
INTB2	Neste Oil	Unternehmen/ Biodiesel	Singapur	01.06.2011
INTB3	Bioenergy Society of Singapore (BESS)	Unternehmen/ Biodiesel	Singapur	07.06.2011
INTB4	JOil Singapore	Unternehmen/ Biodiesel	Singapur	07.06.2011
INTB5	Global Environment Centre	NGO/ international	Selangor, Malaysia	09.06.2011
INTB6	WWF Malaysia	NGO/ international	Kuala Lumpur, Malaysia	13.06.2011
INTB7	MPOC	Staatliche/r Repräsentant/in	Kuala Lumpur, Malaysia	13.06.2011
INTB8	RSPO	Freiwilliges Zertifizierungssystem	Kuala Lumpur, Malaysia	15.06.2011
INTB9	NUPW	Gewerkschaft	Selangor, Malaysia	15.06.2011
INTB10	Advisor to the RSPO Executive Board/ Platinum Energy	Freiwilliges Zertifizierungssystem/ Unternehmen/ Biodiesel	Kuala Lumpur, Malaysia	16.06.2011
INTB11	MPOA	Unternehmen/ Palmöl	Kuala Lumpur, Malaysia	17.06.2011
INTB12	HSBC Bank Malaysia	Unternehmen/ Finanzen	Kuala Lumpur, Malaysia	20.06.2011
INTB13	Oppositionspartei	Staatliche/r Repräsentant/in	Kuala Lumpur, Malaysia	20.06.2011
INTB14	Umweltberater der Regierung von Sarawak	Staatliche/r Repräsentant/in	Kuala Lumpur, Malaysia	22.06.2011
INTB15	UNIMAS	Wissenschaft	Schriftliches Interview	29.06.2011
INTB16	AMAN Kalbar	NGO/lokal	West-Kalimantan, Indonesien	30.06.2011
INTB17	WALHI Kalbar	NGO/lokal	West-Kalimantan, Indonesien	30.06.2011
INTB18	PPSDAK	NGO/lokal	West-Kalimantan, Indonesien	01.07.2011
INTB19	Greenpeace	NGO/ international	Jakarta, Indonesien	05.07.2011

Fortsetzung: Zweite Forschungsphase

Code	Interview mit	Kategorie	Ort	Datum
INTB20	IPB	Wissenschaft	Bogor, Indonesien	08.07.2011
INTB21	ISPO Foundation	Consultant	Jakarta, Indonesien	11.07.2011
INTB22	PT. Biodiesel Austindo	Unternehmen/ Biodiesel	Jakarta, Indonesien	12.07.2011
INTB23	KPA	NGO/national	Jakarta, Indonesien	12.07.2011
INTB24	IPOC	Staatliche/r Repräsentant/in	Jakarta, Indonesien	13.07.2011
INTB25	Ministry of Energy and Mineral Resources, Directorate of Bioenergy	Staatliche/r Repräsentant/in	Jakarta, Indonesien	15.07.2011
INTB26	Sindicatum Carbon Capital	Unternehmen/ Finanzen	Jakarta, Indonesien	15.07.2011
INTB27	RSPO Indonesia	Freiwilliges Zertifizierungssystem	Jakarta, Indonesien	18.07.2011
INTB28	Sawit Watch	NGO/national	Jakarta, Indonesien	20.07.2011
INTB29	Wilmar International	Unternehmen/ Palmöl & Biodiesel	Schriftliches Interview	12.08.2011
INTB30	Europäische Kommission	Supranationale Organisation	Krakau, Polen	13.06.2012

Gesprächsprotokolle

Code	Gespräch mit	Kategorie	Ort	Datum
GPB1	Global Environment Centre	NGO/ international	Selangor, Malaysia	09.06.2011
GPB2	SUARAM	NGO/national	Selangor, Malaysia	15.06.2011
GPB3	MPIC	Staatliche/r Repräsentant/in	Selangor, Malaysia	16.06.2011
GPB4	UNIMAS	Wissenschaft	Sarawak, Malaysia	24.06.2011

Gesetze und andere rechtliche Rahmenbedingungen

Europäische Union

RL 2003/30/EG	Richtlinie 2003/30/EG des europäischen Parlaments und des Rates vom 8. Mai 2003 zur Förderung der Verwendung von Biokraftstoffen oder anderen erneuerbaren Kraftstoffen im Verkehrssektor
RL 2009/28/EG	Richtlinie 2009/28/EG des Europäischen Parlaments und des Rates vom 23. April 2009 zur Förderung der Nutzung von Energie aus erneuerbaren Quellen und zur Änderung und anschließenden Aufhebung der Richtlinien 2001/77/EG und 2003/30/EG
2010/C 341/04	Mitteilung der Kommission – EU-Leitlinien für eine gute Praxis für freiwillige Zertifizierungssysteme für landwirtschaftliche Erzeugnisse und Lebensmittel
KOM(2010) 811	Bericht der Kommission über indirekte Landnutzungsänderungen im Zusammenhang mit Biokraftstoffen und flüssigen Biobrennstoffen
2012/722/EU	Durchführungsbeschluss der Kommission vom 23. November 2012 über die Anerkennung des Systems „Roundtable on Sustainable Palm Oil RED" zum Nachweis der Einhaltung der Nachhaltigkeitskriterien der Richtlinien 98/70/EG und 2009/28/EG des Europäischen Parlaments und des Rates
2012/C 260/04	Bekanntmachung der Einleitung eines Antidumpingverfahrens betreffend die Einfuhren von Biodiesel mit Ursprung in Argentinien und Indonesien
2012/C 342/03	Bekanntmachung der Einleitung eines Antisubventionsverfahrens betreffend die Einfuhren von Biodiesel mit Ursprung in Argentinien und Indonesien
COM(2012) 595	Vorschlag für eine Richtlinie des Europäischen Parlaments und des Rates zur Änderung der Richtlinie 98/70/EG über die Qualität von Otto- und Dieselkraftstoffen und zur Änderung der Richtlinie 2009/28/EG zur Förderung der Nutzung von Energie aus erneuerbaren Quellen

Indonesien

UUD 1945/2002	Undang-Undang Dasar Negara Republik Indonesia Tahun 1945 (Indonesische Verfassung)
PERPU 56/1960	Peraturan Pemerintah Pengganti Undang-Undang Nomor 56 Tahun 1960 Tentang Penetapan Luas Tanah Pertanian (vorübergehende Regierungsverordnung 56/1960 über die Festsetzung des Umfangs von landwirtschaftlichem Land)
UUPA 5/1960	Undang-Undang Nomor 5 Tahun 1960 Tentang Peraturan Dasar Pokok-Pokok Agraria (Landwirtschaftsgesetz 5/1960)
PP 224/1961	Peraturan Pemerintah Tentang Pelaksanaan Pembagian Tanah Dan Pemberian Ganti Kerugian (Regierungsverordnung über Landumverteilung und Entschädigungsleistungen 224/1961)
UUPK 5/1967	Undang-Undang Nomor 5 Tahun 1967 Tentang Ketentuan-Ketentuan Pokok Kehutanan (Forstgesetz 5/1967)
PERMEN 5/1999	Peraturan Menteri Negara Agraria/Kepala Badan Pertanahan Nasional Nomor 5 Tahun 1999 Tentang Pedoman Penyelesaian Masalah Hak Ulayat Masyarakat Hukum Adat (Verordnung des Landwirtschaftsministers/ des Leiters der nationalen Landbehörde 5/1999 über einen Leitfaden zur Lösung von Fragen bezüglich gewohnheitsrechtlichen Landansprüchen von adat-Gemeinschaften)
UU 22/1999	Undang-Undang Nomor 22 Tahun 1999 Tentang Pemerintahan Daerah (Otonomi Daerah) (Gesetz 22/1999 über regionale Verwaltung)
UU 25/1999	Undang-Undang Nomor 25 Tahun 1999 Tentang Perimbangan Keuangan Antara Pemerintah Pusat dan Daerah (Gesetz 25/1999 über den finanziellen Ausgleich zwischen Zentral- und Regionalregierung)
UU 41/1999	Undang-Undang Nomor 41 Tahun 1999 Tentang Kehutanan (Forstgesetz 41/1999)
IX/MPR/2001	Ketetapan Majelis Permusyawaratan Rakyat Republik Indonesia Nomor: IX/2001 Tentang Pembaruan Agraria

	dan Pengelolaan Sumber Daya Alam (Parlamentsbeschluss IX/MPR/2001 über Agrarreform und das Management von natürlichen Ressourcen)
UU 18/2004	Undang-Undang Nomor 18 Tahun 2004 Tentang Perkebunan (Plantagengesetz 18/2004)
UU 32/2004	Undang-Undang Nomor 32 Tahun 2004 Tentang Pemerintahan Daerah (Gesetz 32/2004 über regionale Verwaltung)
UU 33/2004	Undang-Undang Nomor 33 Tahun 2004 Tentang Perimbangan Keuangan Antara Pemerintah Pusat dan Pemerintah Daerah (Gesetz 33/2004 über den finanziellen Ausgleich zwischen Zentral- und Regionalregierung)
IP 1/2006	Instruksi Presiden Nomor 1 Tahun 2006 Tentang Penyediaan Dan Pemanfaatan Bahan Bakar Nabati (biofuel) Sebagai Bahan Bakar Lain (Anweisung des Präsidenten 1/2006 über die Versorgung und Nutzung von Biotreibstoffen und anderen Brennstoffen)
KP 10/2006	Keputusan Presiden Nomor 10 Tahun 2006 Tentang Tim Nasional Pengembangan Bahan Bakar Nabati Untuk Percepatan Pengurangan Kemiskinan dan Pengangguran (Beschluss des Präsidenten 10/2006 über ein nationales Team für die Entwicklung von pflanzlichen Treibstoffen zur beschleunigten Reduktion von Armut und Arbeitslosigkeit)
PP 5/2006	Peraturan Presiden Nomor 5 Tahun 2006 Tentang Kebijakan Energi Nasional (Verordnung des Präsidenten 5/2006 über die nationale Energiepolitik)
PP 10/2006	Peraturan Presiden Nomor 10 Tahun 2006 Tentang Badan Pertanahan Nasional (Verordnung des Präsidenten 10/2006 über die nationale Landbehörde)
Permentan 26/2007	Peraturan Menteri Pertanian Nomor 26 Tahun 2007 Tentang Pedoman Perizinan Usaha Perkebunan (Verordnung des Landwirtschaftsministers 26/2007 über einen Leitfaden zur Bewilligung von Plantagengenehmigungen)
UU 25/2007	Undang-Undang Nomor 25 Tahun 2007 Tentang Penanaman Modal (Investmentgesetz 25/2007)

Permen ESDM 32/2008	Peraturan Menteri Energi dan Sumber Daya Mineral Nomor 32 Tahun 2008 Tentang Penyediaan, Pemanfaatan dan Tata Niaga Bahan Bakar Nabati (Biofuel) Sebagai Bahan Bakar Lain (Verordnung des Energieministeriums 32/2008 über die Versorgung, die Nutzung und das Handelssystem für Biotreibstoffe und andere Brennstoffe)
UU 39/2009	Undang-Undang Nomor 39 Tahun 2009 Tentang Kawasan Ekonomi Khusus (Gesetz 39/2009 über Sonderwirtschaftszonen)
LoI 2010	Letter of Intent between the Government of the Kingdom of Norway and the Government of the Republic of Indonesia on "Cooperation on reducing greenhouse gas emissions from deforestation and forest degradation"
128/PMK.011/2011	Peraturan Menteri Keuangan Nomor 128/PMK.011/2011 Tentang Perubahan Atas Peraturan Menteri Keuangan Nomor 67/PMK.011/2010 Tentang Penetapan Barang Ekspor Yang Dikenakan Bea Keluar dan Tarif bea Keluar (Verordnung des Finanzministers 128/PMK.011/2011 über die Änderung der Verordnung des Finanzministers 67/PMK.011/2010 über die Festsetzung von Exportzöllen und -tarifen für Exportgüter)
IP 10/2011	Instruksi Presiden Nomor 10 Tahun 2011 Tentang Penundaan Pemberian Izin Baru dan Penyempurnaan Tata Kelola Hutan Alam Primer dan Lahan Gambut (Anweisung des Präsidenten 10/2011 über den Aufschub der Ausgabe von neuen Konzessionen und Verbesserung des Managementsystems für Primärwälder und Peatlands)
Permentan/ OT.140/3/2011	Peraturan Menteri Pertanian Nomor 19/Permentan/ OT.140/3/2011 Tentang Pedoman Perkebunan Kelapa Sawit Berkelanjutan Indonesia (Indonesian Sustainable Palm Oil/ISPO) (Verordnung des Landwirtschaftsministers 19/Permentan/OT.140/3/2011 über einen Leitfaden zu nachhaltigem Palmöl in Indonesien)

Malaysia

MBIA 2007	Malaysian Biofuel Industry Act 2007
MBIR 2011	Malaysian Biofuel Industry (Blending Percentage and Mandatory Use) Regulations 2011

Vereinte Nationen

UNCHE 1972	Declaration of the United Nations Conference on the Human Environment
C169 1989	Indigenous and Tribal Peoples Convention
A/RES/61/295	Resolution adopted by the General Assembly 61/295. United Nations Declaration on the Rights of Indigenous Peoples, 2007
A/RES/66/288	Resolution adopted by the General Assembly on 27 July 2012 66/288. The future we want

Literatur

Adnan, Hanim (2010): Malaysia's biodiesel industry at a standstill. In: The Star Online, 6. September 2010. http://biz.thestar.com.my/news/story.asp?sec=business&file=/2010/9/6/business/6952930 [07.02.2012].

– (2011): With crude oil price surge is palm biodiesel production viable again? In: The Star Online, 8. März 2011. http://biz.thestar.com.my/news/story.asp?file=/2011/3/8/business/8206877&sec=business [07.02.2012].

– (2013): Malaysia's B10 biodiesel programme and its benefits. In: The Star Online, 12. Februar 2013. http://biz.thestar.com.my/news/story.asp?file=/2013/2/12/business/12699472&sec=business [15.02.2013].

Agrawal, Arun (2005): Environmentality. Technologies of government and the making of subjects. Durham: Duke University Press.

Albow, Martin (1999): Abschied vom Nationalstaat. Frankfurt/Main: Suhrkamp.

Alnasseri, Sabah (2011): Imperialism and the social question in (semi)-peripheries. The case for a neo-national bourgeoisie. In: Global Discourse, 2(II). http://globaldiscourse.files.wordpress.com/2011/12/alnasseri1.pdf [11.02.2013].

Altvater, Elmar (2007): Das Ende des Kapitalismus wie wir ihn kennen. Eine radikale Kapitalismuskritik. Münster: Westfälisches Dampfboot.

AMAN (2012): Profil AMAN In: http://www.aman.or.id/wp-content/plugins/downloads-manager/upload/Profile%20AMAN_2012.pdf [26.03.2013].

Anderson, Benedikt (1983): Old state, new society. Indonesia's New Order in comparative historical perspective. In: The Journal of Asian Studies, 42(3), S. 477-496.

ANGOC (2009): Securing the right to land. A CSO overview on access to land in Asia. Quezon City: ANGOC.

APEC (2008): Singapore biofuels activities. In: http://www.biofuels.apec.org/me_singapore.html [01.03.2012].

Ariani, Yuti/Yuliar, Sonny (2011): Translating biofuel, discounting farmers. The search for alternative energy in Indonesia. In: Tatnall, Arthur (Hg.): Actor-network theory and technology innovation. Advancements and new concepts. Hershey: IGI Global, S. 68-79.

Aspinall, Edward/van Klinken, Gerry (Hg.) (2011): The state and illegality in Indonesia. Leiden: KITLV Press.

Ataç, Ilker/Lenner, Katharina/Schaffer, Wolfram (2008): Kritische Staatsanalyse(n) des globalen Südens. In: Journal für Entwicklungspolitik, 24(2), S. 4-9.

Babacan, Errol/Gehring, Axel (2013): Hegemonie in Zeit und Raum. Zur Dekonstruktion des Zentrum/Peripherie-Gegensatzes in der Hegemonietheorie am Beispiel Türkei. In: Peripherie, 130/131, S. 197-219.

Bache, Ian/Flinders, Matthew (Hg.) (2004): Multi-level governance. New York: Oxford University Press.

Bader, Pauline/Becker, Florian/Demirović, Alex/Dück, Julia (2011): Die multiple Krise – Krisendynamiken im neoliberalen Kapitalismus. In: dies. (Hg.): VielfachKrise. Im finanzdominierten Kapitalismus. Hamburg: VSA Verlag, S. 11-28.

Bailis, Robert/Baka, Jennifer (2011): Constructing sustainable biofuels. Governance of the emerging biofuel economy. In: Annals Of The Association Of American Geographers, 101(4), S. 827-838.

Barr, Christopher/Resosudarmo, Ida/Dermawan, Ahmad/McCarthy, John (Hg.) (2006): Decentralization of forest administration in Indonesia. Implications for forest sustainability, economic development and community livelihoods. Bogor: CIFOR.

Beck, Ulrich (Hg.) (1998): Perspektiven der Weltgesellschaft. Frankfurt/Main: Suhrkamp.

Becker, Joachim (2008): Der kapitalistische Staat in der Peripherie. Polit-ökonomische Perspektiven. In: Journal für Entwicklungspolitik, 24(2), S. 10-32.

Behnke, Joachim/Baur, Nina/Behnke, Nathalie (2010): Empirische Methoden der Politikwissenschaft. 2. akt. Auflage. Paderborn: Ferdinand Schöningh.

Benjamin, Geoffrey (2002): On being tribal in the Malai world. In: ders./Chou, Cynthia (Hg.): Tribal communities in the Malay world. Historical, cultural, and social perspectives. Leiden/Singapore: IIAS/ISEAS, S. 7-76.

Benz, Arthur/Lütz, Susanne/Schimank, Uwe/Simonis, Georg (Hg.) (2007): Handbuch Governance. Theoretische Grundlagen und empirische Anwendungsfelder. Wiesbaden: VS Verlag für Sozialwissenschaften.

Bevir, Mark (2011): Governance as theory, practice, and dilemma. In: ders. (Hg.): The Sage handbook of goverance. London: Sage Publications, S. 1-16.

Bieling, Hans-Jürgen (2007): Die Konstitutionalisierung der Weltwirtschaft als Prozess hegemonialer Verstaatlichung. Staatstheoretische Reflexionen aus der Perspektive einer neo-gramscianischen Internationalen Politischen Ökonomie. In: Buckel, Sonja/Fischer-Lescano, Andreas (Hg.): Hegemonie gepanzert mit Zwang. Zivilgesellschaft und Politik im Selbstverständnis Antonio Gramscis. Baden-Baden: Nomos, S. 143-160.

– (2008): Die Konflikttheorie der Internationalen Politischen Ökonomie. In: Bonacker, Thomas (Hg.): Sozialwissenschaftliche Konflikttheorien. Eine Einführung. Wiesbaden: VS Verlag für Sozialwissenschaften, S. 121-142.

Blaikie, Norman (2007): Approaches to social enquiry. 2. Auflage. Cambridge: Polity Press.

Blaikie, Piers/Brookfield, Harold (1987): Land degradation and society. London: Methuen.

Borneo Post Online (2011): B5 biodiesel supply nationwide by 2013: Dompok. 7. Oktober 2011. http://www.theborneopost.com/2011/10/07/b5-biodiesel-supply-nationwide-by-2013-dompok-latest/[26.03.2013].

Borras, Saturnino/Franco, Jennifer (2012): Global land grabbing and trajectories of agrarian change. A preliminary analysis. In: Journal of Agrarian Change, 12(1), S. 34-59.

Bowyer, Catherine (2010): Anticipated indirect land use change associated with expanded use of biofuels and bioliquids in the EU. An analysis of the national renewable energy action plans. In: http://www.ieep.eu/assets/731/Anticipated_Indirect_Land_ Uce_Change_Associated_with_Expanded_Use_of_Biofuels_and_Bioliquids_in_ the_EU_-_An_Analysis_of_the_National_Renewable_Energy_Action_Plans.pdf [24.04.2014].

Brand, Ulrich (2000): Nichtregierungsorganisationen, Staat und ökologische Krise. Konturen kritischer NRO-Forschung am Beispiel der biologischen Vielfalt. Münster: Westfälisches Dampfboot.

– (2007): Die Internationalisierung des Staates als Rekonstitution von Hegemonie. Zur staatstheoretischen Erweiterung Gramscis. In: Buckel, Sonja/Fischer-Lescano, Andreas (Hg.): Hegemonie gepanzert mit Zwang. Zivilgesellschaft und Politik im Selbstverständnis Antonio Gramscis. Baden-Baden: Nomos, S. 161-180.

– (Hg.) (2010a): Globale Umweltpolitik und Internationalisierung des Staates. Biodiversitätspolitik aus strategisch-relationaler Perspektive. Münster: Westfälisches Dampfboot.

– (2010b): Konflikte um die Global Governance biologischer Vielfalt. Eine historisch-materialistische Perspektive. In: Feindt, Peter/Saretzki, Thomas (Hg.): Umwelt- und Technikkonflikte. Wiesbaden: VS Verlag für Sozialwissenschaften, S. 239-255.

Brand, Ulrich/Brunnengräber, Achim/Schrader, Lutz/Stock, Christian/Wahl, Peter (2000): Global Governance. Alternativen zur neoliberalen Globalisierung? Münster: Westfälisches Dampfboot.

Brand, Ulrich/Dietz, Kristina (2014): (Neo-)Extraktivismus als Entwicklungsoption? Zu den aktuellen Dynamiken und Widersprüchen rohstoffbasierter Entwicklung in Lateinamerika. In: Politische Vierteljahresschrift, Sonderheft 48 zu Entwicklungstheorien, S. 88-125.

Brand, Ulrich/Görg, Christoph (2003): Postfordistische Naturverhältnisse. Konflikte um genetische Ressourcen und die Internationalisierung des Staates. Münster: Westfälisches Dampfboot.

Brand, Ulrich/Görg, Christoph/Hirsch, Joachim/Wissen, Markus (2008): Conflicts in global environmental regulation and the internationalization of the state. Contested terrains. London: Routledge.

Brand, Ulrich/Görg, Christoph/Wissen, Markus (2007): Verdichtungen zweiter Ordnung. Die Internationalisierung des Staates aus einer neo-poulantzianischen Perspektive. In: Prokla, 37(2), S. 217-234.

Brenner, Neil (2004): New state spaces. Urban governance and the rescaling of statehood. Oxford: Oxford University Press.

– (2008): Tausend Blätter. Bemerkungen zu den Geographien ungleicher räumlicher Entwicklung. In: Wissen, Markus/Röttger, Bernd/Heeg, Susanne (Hg.): Politics of Scale. Räume der Globalisierung und Perspektiven emanzipatorischer Politik. Münster: Westfälisches Dampfboot, S. 57-84.

Brown, Sandy/Getz, Christy (2008): Privatizing farm worker justice. Regulating labor through voluntary certification and labeling. In: Geoforum, 39(3), S. 1184-1196.

Bryant, Raymond/Bailey, Sinéad (1997): Third world political ecology. London/New York: Routledge.

Buckel, Sonja/Fischer-Lescano, Andreas (2007): Hegemonie im globalen Recht. Zur Aktualität der Gramscianischen Rechtstheorie. In: dies. (Hg.): Hegemonie gepanzert mit Zwang. Zivilgesellschaft und Politik im Selbstverständnis Antonio Gramscis. Baden-Baden: Nomos, S. 85-104.

– (2009): Gramsci reconsidered. Hegemony in global law. In: Leiden Journal of International Law, 22(3), S. 437-454.

Bullinger, Cathrin/Haug, Michaela (2012): In and out of the forest. Decentralisation and recentralisation of forest governance in East Kalimantan, Indonesia. In: Austrian Journal of South-East Asian Studies, 5(2), S. 243-262.

Burchardt, Hans-Jürgen/Dietz, Kristina (2013): Extraktivismus in Lateinamerika – der Versuch einer Fundierung. In: dies./Öhlschläger, Rainer (Hg.): Umwelt und Entwicklung im 21. Jahrhundert. Impulse und Analysen aus Lateinamerika. Baden-Baden: Nomos, S. 181-200.

Burchardt, Hans-Jürgen/Dietz, Kristina/Öhlschläger, Rainer (Hg.) (2013): Umwelt und Entwicklung im 21. Jahrhundert. Impulse und Analysen aus Lateinamerika. Baden-Baden: Nomos.

Callon, Michell/Latour, Bruno (1981): Unscrewing the big Leviathan. How actors macro-structure reality and how sociologists help them to do so. In: Knorr-Cetina, Karin/Cicourel, Aaron (Hg.): Advances in social theory and methodology. Towards an integration of micro- and macro-sociologies. Boston/London: Routledge, S. 277-303.

Candeias, Mario (2004): Neoliberalismus, Hochtechnologie, Hegemonie. Grundrisse einer transnationalen kapitalistischen Produktions- und Lebensweise. Eine Kritik. Hamburg: Argument.

Cardoso, Fernando/Faletto, Enzo (1976): Abhängigkeit und Entwicklung in Lateinamerika. Frankfurt/Main: Suhrkamp.

Caroko, Wisnu/Komarudin, Heru/Obidzinski, Krystof/Gunarso, Petrus (2011): Policy and institutional frameworks for the development of palm oil-based biodiesel in Indonesia. Working Paper 62. Bogor: CIFOR.

Casson, Anne (2000): The hesitant boom. Indonesia's oil palm sub-sector in an era of economic crisis and political change. Occasional Paper 29. Bogor: CIFOR.

– (2002): The political economy of Indonesia's oil palm subsector. In: Colfer, Carol/Resosudarmo, Ida (Hg.): Which way forward? People, forests, and policymaking in Indonesia. Washington: Resources for the Future, S. 221-245.

Castree, Noel (2001): Socializing nature. Theory, practice, and politics. In: ders./Braun, Bruce (Hg.): Social nature. Theory, practice, and politics. Oxford: Blackwell Publishers, S. 1-22.

– (2003): Commodifying what nature? In: Progress in Human Geography, 27(3), S. 273-297.

Chin, Melissa (2011): Biofuels in Malaysia. An analysis of the legal and institutional framework. Working Paper 64. Bogor: CIFOR.

Chwieroth, Jeffrey (2010): How do crises lead to change? Liberalizing capital controls in the early years of New Order Indonesia. In: World Politics, 62(3), S. 496-527.

Colchester, Marcus (2011): Oil palm smallholders and the RSPO. Towards certification and sustainable production. Status report of the task force on smallholders. In: http://www.rspo.org/sites/default/files/TFS%20Briefing%202011%20Final.pdf [06.06.2012].

Colchester, Marcus/Aik Pang, Wee/Meng Chuo, Wong/Jalong, Thomas (2007): Land is life. Land rights and oil palm development in Sarawak. Bogor: Forest Peoples Programme/Sawit Watch.

Colchester, Marcus/Anderson, Patrick/Firdaus, Asep/Hasibuan, Fatilda/Chao, Sophie (2011): Human rights abuses and land conflicts in the PT Asiatic Persada concession in Jambi. Report of an independent investigation into land disputes and forced evictions in a palm oil estate. In: http://www.forestpeoples.org/sites/fpp/files/publication/2011/11/final-report-pt-ap-nov-2011-low-res-1.pdf [26.03.2013].

Colchester, Marcus/Jiwan, Norman/Sirait, Martua/Andiko/Firdaus, Asep/Surambo, A./Pane, Herbert (2006): Promised land. Palm oil and land acquisition in Indonesia. Implications for local communities and indigenous peoples. Bogor: Forest Peoples Programme/Sawit Watch.

Cooke, Fadzilah/Mulia, Dayang (2013): Migration and moral panic. The case of oil palm in Sabah, East Malaysia. In: Pye, Oliver/Bhattacharya, Jayati (Hg.): The palm oil controversy in Southeast Asia. Singapur: ISEAS Publishing, S. 140-163.

Cox, Robert 1983 (1998): Gramsci, Hegemonie und Internationale Beziehungen. Ein Aufsatz zur Methode. In: ders.: Weltordnung und Hegemonie. Grundlagen der „Internationalen Politischen Ökonomie". Marburg: FEG am Institut für Politikwissenschaft, S. 69-86.

Cramb, Rob (2011): Re-inventing dualism. Policy narratives and modes of oil palm expansion in Sarawak, Malaysia. In: Journal of Development Studies, 47(2), S. 274-293.

Cutler, A. Claire (2005): Gramsci, law, and the culture of global capitalism. In: Critical Review of International Social and Political Philosophy, 8(4), S. 527-542.

Dauvergne, Peter (1998): The political economy of Indonesia's 1997 forest fires. In: Australian Journal of International Affairs, 52(1), S. 13-17.

Dauvergne, Peter/Neville, Kate (2010): Forests, food, and fuel in the tropics. The uneven social and ecological consequences of the emerging political economy of biofuels. In: Journal of Peasant Studies, 37(4), S. 631-660.

de Sousa Santos, Boaventura (2012): Plurinationaler Konstitutionalismus und experimenteller Staat in Bolivien und Ecuador. In: Brand, Ulrich/Radhuber, Isabella/Schilling-Vacaflor, Almut (Hg.): Plurinationale Demokratie in Bolivien. Gesellschaftliche und staatliche Transformationen. Münster: Westfälisches Dampfboot, S. 337-355.

Demirović, Alex (2007): Politische Gesellschaft – zivile Gesellschaft. Zur Theorie des integralen Staates bei Antonio Gramsci. In: Buckel, Sonja/Fischer-Lescano, Andreas (Hg.): Hegemonie gepanzert mit Zwang. Zivilgesellschaft und Politik im Staatsverständnis Antonio Gramscis. Baden-Baden: Nomos, S. 21-41.

– (2011): Materialist state theory and the transnationalization of the capitalist state. In: Antipode, 43(1), S. 38-59.

Dermawan, Ahmad/Obidzinski, Krystof/Komarudin, Heru (2012): Withering before full bloom? Bioenergy in Southeast Asia. Working Paper 94. Bogor: CIFOR.

Dietz, Kristina/Wissen, Markus (2009): Kapitalismus und „natürliche Grenzen". Eine kritische Diskussion ökomarxistischer Zugänge zur ökologischen Krise. In: Prokla, 39(3), S. 351-369.

Direktorat Perlindungan Perkebunan (2012): Pelaksanaan Pengembangan Perkebunan Kelapa Sawit Berkelanjutan Indonesia (ISPO). In: http://ditjenbun.deptan.go.id/perlindungan/index.php?view=article&id=405%3Apelaksanaan-pengembangan-perkebunan-kelapa-sawit-berkelanjutan-indonesia-ispo-&format=pdf&option=com_content [31.01.2013].

Duncan, Christopher (2007): Mixed outcomes. The impact of regional autonomy and decentralization on indigenous ethnic minorities in Indonesia. In: Development and Change, 38(4), S. 711-733.

Eden, Sally (2011): The politics of certification. Consumer knowledge, power, and global governance in ecolabeling. In: Peet, Richard/Robbins, Paul/Watts, Michael (Hg.): Global Political Ecology. New York: Routledge, S. 169-184.

Effendi, Cecep/Sjahril, Sony (2011): Reshaping regional autonomy. In: Jakarta Post, 14. Februar 2011. http://www.thejakartapost.com/news/2011/02/14/reshaping-regional-autonomy.html [12.03.2012].

Ehrlich, Paul (1972): Bevölkerungswachstum und Umweltkrise. Die Ökologie des Menschen. Frankfurt/Main: Fischer.

EIA/Telapak (2009): Up for grabs. Deforestation and exploitation in Papua's plantations boom. Bogor/London: Telapak/EIA.

Eide, Asbjørn (2008): The right to food and the impact of liquid biofuels (agrofuels). Rom: FAO.

Ekonid (2007): Marktstudie: Die Entwicklung des Biokraftstoffsektors in Indonesien. Politik, Potenziale und Perspektiven. In: http://www.renewablesb2b.com/data/ahk_indonesia/publications/files/Biofuel_Market_Study_B2B.pdf [20.02.2013].

Escobar, Arturo (1996): Construction nature. Elements for a post-structuralist political ecology. In: Futures, 28(4), S. 325-343.

– (2006): Difference and conflict in the struggle over natural resources. A political ecology framework. In: Development, 49(3), S. 6-13.

Europäische Kommission (2005): Mitteilung der Kommission. Aktionsplan für Biomasse. In: http://eur-lex.europa.eu/LexUriServ/LexUriServ.do?uri=COM:2005:0628:FIN:DE:PDF [23.05.2012].

- (2006): Mitteilung der Kommission. Eine EU-Strategie für Biokraftstoffe. In: http://eur-lex.europa.eu/LexUriServ/LexUriServ.do?uri=COM:2006:0034:FIN:DE:PDF [23.05.2012].
European Biodiesel Board (2012a): Statistics. The EU biodiesel industry. In: http://www.ebb-eu.org/stats.php [23.01.2012].
- (2012b): European biodiesel industry reacts against dumped imports from Argentina and Indonesia. Pressemitteilung, 30. August 2012. http://www.ebb-eu.org/EBBpressreleases/Notice%20of%20Initiation%20August2012.pdf [22.01.2013].
- (2013): Timely and biased research funded by Friends of the Earth spreading disinformation about palm oil use in Europe and biofuels. Pressemitteilung, 9. September 2013. http://www.ebb-eu.org/EBBpressreleases/EBB_PR_IISD_FriendsofEarth_Study_Palm_oil.pdf [17.04.2014].
European Commission (2000): Green Paper. Towards a European strategy for the security of energy supply. In: http://eur-lex.europa.eu/LexUriServ/LexUriServ.do?uri=CELEX:52000DC0769:EN:HTML [20.02.2013].
Evans, Peter (Hg.) (1999): Bringing the state back in. Cambridge: Cambridge University Press.
Evers, Tilman (1977): Bürgerliche Herrschaft in der Dritten Welt. Zur Theorie des Staates in ökonomisch unterentwickelten Gesellschaftsformationen. Köln: Europäische Verlagsanstalt.
FAO (2008): The state of food and agriculture. Biofuels: prospects, risks and opportunities. Rom: FAO.
- (2014): FAOSTAT Database. Rome: FAO.
Fargione, Joseph/Hill, Jason/Tilman, David/Polasky, Stephen/Hawthorne, Peter (2008): Land clearing and the biofuel carbon debt. In: Science, 319, S. 1235-1238.
Farid, Hilmar (2005): Indonesia's original sin. Mass killings and capitalist expansion, 1965-66. In: Inter-Asia Cultural Studies, 6(1), S. 3-16.
FDCL/RLS (Hg.) (2012): Der neue Extraktivismus. Eine Debatte über die Grenzen des Rohstoffmodells in Lateinamerika. Berlin: FDCL-Verlag.
Fitzpatrick, Daniel (2007): Land, custom, and the state in post-Suharto Indonesia. A foreign lawyer's perspective. In: Henly, David/Davidson, Jamie (Hg.): The revival of tradition in Indonesian politics. The development of adat from colonialism to indigenism. New York: Routledge, S. 130-148.
Focus Reports (2009): Interview Alhilal Hamdi, Chief Executive National Biofuel Development Team (BBN). In: http://www.energyboardroom.com/interviews/interview-with-alhilal-hamdi-chief-executive-national-biofuel-development-team-bbn [24.04.2014].
Fogel, Cathleen (2004): The local, the global, and the Kyoto Protocol. In: Jasanoff, Sheila/Marthello, Marybeth (Hg.): Earthly politics. Local and global in environmental governance. Cambridge: MIT Press, S. 103-125.
Frank, Andre Gunder (1969): Kapitalismus und Unterentwicklung in Lateinamerika. Frankfurt/Main: Europäische Verlagsanstalt.

Fraser, Nancy (2003): Soziale Gerechtigkeit im Zeitalter der Identititätspolitik. Umverteilung, Anerkennung und Beteiligung. In: dies./Honneth, Axel: Umverteilung oder Anerkennung? Eine politisch-philosophische Kontroverse. Frankfurt/Main: Suhrkamp, S. 13-128.

Fraser, Nancy/Honneth, Axel (2003): Umverteilung oder Anerkennung? Eine politisch-philosophische Kontroverse. Frankfurt/Main: Suhrkamp.

Geibler, Justus von (2013): Market-based governance for sustainability in value chains: conditions for successful standard setting in the palm oil sector. In: Journal of Cleaner Production, 56(1), S. 39-53.

Gellert, Paul (2010): Extractive regimes. Toward a better understanding of Indonesian development. In: Rural Sociology, 75(1), S. 28-57.

Gerasimchuk, Ivetta/Koh, Peng Yam (2013): The EU biofuel policy and palm oil: cutting subsidies or cutting rainforest? Winnipeg: IISD.

Gerber, Julien-Francois (2011): Conflicts over industrial tree plantations in the South. Who, how and why? In: Global Environmental Change, 21(1), S. 165-176.

Ginting, Longgena/Pye, Oliver (2013): Resisting agribusiness development. The Merauke Integrated Food and Energy Estate in West Papua, Indonesia. In: Austrian Journal of South-East Asian Studies, 6(1), S. 160-182.

Gläser, Jochen/Laudel, Grit (2010): Experteninterviews und qualitative Inhaltsanalyse als Instrumente rekonstruierender Untersuchungen. 4. Auflage. Wiesbaden: VS Verlag für Sozialwissenschaften.

Goldman, Michael (2004): Eco-governmentality and other transnational practices of a "green" World Bank. In: Peet, Richard/Watts, Michael (Hg.): Liberation ecologies. Environment, development, social movements. London: Routledge, S. 166-192.

Görg, Christoph (2003a): Nichtidentität und Kritik. Zum Problem der Gestaltung der Naturverhältnisse. In: Böhme, Gernot/Manzei, Alexandra (Hg.): Kritische Theorie der Technik der Natur. München: Wilhelm Fink, S. 113-133.

– (2003b): Regulation der Naturverhältnisse. Zu einer kritischen Theorie der ökologischen Krise. Münster: Westfälisches Dampfboot.

– (2004): Inwertsetzung. In: Haug, Wolfgang (Hg.): Historisch-kritisches Wörterbuch des Marxismus. Imperium bis Justiz. Band 6/II. Hamburg: Argument, S. 1501-1506.

GRAIN/Rettet den Regenwald (2009): Stoppt den Agrarenergie-Wahn. 2. Auflage. http://www.regenwald.org/files/de/Agrarenergie_Auflage2_2009.pdf [10.04.2014].

Gramsci, Antonio 1991-2002 (2012): Gefängnishefte. Kritische Gesamtausgabe. Band 1-10. Hamburg: Argument (zitiert als GH).

Greenpeace (2007): How the palm oil industry is cooking the climate. Amsterdam: Greenpeace International.

Gudynas, Eduardo (2013): Die neue alte Entwicklungsstrategie in Lateinamerika: Der Extraktivismus und seine Folgen. In: Burchardt, Hans-Jürgen/Dietz, Kristina/Öhlschläger, Rainer (Hg.): Umwelt und Entwicklung im 21. Jahrhundert. Impulse und Analysen aus Lateinamerika. Baden-Baden: Nomos, S. 33-45.

Hadiz, Vedi R. (2006): The Left and Indonesia's 1960s. The politics of remembering and forgetting. In: Inter-Asia Cultural Studies, 7(4), S. 554-569.

Hai, Teoh Cheng (2013): Malaysian corporations as strategic players in Southeast Asia's palm oil industry. In: Pye, Oliver/Bhattacharya, Jayati (Hg.): The palm oil controversy in Southeast Asia. Singapur: ISEAS Publishing, S. 19-47.

Hardin, Garrett (Hg.) (1964): Population, evolution, birth control. A collage of controversial readings. San Franscisco: Freeman.

Harvey, David (2004): Die Geographie des „neuen" Imperialismus. Akkumulation durch Enteignung. In: Zeller, Christian (Hg.): Die globale Enteignungsökonomie. Münster: Westfälisches Dampfboot, S. 183-215.

– (2005). The new imperialism. New York: Oxford University Press.

Haryanto, Ulma (2011): Farmers celebrate at plantation law court victory. In: Jakarta Globe, 20. September 2011. http://www.thejakartaglobe.com/news/farmers-celebrate-at-plantation-law-court-victory/466440 [21.03.2012].

Heintz, Bettina/Münch, Richard/Tyrell, Hartmann (Hg.) (2005): Weltgesellschaft. Theoretische Zugänge und empirische Problemlagen. Stuttgart: Lucius & Lucius.

Henly, David/Davidson, Jamie (Hg.) (2007): The revival of tradition in Indonesian politics. The development of adat from colonialism to indigenism. New York: Routledge.

Hirawan, Fajar (2011): The impact of palm oil plantations on Indonesia's rural economy. In: Intal, Ponciano/Oum, Sothea/Simorangkir, Mercy (Hg.): Agri-cultural development, trade and regional cooperation in developing East Asia. Jakarta: ERIA, S. 221-266.

Hirsch, Joachim (2005): Materialistische Staatstheorie. Transformationsprozesse des kapitalistischen Staatensystems. Hamburg: VSA.

Hirsch, Joachim/Jessop, Bob/Poulantzas, Nicos (2001): Die Zukunft des Staates. Denationalisierung, Internationalisierung, Renationalisierung. Hamburg: VSA.

Holtzappel, Coen (2009): Introduction. The regional governance reform in Indonesia, 1999-2004. In: ders./Ramstedt, Martin (Hg.): Decentralization and regional autonomy in Indonesia. Implementation and challenges. Singapur: ISEAS, S. 1-56.

Homer-Dixon, Thomas (1994): Environmental scarcities and violent conflict. Evidence from cases. In: International Security, 19(1), S. 5-40.

Hooghe, Liesbet/Marks, Gary (2010): Types of multi-level governance. In: Zürn, Michael/Wälti, Sonja/Enderlein, Henrik (Hg.): Handbook on multi-level governance. Cheltenham: Edgar Elgar, S. 17-31.

Hoppichler, Josef (2010): Biomasse und Agro-Treibstoffe. Zwischen Irrwegen und Auswegen für ländliche Gebiete. In: Gruber, Petra (Hg.): Wie wir überleben! Ernährung und Energie in Zeiten des Klimawandels. Opladen: Barbara Budrich, S. 125-141.

IAASTD (2009): Weltagrarbericht. Synthesebericht. Hamburg: Hamburg University Press.

Ibris Holdings Pte Ltd (2011): Ibris Agri. In: http://www.ibris.asia/content/readMore1/infobox/slider_text/template/default/active_id/3 [15.02.2013].

IPCC (2007): Climate change 2007. Synthesis report. In: http://www.ipcc.ch/pdf/assessment-report/ar4/syr/ar4_syr.pdf [20.02.2013].

IPOB (2008): Indonesian palm oil statistics 2007. Jakarta: IPOB.

– (2010): Statistik kelapa sawit 2010. Jakarta: IPOB.

ISCC System GmbH (2013): Gültige Zertifikate. In: http://www.iscc-system.org/zertifikate-inhaber/gueltige-zertifikate/[15.02.2013].

Ito, Takeshi/Rachman, Noer Fauzi/Savitri, Laksmi A. (2014): Power to make land dispossession acceptable. A policy discourse analysis of the Merauke Integrated Food and Energy Estate (MIFEE), Papua, Indonesia. In: The Journal of Peasant Studies, 41(1), S. 29–50.

Jahn, Thomas/Wehling, Peter (1998): Gesellschaftliche Naturverhältnisse. Konturen eines theoretischen Konzepts. In: Brand, Karl-Werner (Hg.): Soziologie und Natur. Theoretische Perspektiven. Opladen: Westdeutscher Verlag, S. 75-93.

Jänicke, Martin (2007): Megatrend Umweltinnovation. Zur ökologischen Modernisierung von Wirtschaft und Staat. München: oekom.

Jellinek, Georg (1914): Allgemeine Staatslehre. Berlin: Häring.

Jessop, Bob (1990): State theory. Putting the capitalist state in its place. Cambridge: Polity Press.

– (2001): Nach dem Fordismus. Das Zusammenspiel von Struktur und Strategie. In: Das Argument, 43(1), S. 9-22.

– (2002): The future of the capitalist state. Cambridge: Polity Press.

– (2005): Critical realism and the strategic-relational approach. In: New Formations, 56(3), S. 40-53.

– (2007): Globalisierung und Nationalstaat. Imperialismus und Staat bei Nicos Poulantzas – 25 Jahre später. In: Röttger, Bernd (Hg.): Kapitalismus, Regulation und Staat. Ausgewählte Schriften. Hamburg: Argument, S. 183-207.

Jessop, Bob/Bonnet, Kevin/Bromley, Simon/Ling, Tom (1988): Thatcherism. A tale of two nations. Cambridge: Polity Press.

Jiwan, Norman (2013): The political ecology of the Indonesian palm oil industry. In: Pye, Oliver/Bhattacharya, Jayati (Hg.): The palm oil controversy in Southeast Asia. Singapur: ISEAS Publishing, S. 48-75.

Jordan, Andrew/Wurzel, Rüdiger/Zito, Anthony (2003): Comparative conclusions. 'New' environmental policy instruments: an evolution or a revolution in environmental policy? In: Environmental Politics, 12(1), S. 201-224.

Kairys, David (Hg.) (1998): The politics of law. A progressive critique. 3. Auflage. New York: Basic Books.

Kannankulam, John/Georgi, Fabian (2012): Die europäische Integration als materielle Verdichtung von Kräfteverhältnissen. Hegemonieprojekte im Kampf um das 'Staatsprojekt Europa'. Arbeitspapier 30. Marburg: Fachbereich Gesellschaftswissenschaften und Philosophie der Philipps-Universität Marburg.

Kaplan, Robert (1994): The coming anarchy. In: The Atlantic Monthly, 273(2), S. 44-76.

Keating, Dave (2012): Commissioners unable to resolve ILUC dispute. In: European Voice, 3. Mai 2012, S. 3.

Kementerian Pertanian (o.J.): Perusahaan pengolahan dan pemanfaatan BBN. In: http://ditjenbun.deptan.go.id/budtanan/images/perusahaan%20biofuel.pdf [10.01.2012].

Klooster, Dan (2006): Environmental certification of forests in Mexico. The political ecology of a nongovernmental market intervention. In: Annals of the Association of American Geographers, 96(3), S. 541-565.

Knight, G. Roger (1992): The Java sugar industry as a capitalist plantation. A reappraisal. In: Journal of Peasant Studies, 19(3-4), S. 68-86.

Köhler, Bettina (2005): Ressourcenkonflikte in Lateinamerika. Zur Politischen Ökologie der Inwertsetzung von Wasser. In: Journal für Entwicklungspolitik, 21(2), S. 21-44.

– (2008): Die Materialität von Rescaling-Prozessen. Zum Verhältnis von Politics of Scale und Political Ecology. In: Wissen, Markus/Röttger, Bernd/Heeg, Susanne (Hg.): Politics of Scale. Räume der Globalisierung und Perspektiven emanzipatorischer Politik. Münster: Westfälisches Dampfboot, S. 208-223.

Köhler, Bettina/Wissen, Markus (2010): Gesellschaftliche Naturverhältnisse. Ein kritischer theoretischer Zugang zur ökologischen Krise. In: Lösch, Bettina/Thimmel, Andreas (Hg.): Kritische politische Bildung. Ein Handbuch. Schwalbach/Taunus: Wochenschau, S. 217-227.

La Via Campesina (2010): Sustainable peasant and family farm agriculture can feed the world. In: http://viacampesina.org/downloads/pdf/en/paper6-EN.pdf [24.04.2014].

Laborde, David (2011): Assessing the land use change consequences of European biofuel policies. Final Report. In: http://trade.ec.europa.eu/doclib/docs/2011/october/tradoc_148289.pdf [25.03.2014].

Laclau, Ernesto (2002): Emanzipation und Differenz. Wien: Turia + Kant.

Lane, Max (2008): Unfinished nation. Indonesia before and after Suharto. London/New York: Verso.

Lazarus-Black, Mindie/Hirsch, Susan (Hg.) (1994): Contested states. Law, hegemony and resistance. New York: Routledge.

Lease, Gary (1995): Introduction. Nature under fire. In: Soulé, Michael/ders. (Hg.): Reinventing nature? Responses to postmodern deconstruction. Washington: Island Press, S. 3-15.

Lee, Janice/Rist, Lucy/Obidzinski, Kystof/Ghazoul, Jaboury/Koh, Lian (2011): No farmer left behind in sustainable biofuel production. In: Biological Conservation, 144(10), S. 2512-2516.

Lenner, Katharina (2008): Abhängige Staatlichkeit als umkämpftes Terrain. Politische Ökonomie und Repräsentationsformen in Jordanien seit 1989. In: Journal für Entwicklungspolitik, 24(2), S. 63-91.

Li, Tania (2001): Masyarakat adat, difference, and the limits of recognition in Indonesia's forest zone. In: Modern Asian Studies, 35(3), S. 645-676.

– (2010): Indigeneity, capitalism, and the management of dispossession. In: Current Anthropology, 51(3), S. 385-414.

- (2011): Centering labor in the land grab debate. In: Journal of Peasant Studies, 38(2), S. 281-298.
Lipietz, Alain (1985): Akkumulation, Krisen und Auswege aus der Krise. Einige methodische Überlegungen zum Begriff „Regulation". In: Prokla, 58, S. 109-133.
Litowitz, Douglas (2000): Gramsci, hegemony, and the law. In: Brigham Young University Law Review, 2000(2), S. 515-551.
Lopez, Gregore/Laan, Tara (2008): Biofuels – at what cost? Government support for biodiesel in Malaysia. In: http://www.iisd.org/pdf/2008/biofuels_subsidies_malaysia.pdf [16.01.2012].
Lounela, Anu (2012): Contesting state forests in post-Suharto Indonesia. Authority formation, state forest land dispute, and power in upland Central Java, Indonesia. In: Austrian Journal of South-East Asian Studies, 5(2), S. 208-228.
Luke, Timothy (1999): Environmentality as green governmentality. In: Darier, Eric (Hg.): Discourses of the environment. Oxford: Blackwell, S. 121-151.
Luxemburg, Rosa (1913): Die Akkumulation des Kapitals. Ein Beitrag zur ökonomischen Erklärung des Imperialismus. Berlin: Singer.
Mahon, Rianne/Keil, Roger (2008): Space, place, scale. Zur politischen Ökonomie räumlich-gesellschaftlicher Redimensionierung – ein Überblick. In: Wissen, Markus/Röttger, Bernd/Heeg, Susanne (Hg.): Politics of Scale. Räume der Globalisierung und Perspektiven emanzipatorischer Politik. Münster: Westfälisches Dampfboot, S. 34-56.
Makhasin, Luthfi (2006): The state and plantation workers. Corporatism and resistance. In: http://imakhasin.blog.unsoed.ac.id/2012/06/08/the-state-and-plantation-workers-corporatism-and-resistance/[05.02.2013].
Malthus, Thomas 1798 (1992): An essay on the principle of population. Cambridge: Cambridge University Press.
Marti, Serge (2008): Losing ground. The human rights impact of oil palm plantation expansion in Indonesia. Bogor: Friends of the Earth/LifeMosaic/Sawit Watch.
Martinez-Alier, Joan (2009): Social metabolism, ecological distribution conflicts, and languages of valuation. In: Capitalism Nature Socialism, 20(1), S. 58-87.
Marx, Karl 1890 (2008): Das Kapital. Kritik der politischen Ökonomie. Erster Band. Berlin: Dietz.
Mayntz, Renate (2005): Governance theory als fortentwickelte Steuerungstheorie. In: dies. (2009): Über Governance. Institutionen und Prozesse politischer Regelung. Frankfurt/Main: Campus, S. 41-52.
- (2007): Die Handlungsfähigkeit des Nationalstaats in Zeiten der Globalisierung. In: dies. (2009): Über Governance. Institutionen und Prozesse politischer Regelung. Frankfurt/Main: Campus, S. 53-64.
- (2009): Über Governance. Institutionen und Prozesse politischer Regelung. Frankfurt/Main: Campus.
McCarthy, John (2004): Changing to gray. Decentralization and the emergence of volatile socio-legal configurations in Central Kalimantan, Indonesia. In: World Development, 32(7), S. 1199-1223.

– (2010): Processes of inclusion and adverse incorporation. Oil palm and agrarian change in Sumatra, Indonesia. In: Journal of Peasant Studies, 37(4), S. 821-850.

– (2011): The limits of legality. State, governance and resource control in Indonesia. In: Aspinall, Edward/van Klinken, Gerry (Hg.): The state and illegality in Indonesia. Leiden: KITLV Press, S. 89-106.

McCarthy, John/Cramb, Rob (2009): Policy narratives, landholder engagement, and oil palm expansion on the Malaysian and Indonesian frontiers. In: The Geographical Journal, 175(2), S. 112-123.

McCarthy, John/Gillespie, Piers/Zen, Zahari (2012): Swimming upstream. Local Indonesian production networks in "globalized" palm oil production. In: World Development, 40(3), S. 555-569.

McCarthy, John/Zen, Zahari (2010): Regulating the effectiveness of environmental governance. Approaches to agro-industrial pollution in Indonesia. In: Law & Policy, 32(1), S. 153-179.

Meadows, Donella/Meadows, Dennis/Randers, Jorgen/Behrens, William (1972): The limits to growth. A report for the Club of Rome's project on the predicament of mankind. New York: Universe Books.

Meuser, Michael/Nagel, Ulrike (2009): Das Experteninterview. Konzeptionelle Grundlagen und methodische Anlage. In: Pickel, Susanne/Pickel, Gert/Lauth, Hans-Joachim/Jahn, Detlef (Hg.): Methoden der vergleichenden Politik- und Sozialwissenschaft. Neue Entwicklungen und Anwendungen. Wiesbaden: VS Verlag für Sozialwissenschaften, S. 465-479.

Milbrandt, Anelia/Overend, Ralph (2008): The future of liquid biofuels for APEC economies. In: http://www.biofuels.apec.org/pdfs/ewg_2008_liquid_biofuels.pdf [20.02.2013].

Milieudefensie (2012): Regarding: RSPO Grievance Procedure/IOI Corporation. 19. April 2012. http://typo3.vara.nl/fileadmin/uploads/VARA/be_users/documents/tv/pip/zembla/2011/Palmolie/LettertoRSPOonIOIcomplaint19April2012.pdf [24.04.2014].

Ministry of Industry Republic of Indonesia (2011): Indonesian palm oil downstream industry. Jakarta: Ministry of Industry Republic of Indonesia.

Mitchell, Donald (2008): A note on rising food prices. Policy Research Working Paper 4682. Washington: World Bank.

Moebius, Stephan (2008): Macht und Hegemonie. Grundrisse einer poststrukturalistischen Analytik der Macht. In: Moebius, Stephan/Reckwitz, Andreas (Hg.): Poststrukturalistische Sozialwissenschaften. Frankfurt/Main: Suhrkamp, S. 158-174.

Mol, Arthur (2007): Boundless biofuels? Between environmental sustainability and vulnerability. In: Sociologia Ruralis, 47(4), S. 297-315.

– (2010): Environmental authorities and biofuel controversies. In: Environmental Politics, 19(1), S. 61–79.

Mol, Arthur/Sonnenfeld, David (2000): Ecological modernisation around the world: an introduction. In: Environmental Politics, 9(1), S. 3-14.

Mol, Arthur/Spaargaren, Gert (2000): Ecological modernisation theory in debate: a review. In: Environmental Politics, 9(1), S. 17-49.
Moran, Selwyn (2012): Indonesia: MIFEE. The stealthy face of conflict in West Papua. In: Asian Human Rights Commission, 19. Juli 2012. http://www.humanrights.asia/opinions/columns/AHRC-ETC-022-2012 [19.10.2012].
MPIC (2006): The national biofuel policy. Kuala Lumpur: MPIC.
MPOA (2012): Introduction to MPOA. In: http://www.mpoa.org.my/v2/index.php?option=com_content&view=article&id=19:introduction-to-mpoa&catid=38:about-mpoa&Itemid=70 [16.01.2012].
MPOB (2009): Palm biodiesel. Environmental-friendly fuel. Kuala Lumpur: MPOB.
– (2011): Review of the Malaysian oil palm industry 2010. Kelana Jaya: MPOB.
MPOC (2009): Getting the facts right. Kelana Jaya: MPOC.
MTI (2007): Energy for growth. National energy policy report. Singapur: MTI.
Neste Oil Corporation (2011a): Annual Report 2010. Helsinki: Neste Oil Corporation.
– (2011b): Neste Oil celebrates the grand opening of its ISCC-certified renewable diesel plant in Singapore. Pressemitteilung, 8. März 2011. http://www.nesteoil.com/default.asp?path=1;41;540;1259;1260;16746;17030 [08.02.2012].
Neumann, Roderick (2004): Nature – state – territory. Toward a critical theorization of conservation enclosures. In: Peet, Richard/Watts, Michael (Hg.): Liberation ecologies. Environment, development, social movements. London: Routledge, S. 195-217.
– (2005): Making political ecology. New York: Oxford University Press.
Ng, Esther (2013): Thailand plans to raise biodiesel output target to 7.3 mil liters/d by 2021. In: Platts, 13. August 2013. http://www.platts.com/latest-news/oil/singapore/thailand-plans-to-raise-biodiesel-output-target-27287876 [04.03.2014]
Nuscheler, Franz (2009): Good Governance. Ein universelles Leitbild von Staatlichkeit und Entwicklung? Duisburg: INEF.
O'Connor, James (1988): Capitalism, nature, socialism. A theoretical introduction. In: Capitalism Nature Socialism, 1(1), S. 11-38.
Obidzinski, Krystof/Andriani, Rubeta/Komarudin, Heru/Andrianto, Agus (2012): Environmental and Social Impacts of Oil Palm Plantations and their Implications for Biofuel Production in Indonesia. In: Ecology and Society, 17(1), S. 481-499.
OECD (2008): Biofuel support policies. An economic assessment. Paris: OECD Publications.
OECD/FAO (2012): OECD-FAO agricultural outlook 2012-2021. Paris/Rom: OECD Publishing/FAO.
Opratko, Benjamin (2012): Hegemonie. Politische Theorie nach Antonio Gramsci. Münster: Westfälisches Dampfboot.
Österreichischer Biomasse-Verband (2012): Biotreibstoffe auf dem Prüfstand. Wien: ÖBMV.
Overmars, Koen/Stehfest, Elke/Ros, Jan/Prins, Anne (2011): Indirect land use change emissions related to EU biofuel consumption. An analysis based on historical data. In: Environmental Science & Policy, 14(3), S. 248-257.

Partzsch, Lena (2011): The legitimacy of biofuel certification. In: Agriculture and Human Values, 28(3), S. 413-425.

Peet, Richard/Watts, Michael (2004): Liberating political ecology. In: dies. (Hg.): Liberation ecologies. Environment, development, social movements. London: Routledge, S. 3-47.

Pellow, David (2000): Environmental inequality formation. Toward a theory of environmental injustice. In: American Behavioral Scientist, 43(4), S. 581-601.

Peluso, Nancy (1992): Rich forests, poor people. Resource control and resistance in Java. Berkeley: University of California Press.

Peluso, Nancy/Afiff, Suraya/Rachman, Noer Fauzi (2008): Claiming the grounds for reform. Agrarian and environmental movements in Indonesia. In: Journal of Agrarian Change, 8(2-3), S. 377-407.

Peluso, Nancy/Harwell, Emily (2001): Territory, custom, and the cultural politics of ethnic war in West Kalimantan, Indonesia. In: Peluso, Nancy/Watts, Michael (Hg.): Violent environments. Ithaca/London: Cornell University Press, S. 83-116.

PEMANDU (2010): Economic transformation programme. A roadmap for Malaysia. Putrajaya: PEMANDU.

Piattoni, Simona (2010): The theory of multi-level governance. Conceptual, empirical, and normative challenges. New York: Oxford University Press.

Pichler, Melanie (2009): Neue Allianzen in der Umwelt- und Energiepolitik. Die Politik der EU in Bezug auf Agrartreibstoffe und ihre Auswirkungen in Indonesien. Diplomarbeit, Universität Wien.

– (2010): Agrofuels in Indonesia. Structures, conflicts, consequences, and the role of the EU. In: Austrian Journal of South-East Asian Studies, 3(2), S. 175-193.

– (2013): "People, planet & profit": Consumer-oriented hegemony and power relations in palm oil and agrofuel certification. In: Journal of Environment and Development, 22(4), S. 370-390.

Pichler, Melanie/Pye, Oliver (2012): Wenn die Lösung zum Problem wird. Agrartreibstoffe und der Palmölboom in Indonesien. In: Schneider, Helmut/Jordan, Rolf/Waibel, Michael (Hg.): Umweltkonflikte in Südostasien. Berlin: Horlemann, S. 139-164.

Potter, Lesley (2009): Resource periphery, corridor, heartland. Contesting land use in the Kalimantan/Malaysia borderlands. In: Asia Pacific Viewpoint, 50(1), S. 88-106.

Poulantzas, Nicos (1977): Die Krise der Diktaturen. Portugal, Griechenland, Spanien. Frankfurt/Main: Suhrkamp.

– (1978): Staatstheorie. Politischer Überbau, Ideologie, Sozialistische Demokratie. Hamburg: VSA.

Pye, Oliver (2008): Nachhaltige Profitmaximierung. Der Palmöl-Industrielle Komplex und die Debatte um „nachhaltige Biotreibstoffe". In: Peripherie, 112, S. 429-455.

– (2010): The biofuel connection. Transnational activism and the palm oil boom. In: Journal of Peasant Studies, 37(4), S. 851-874.

Pye, Oliver/Bhattacharya, Jayati (Hg.) (2013): The palm oil controversy in Southeast Asia. Singapur: ISEAS Publishing.

Rachman, Noer Fauzi (2011): The resurgence of land reform policy and agrarian movements in Indonesia. Dissertation, University of California, Berkeley.

Rachman, Noer Fauzi/Siscawati, Mia (2013): A new landmark in the trajectory of Indonesian agrarian-forestry politics. The status of masyarakat adat as rights-bearing subjects after the Indonesian Constitutional Court ruling of case number 35/PUU-X/2012. Bogor/Washington, DC: The Samdhana Institute/RRI.

REDD-Monitor (2013): Indonesia's president extends forest moratorium for two more years. 15. Mai 2013. http://www.redd-monitor.org/2013/05/15/indonesias-president-extends-forest-moratorium-for-two-more-years/[13.04.2014].

Reijnders, Lucas/Huijbregts, Marc (2008): Palm oil and the emission of carbon-based greenhouse gases. In: Journal of Cleaner Production, 16(4), S. 477-482.

Resosudarmo, Ida (2004): Closer to people and trees. Will decentralisation work for the people and the forests of Indonesia? In: European Journal of Development Research, 16(1), S. 110-132.

Ribot, Jesse/Agrawal, Arun/Larson, Anne (2006): Recentralizing while decentralizing. How national governments reappropriate forest resources. In: World Development, 34(11), S. 1864-1886.

Robbins, Paul (2008): The state in political ecology. A postcard to political geography from the field. In: The Sage handbook of political geography. London: Sage, S. 205-218.

– (2012): Political ecology. A critical introduction. 2. Auflage. Oxford: Wiley-Blackwell.

Robertson-Snape, Fiona (1999): Corruption, collusion and nepotism in Indonesia. In: Third World Quarterly, 20(3), S. 589-602.

Rocheleau, Dianne/Thomas-Slayter, Barbara/Wangari, Esther (Hg.) (1996): Feminist political ecology. Global issues and local experience. London: Routledge.

Rosenau, James (1992): Governance, order, and change in world politics. In: ders./Czempiel, Ernst-Otto (Hg.): Governance without government. Order and change in world politics. Cambridge: University Press, S. 1-29.

Rosenau, James/Czempiel, Ernst-Otto (Hg.) (1992): Governance without government. Order and change in world politics. Cambridge: University Press.

Röttger, Bernd (2004): Staatlichkeit in der fortgeschrittenen Globalisierung. Der korporative Staat als Handlungskorridor politökonomischer Entwicklung. In: Demirović, Alex/Beerhorst, Joachim/Guggemos, Michael (Hg.): Kritische Theorie im gesellschaftlichen Strukturwandel. Frankfurt/Main: Suhrkamp, S. 153-177.

RSPO (2004a): New global initiative to promote sustainable palm oil. Presseerklärung, 8. Mai 2004. http://www.rspo.org/file/RSPO_Press_Statement_%28final%29.pdf [19.07.2012].

– (2004b): Statutes "Roundtable on Sustainable Palm Oil (RSPO)". In: http://www.rspo.org/files/resource_centre/RSPO_Statutes.pdf [01.06.2012].

- (2007a): RSPO principles and criteria for sustainable palm oil production. Including indicators and guidance. In: http://www.rspo.org/files/resource_centre/RSPO%20 Principles%20&%20Criteria%20Document.pdf [01.06.2012].
- (2007b): RSPO certification systems. In: http://www.rspo.org/files/resource_centre/ RSPO%20certification%20systems_2007_revised%204.2.4%20&%201a_Oct%20 2011_FINAL.pdf [05.06.2012].
- (2010): RSPO standard for group certification. In: http://www.rspo.org/file/RSPO%20 Standard%20for%20Group%20Certification%20-%20July%202010%20FINAL.pdf [26.03.2013].
- (2012a): RSPO complaints system. In: http://www.rspo.org/file/RSPO%20 Complaints%20System%20-%20public%20consultation%20version15_ June_2012%281%29.pdf [25.01.2013].
- (2012b): Dispute between IOI and the community of Long Teran Kanan, Miri, Sarawak, Malaysia. Brief, 3. Mai 2012. http://www.rspo.org/file/RSPO%20letter%20to%20 IOI%20LTK%20sNGO%2020120503.pdf [25.01.2013].

Safitri, Myrna/Bosko, Rafael (2002): Indigenous peoples/ethnic minorities and poverty reduction Indonesia. Manila: Asian Development Bank.

Saravanamuttu, Johan (2013): The political economy of migration and flexible labour regimes. The case of the oil palm industry in Malaysia. In: Pye, Oliver/Bhattacharya, Jayati (Hg.): The palm oil controversy in Southeast Asia. Singapur: ISEAS Publishing, S. 120-139.

Satriastanti, Fidelis (2011): Moratorium won't save Indonesia's forests: Activist. In: Jakarta Globe, 6. Jänner 2011. http://www.thejakartaglobe.com/nvironment/ moratorium-wont-save-indonesias-forests-activist/415525 [23.10.2012].

Sauer, Birgit (2001): Die Asche des Souveräns. Staat und Demokratie in der Geschlechterdebatte. Frankfurt/Main: Campus.

- (2003): Die Internationalisierung von Staatlichkeit. Geschlechterpolitische Perspektiven. In: Deutsche Zeitschrift für Philosophie, 51(4), S. 621-637.

Sayer, Andrew (2000): Realism and social science. London: Sage.

Scarlat, Nicolae/Dallemand, Jean-François (2011): Recent developments of biofuels/ bioenergy sustainability certification. A global overview. In: Energy Policy, 39(3), S. 1630-1646.

Schmidt, Vivien (2002): The futures of European capitalism. Oxford: Oxford University Press.

Schott, Christina (2009): Socio-economic dynamics of biofuel development in Asia Pacific. Jakarta: Friedrich Ebert Stiftung.

Schouten, Greetje/Glasbergen, Pieter (2011): Creating legitimacy in global private governance. The case of the Roundtable on Sustainable Palm Oil. In: Ecological Economics, 70(11), S. 1891-1899.

Schubert, Klaus/Klein, Martina (2006): Das Politiklexikon. 4. akt. Auflage. Bonn: Dietz.

Scott, James (1998): Seeing like a state. How certain schemes to improve the human condition have failed. New Haven/London: Yale University Press.
– (2009): The art of not being governed. An anarchist history of upland Southeast Asia. New Haven/London: Yale University Press.
Searchinger, Timothy et al. (2008): Use of U.S. croplands for biofuels increases greenhouse gases through emissions from land-use change. In: Science, 319, S. 1238-1240.
Shanin, Teodor (Hg.) (1989): Peasants and peasant societies. Selected readings. 2. akt. Auflage. Oxford: Blackwell.
Sheil, Douglas et al. (2009): The impacts and opportunities of oil palm in Southeast Asia. What do we know and what do we need to know? Occasional Paper 51. Bogor: CIFOR.
Sime Darby Plantation (2013): Upstream overview. In: http://www.simedarbyplantation.com/Upstream_Overview.aspx [04.02.2014].
Simeh, Arif/Ahmad, Tengku (2001): The case study on the Malaysian palm oil. Artikel präsentiert im Rahmen des "Regional Workshop on Commodity Export Diversification and Poverty Reduction in South and South-East Asia", 3.-5. April 2001 in Bangkok, Thailand. http://r0.unctad.org/infocomm/diversification/bangkok/palmoil.pdf [27.03.2013].
Smith, Neil (1984): Uneven development. Nature, capital and the production of space. Oxford: Basil Blackwell.
Solli, Audun/Leysens, Anthony (2011): (Re)conceptualizing the political economy of the African state form: the strong/weak state contradiction in Angola. In: Politikon: South African Journal of Political Studies, 38(2), S. 295-313.
Sonnenfeld, David (2000): Contradictions of ecological modernisation: pulp and paper manufacturing in South-east Asia. In: Environmental Politics, 9(1), S. 235-256.
Soulé, Michael/Lease, Gary (Hg.) (1995): Reinventing nature? Responses to postmodern deconstruction. Washington: Island Press.
Steele, Janet (2013): "Trial by the press": An examination of journalism, ethics, and Islam in Indonesia and Malaysia. In: The International Journal of Press/Politics, 18(3), S. 342–359.
Stewart, Christopher/George, Perpetua/Rayden, Tim/Nussbaum, Ruth (2008): Good practice guidelines for High Conservation Value assessments. A practical guide for practitioners and auditors. Oxford: ProForest.
Strasser, Stephan/Redl, Jakob (2010): Verhandlungen und Positionsfindungen im Rahmen der CBD aus strategisch-relationaler Perspektive. Das Beispiel der Europäischen Union. In: Brand, Ulrich (Hg.): Globale Umweltpolitik und Internationalisierung des Staates. Biodiversitätspolitik aus strategisch-relationaler Perspektive. Münster: Westfälisches Dampfboot, S. 74-103.
Stripple, Johannes/Stephan, Hannes (2013): Global governance. In: Falkner, Robert (Hg.): The handbook of global climate and environment policy. Malden: Wiley-Blackwell, S. 146-162.

Suhendra (2012): Petani 'ribut' soal rencana lahan perusahaan sawit raksasa dibatasi. In: detikFinance, 21. Oktober 2012. http://finance.detik.com/read/2012/10/21/152756/2068351/4/petani-ribut-soal-rencana-lahan-perusahaan-sawit-raksasa-dibatasi [16.11.2012].

Susanto, Ichwan (2012): 400.000 ha areal moratorium diubah untuk MIFEE. In: Kompas.com, 16. Februar 2012. http://nasional.kompas.com/read/2012/02/16/10592071/400.000.Ha.Areal [23.10.2012].

Swyngedouw, Erik (1997): Neither global nor local. „Glocalization" and the politics of scale. In: Cox, Kevin (Hg.): Spaces of globalization. Reasserting the power of the local. New York: The Guilford Press, S. 137-166.

– (2004): Scaled geographies. Nature, place, and the politics of scale. In: Sheppard, Eric/McMaster, Robert (Hg.): Scale and geographic inquiry. Nature, society and method. Oxford: Blackwell, S. 129-153.

– (2009): Immer Ärger mit der Natur. „Ökologie als neues Opium für's Volk". In: Prokla, 39(3), S. 371-389.

Tapia Mealla, Luis (2012): Der Staat unter den Bedingungen gesellschaftlicher Überlagerungen. Post-koloniale Anregungen für die politische Theorie. In: Brand, Ulrich/Radhuber, Isabella/Schilling-Vacaflor, Almut (Hg.): Plurinationale Demokratie in Bolivien. Gesellschaftliche und staatliche Transformationen. Münster: Westfälisches Dampfboot, S. 282-305.

Teo, Chee Hean (2011): Speech by Deputy Prime Minister and Minister for Defence Mr. Teo Chee Hean at Neste Oil Singapore NEXBTL renewable diesel plant opening ceremony on Tuesday, 8, March 2011.

The Jakarta Post (2014): Regulation may dash palm oil industry's hopes for higher output. 28. Jänner 2014. http://www.thejakartapost.com/news/2014/01/28/regulation-may-dash-palm-oil-industry-s-hopes-higher-output.html [06.02.2014].

Tim Nasional Pengembangan BBN (2006): Konsep kawasan khusus BBN. Jakarta: Tim Nasional Pengembangan BBN.

– (2007): BBN (Bahan Bakar Nabati). Jakarta: Penebar Swadaya.

Tyson, Adam (2010): Decentralization and adat revivalism in Indonesia. New York: Routledge.

UN (2014): United Nations Commodity Trade Statistics Database. New York: United Nations Publications Board.

UNEP (2011): Towards a green economy. Pathways to sustainable development and poverty eradication. In: http://www.unep.org/greeneconomy/Portals/88/documents/ger/ger_final_dec_2011/Green%20EconomyReport_Final_Dec2011.pdf [22.10.2013].

USDA (2014): Foreign Agricultural Service. Washington, DC: USDA.

Utrecht, E. (1969): Land reform in Indonesia. In: Bulletin of Indonesian Economic Studies, 5(3), S. 71-88.

Wakker, Eric (2005): Greasy palms. The social and ecological impacts of large-scale palm oil plantation development in Southeast Asia. London: Friends of the Earth.

Weber, Max 1919 (1997): Politik als Beruf. Stuttgart: Reclam.

White, Ben/Dasgupta, Anirban (2010): Agrofuels capitalism. A view from political economy. In: Journal of Peasant Studies, 37(4), S. 593-607.

Whitehead, Mark/Jones, Rhys/Jones, Martin (2007): The nature of the state. Excavating the political ecologies of the modern state. Oxford: University Press.

Winoto, Joyo (2009): Taking land policy and administration in Indonesia to the next stage and National Land Agency's strategic plan. Artikel präsentiert im Rahmen des „Workshop in International Federation of Surveyors' Forum", März 2009 in Washington, DC. http://www.fig.net/pub/fig_wb_2009/papers/country/country_winoto.pdf [19.03.2012].

Wissen, Markus (2008a): Internationalisierung, Naturverhältnisse und politics of scale. Zu den räumlichen Dimensionen der Transformation des Staates. In: Wissel, Jens/Wöhl, Stefanie (Hg.): Staatstheorie vor neuen Herausforderungen. Analyse und Kritik. Münster: Westfälisches Dampfboot, S. 106-123.

– (2008b): Zur räumlichen Dimensionierung sozialer Prozesse. Die Scale-Debatte in der angloamerikanischen Radical Geography – eine Einleitung. In: ders./Röttger, Bernd/Heeg, Susanne (Hg.): Politics of Scale. Räume der Globalisierung und Perspektiven emanzipatorischer Politik. Münster: Westfälisches Dampfboot, S. 8-32.

– (2011): Gesellschaftliche Naturverhältnisse in der Internationalisierung des Staates. Konflikte um die Räumlichkeit staatlicher Politik und die Kontrolle natürlicher Ressourcen. Münster: Westfälisches Dampfboot.

Wissen, Markus/Röttger, Bernd/Heeg, Susanne (Hg.) (2008): Politics of Scale. Räume der Globalisierung und Perspektiven emanzipatorischer Politik. Münster: Westfälisches Dampfboot.

Wolf, Eric (1972): Ownership and political ecology. In: Anthropological Quarterly, 45(3), S. 201-205.

Wollenberg, Eva/Moeliono, Moira/Limberg, Godwin/Iwan, Ramses/Rhee, Steve/Sudana, Made (2006): Between state and society. Local governance of forests in Malinau, Indonesia. In: Forest Policy and Economics, 8(4), S. 421-433.

World Bank (2014): World Databank. Global Economic Monitor (GEM) Commodities. Washington, DC: World Bank.

World Bank/IFC (2011): The World Bank Group framework and IFC strategy for engagement in the palm oil sector. In: http://www1.ifc.org/wps/wcm/connect/15 9dce004ea3bd0fb359f71dc0e8434d/WBG+Framework+and+IFC+Strategy_FINAL_FOR+WEB.pdf?MOD=AJPERES [27.03.2013].

WTO (2014): Dispute settlement: dispute DS 473 European Union – Anti-dumping measures on biodiesel from Argentina. In: http://www.wto.org/english/tratop_e/dispu_e/cases_e/ds473_e.htm [25.03.2014].

Wuppertal Institut (2007): Sozial-ökologische Bewertung der stationären energetischen Nutzung von importierten Biokraftstoffen am Beispiel von Palmöl. In: http://epub.wupperinst.org/files/2833/2833_Palmoel.pdf [24.04.2014].

WWF International (2009): WWF palm oil buyers' scorecard 2009. In: http://assets.panda.org/downloads/wwfpalmoilbuyerscorecard2009.pdf [20.02.2013].

Young, Iris Marion (1997): Unruly categories. A critique of Nancy Fraser's dual systems theory. In: New Left Review, 222, S. 147-160.

Yulisman, Linda (2012): Global uncertainties still cloud Indonesian exports. In: Jakarta Post, 5. September 2012. http://www.thejakartapost.com/news/2012/09/05/global-uncertainties-still-cloud-indonesian-exports.html [08.02.2013].

Zängle, Michael (1988): Max Webers Staatstheorie im Kontext seines Werkes. Berlin: Duncker & Humblot.

Zimmerer, Karl/Bassett, Thomas (Hg.) (2003): Political ecology. An integrative approach to geography and environment-development studies. New York: The Guilford Press.

Zürn, Michael (2010): Global governance as multi-level governance. In: ders./Wälti, Sonja/Enderlein, Henrik (Hg.): Handbook on multi-level governance. Cheltenham: Edgar Elgar, S. 80-99.

Zürn, Michael/Wälti, Sonja/Enderlein, Henrik (Hg.) (2010): Handbook on multi-level governance. Cheltenham: Edgar Elgar.

PERIPHERIE
Zeitschrift für Politik und Ökonomie in der Dritten Welt

PERIPHERIE 134/135
Religionen in Bewegung
2014 – 252 Seiten – € 30,00
ISBN 978-3-89691-837-6

PERIPHERIE 133
krieg macht geschlecht
2014 – 140 Seiten – € 15,00
ISBN 978-3-89691-836-9

PERIPHERIE 132
Alles muss raus! Konflikfeld Bergbau
2013 – 160 Seiten – € 12,00
ISBN 978-3-89691-835-2

PERIPHERIE 130/131
Die Welt des Kapitals
2013 – 252 Seiten – 24,00 €
ISBN 978-3-89691-834-5

PERIPHERIE 129
Leben im Widerstand
2013 – 140 Seiten – € 12,00
ISBN 978-3-89691-833-8

ISSN 0173-184X

PERIPHERIE 126/127
Umkämpfte Räume
2012 – 252 Seiten – € 24,00
ISBN 978-3-89691-831-4

PERIPHERIE 125
Politik mit Recht
2012 – 140 Seiten – € 12,00
ISBN 978-3-89691-830-7

Die **PERIPHERIE** erscheint mit 4 Heften im Jahr – jeweils zwei Einzelhefte von ca. 140 Seiten Umfang und ein Doppelheft von ca. 260 Seiten. Sie kostet im Privatabo jährlich € 30,10 und im Institutionenabo € 55,20 jeweils plus Porto.
Das Abo kann jeweils bis 8 Wochen vor Jahresende schriftlich beim Verlag gekündigt werden. Das Einzelheft kostet € 15,00, das Doppelheft € 30,00.

WESTFÄLISCHES DAMPFBOOT
Hafenweg 26a · 48155 Münster · Tel. 0251-3900480 · Fax 0251-39004850
E-Mail: info@dampfboot-verlag.de · http://www.dampfboot-verlag.de